해양문화와
영상문화

"이 저서는 2016년 정부(교육부) 재정지원사업인 대학 인문 역량 강화 사업(한국연구재단 주관)의 지원을 받아 제작되었음."

해양인문학총서 7

해양문화와
영상문화

김 남 석 지음

서언

해양에 대한 관심과 맥락에 대하여

본래 나의 전공은 '영상'이고, 그중에서 '영화(시나리오)'이지만, 부산에 내려와 정착한 이후에, 이러한 전공은 조금씩 달라졌다. 지역의 문제를 지켜보면서 '로컬리티'에 대한 연구를 진행하지 않을 수 없었고, 날마다 보게 된 바다는 각종 화두가 되어 여러 논문 깊숙이 틈입하곤 했다. 사실 나는 박사과정 시절부터 '바다' 혹은 '해양'에 관심을 가지고 간헐적으로 관련 연구를 진행한 바 있어, 이러한 연구나 변화 자체가 낯설다고는 말할 수 없었다. 오히려 과거의 연구 성과를 더욱 확대 심화하는 형태의 글쓰기를 시행할 수 있어 편했는데, 이러한 연구는 오랫동안 누적되어 이 저술에도 직간접적으로 영향을 미쳤다.

바다 연구와 영상 연구의 관련성을 기록해 둘 필요가 있어 보인다. 2010년 당시 부산문화재단 인문포럼에서 활동하던 나는 '아쿠아시티' 관련 연구를 시행할 기회를 얻을 수 있었고, 한국영화에 나타난 '부산 바다의 이미지'를 분석하는 논문을 발표한 바 있다. 비록 이 저술에는 직접 수용하지 않았지만, 부산과 해양 연구의 본격적인 시발점이라는 점에서 언급할 가치가 있는 계기였으며, 당시 얻었던 아이디어와 경험은 넓은 차원에서는 이후 연구에 지속적으로 반영되기에 이르렀다. 가령 2012년에는 전수일의 영화 <영도다리>를 통해 지역과 바다의 관련 이미지를 추출한 연구 결과를 수행했는데, 이러한 연구가 동일 맥락에서 시행된 연구라고 하겠다.

2016년에 시행한 샌프란시스코 탐사(조사)는 몇 가지 중요한 발상을 제공했다. 샌프란시스코는 여러 모로 부산과 흡사했으며(사실 더 진전된 도시 문화를 구축하고 또 발전시키고 있지만), 바다 혹은 해양에 대한 인문학적/도시사적 접근도 참조할 여지가 적지 않았다. 샌프란시스코를 보고 난 이후의 시야는 그 전과는 크게 달라져서, 해양과 항구 문화의 요소를 문화콘텐츠의 주요 연구 분야로 삼아야 한다는 인식까지 나아갈 수 있었다.

이러한 과거의 연구 이력과 새로운 조사 경험은, 이 책『해양문화와 영상문화』의 두 축으로 작용했다. 이 책은 표면적으로는 코어사업단의 출판 지원을 받고 교재로 간행되는 형식으로 출간되겠지만, 그 이면에는 2002년부터 내가 가지고 있던 해양에 대한 관심과 2005년 이후 부산에서의 바다 연구 경험 그리고 몇 건의 학문적 시도가 그 근간을 이루고 있다고 해야 할 것이다. 2016년 지원 결정이 난 이후에도 이러한 연구 작업과 관련성과는 지속적으로 시행되었고 관련 연구자의 점검을 받았으며, 그 결과 대외적으로 주목되는 연구로 인정받기도 했다. 이러한 자질구레한 사실을 밝히는 것은 이 책의 기원과 맥락이 단 1년의 범위 내에서 결정된 것이 아니며(사실 어떠한 학문적 성과도 마찬가지겠지만), 이 저술 성과가 이후의 저술과 연구 그리고 강의와 실적에 어떠한 방식으로든 도움이 되어야 한다는 견해를 분명히 하기 위해서이다.

이 책의 이름을 『해양문화와 영상문화』로 지은 까닭도 두 영역 간 (간단하게만 말하면)의 끊임없는 교섭과 자극이 새로운 성과를 가져올 것이라는 점을 분명히 밝히기 위해서이다. 서문을 빙자하여, 이 점을 공식적으로 밝혀두며, 앞으로는 스스로 나태해지지 않도록, 이 책을 경계의 표지로 삼고자 한다.

이 책의 발간에는 우여곡절이 많았다. 교재이지만 학술서이기도 해야 하고, 코어사업단의 지원을 받았지만 본래적인 의미에서 나의 학문적 본령이기도 해야 하기 때문이다. 어정쩡한 책이 되었다면 모두 나의 책임이지만, 그렇지 않다고 해도 나 자신의 학문에 대한 경계와 반성의 뜻은 결코 사라지지 않을 것이다. 해양문화와 영상문화가 조화롭게 운영되면서도, 상호 깊은 관련 하에 제 3의 영역을 창조하는 작업이 뒤따르기를 바라 마지않는다. 그렇게만 될 수 있다면 이 책이 적지 않은 역할을 했다고 스스로 위무할 수도 있을지 모른다.

목 차

제2부 영화의 미학

제3부 〈로스트〉의 구조와 문법

제1부

해양문화콘텐츠의
개념과 갈래

1. 해양영상문화콘텐츠란 무엇인가

1. 문화콘텐츠의 개념

21세기에 들어서면서 문화콘텐츠의 중요성은 날로 강조되고 있다. 전통적인 의미에서의 문학(문학콘텐츠)이 읽고 쓰는 직능을 통해 대중(독자)들의 상상력을 환기하고 문학적 감수성을 자극하는 방식을 고수했다면, 최근 대두되는 문화콘텐츠는 문학의 원 재료가 되는 '근원(source)'을 다양한 방식과 감각(가령 읽는 감각 이외의 시각과, 촉각, 혹은 후각과 청각 등)을 동원하여 다른 문화적 산물로 재생한 결과에 해당한다.

가령 <삼국유사>는 한국의 고전이자 사서(야사)라고 할 수 있지만, 동시에 문학 작품이 지향하는 상상력의 원류이기도 했다. 많은 현재의 시와 소설 그리고 희곡과 시나리오 혹은 텔레비전 드라마 대본과 상연 콘텐츠의 대본이 이러한 <삼국유사>로부터 유래했으며 동시에 이러한 <삼국유사>의 의미와 가치를 새롭게 조명하는 독서물의 기능도 여전히 유지되었다.

하지만 독서물이 지닌 일 방향적 감각 지향(읽기)은 다른 형태의 변화를 모색하기도 했다. 희곡은 연극으로, 시나리오는 영화로, 텔레비전 드라마 대본을 텔레비전 드라마로 변환되면서, <삼국유사>의 상상력은 연극과 영화로 확장되기에 이른다. 사실 이러한 변화 자체를, '확장'이나 '변화'로 보는 시각은 다분히 문학 위주의 시각이라고 해야 한다. 문학이 오래된 장르이고, 또 인간의 역사와 함께 한동안 주목받은 분야이기는 하지만, 그렇다고 연극이 문학보다 시기적으로 뒤쳐졌거나 영향력에서 뒤떨어졌다고는 말할 수 없기 때문이다.

연극은 기원전 5세기부터 이미 대중과 사회를 대표하는 문화 장르로 인식되고 있었으며, 인류는 소포클레스의 <오이디푸스>나 아리스토텔레스의 『시학』 같은 연극의 유산을 통해, 여타의 문화 예술 장르의 발전을 도모한 바 있다. 따라서 문학이 먼저이고 연극이 나중이라는 시각은 재고를 요하는 주장임에는 틀림없다. 다만 이러한 주장을 통해 문학과 무대예술이 공존했으며, 다양한 차이에도 불구하고 원천 소스를 공유하는 특징을 오랫동안 고수해왔다는 사실을 기억할 필요가 있다.

그리스인들의 사고는 세상과 인간에 대한 자신의 생각을 신화로 결집 정리했고, 이러한 신화적 사유와 그 산물은 연극과 문학, 그림과 조각, 음악과 오페라, 건축과 장식, 후대의 영화와 영상콘텐츠, 심지어는 만화와 관광유산, 과학과 기술의 영역까지 침투했다. 인간들은 그리스신화를 원용하여 다양한 볼거리, 즐길 거리, 생각할 거리, 참조할 거리 등을 생산했고, 이러한 생산물(들)은 서로 영향을 주고받으면서 서로 다른 장르와 분야에서 기존에 존재하지 않았던 생산물들을 산출하는 원동력으로 작용했다.

만일 그렇게 만들어진 문학, 연극, 미술, 음악, 건축, 디자인, 영화와 다양한 영상 분야, 만화, 관광유산, 과학, 기술 그리고 철학의 산물을 하나의 물질적 혹은 정신적 실체로 간주할 수 있다면, 그것이 바로 콘텐츠에 해당할 것이다. 그리고 이렇게 산출된 콘텐츠는 기본적으로 문화와 관련된 콘텐츠이기 때문에, 문화콘텐츠로 될 수 있을 것이다.

그러니까 21세기 이후 한국 문화와 예술 분야에서 핵심 화두이자 중요한 소재인 '문화콘텐츠'는 문화와 관련된 상상력 그리고 그 상상력의 결실로서의 물리적 실체, 다른 한편으로는 그 물리적 실체를 산출하는 정신적 작용을 통칭하는 개념이라고 할 수 있다.

2. 해양문화콘텐츠의 세부 분야

문화콘텐츠 중에서 해양과 관련된 문화콘텐츠를 인위적으로 구분할 수 있다. 비록 인위적으로 구분한다고는 했지만, 많은 분야에서 해양과 관련하여 대중들의 취향과 호응을 별도로 분리할 수 판단되고 있다. 그리고 그 결과를 분야의 참여자들이 이를 적극적으로 활용하고 있는 추세이다.

영화 <트로이>는 에게해를 건너 펼쳐진 고대의 트로이 전쟁을 원천소스로 삼아 창조된 작품이다. 호메로스가 <일리아드>를 노래한 이후, 트로이 전쟁은 인류의 숱한 문화유산에서 단골 소재이자 중요 이슈로 다루어진 바 있다. 영화로도 이미 제작되었음에도 불구하고, 이 영화는 다시 제작되기에 이르렀다. 그 이유는 다양하겠지만, 그 중 하나는 분명 바다를 건너는 호쾌한 장면과, 해양 문명 사이의 격렬한 충돌이 가져오는 호기심 어린 사연에서 찾을 수 있을 것이다.

실제로 영화 <트로이>는 에게해를 건너는 이야기를 두 차례 포함하고 있는데, 그중에서 그리스의 전투 선단이 트로이의 해변을 향해 항해하는 웅장한 스케일은 압도적이다. 그리고 이러한 압도적인 스케일은 아킬레우스의 전설적인 상륙작전으로 최고조에 도달하게 된다. 많은 전쟁영화가 상륙작전의 위험성과 매력에 도전했고 또 앞으로도 도전하겠지만, <트로이>는 그 진수를 정확하게 보여준 몇 안 되는 성공 사례 중 하나라고 할 수 있다.

이러한 모티프나 매혹적 요소는 '바다'라는 소재를 빼놓고는 설명할 수 없는 요소이다. 비단 그 요소(들)이 바다 한 가지만은 아니겠지만, 적어도 <트로이>라는 전쟁영화의 중요한 매력은 바다에서 온다고 할 수 있겠다. 이 작품이 해양을 적극적으로 활용하고 반영하려한 점을 주목하면 <트로이>는 해양문화콘텐츠에 해당할 것이다.

이러한 사례는 문학, 연극, 미술, 건축, 게임, 관광에서 두루 찾을 수 있으며, 이로 인해 '해양'(적) 요소가 문화콘텐츠를 형성하고 추동하는 주요한 소스(source)이자 이유가 된다는 사실을 재차 확인할 수 있겠다.

이 저술에서는 이러한 다양한 분야와 장르에도 불구하고, 해양이라는 기본 소스를 공유하는 세부 장르로 신화, 연극, 영화, 관광의 분야를 선택하여 살펴보고자 한다.

바다는 삶의 조건으로 인간의 곁에 머물러 있었고, 인간의 상상력과 창조력의 밑거름이 되었기 때문에, 사실 이러한 분야 외에도 더욱 세분된 분야에서 그 영향력을 감지하거나 논구할 수 있다. 하지만 논의의 편의와 집중력을 강화하기 위해 해양문화콘텐츠의 세분된 분야를 이 네 분야로 일단 국한시키고자 했다.

3. 해양문화콘텐츠와 영상문화콘텐츠

영상(映像)의 사전적 의미는 "빛의 굴절이나 반사 등에 의하여 이루어진 물체의 상"을 뜻한다. 영상은 대상이 보이는 모습 혹은 대상이 움직이면서 그려내는 궤적에 대한 총체를 가리킨다. 따라서 영상은 움직이는 그림을 직접적으로 가리킬 뿐만 아니라, 시각적 자극을 가하는 실체도 포함한다고 해야 한다.

문화콘텐츠 중에서 이러한 영상을 활용한 세부 장르는 다양하다고 할 것이다. 과거로부터 존재했던 연극은 인물의 행위를 직접적으로 드러내는 영상에 해당한다. 그러니까 카메라나 영사막의 도움을 받지 않고, 관객이 직접 무대 위의 배우들을 바라보고 그들이 연기하는 모습을 영상으로 수용하는 형태의 예술이다.

조각이나 미술도 정지된 상을 바탕으로 하는 예술이다. 최초의 조각은 사람 혹은 사건을 포착하는 사진과 같은 역할을 했는데, 스토리의 한 대목 혹은 역사적 정황 등을 설정하여 이를 예술적 재료를 통해 표현하는 움직이지 않는 상이었던 것이다. 미술 역시 마찬가지로 영화의 정지 화면이 이러한 미술의 스케치에 해당하며, 영화는 정지된 그림을 빠른 속도로 이어 그 잔영을 연결하는 형태의 움직이는 미술이었던 셈이다.

영화가 발명되고 난 이후, 영상은 주로 움직이는 상을 기록물로 보관하여 이를 영사하여 얻어내는 상을 가리키는 개념으로 변모하게 된다. 디자인이나 그림 혹은 만화 등의 영상이 여전히 존재하기는 했지만, 주로 영화나 텔레비전 드라마 혹은 뮤직드라마, 현대의 동영상에 이르는 다양한 움직임의 상을 지시하는 개념으로 그 뜻이 옮겨갔다.

따라서 문화콘텐츠 중에서 영상콘텐츠는 영화와 텔레비전 드라마를 중심으로 일부 필름(혹은 이에 해당하는 저장 방식)을 저장/ 기록 방식으로 활용하는 매체나 그 소산물을 가리킨다고 할 수 있다. 그래서 영상콘텐츠 중에서는 문화적 함의를 더 넓게 지니는 개념이 존재할 수 있다. 움직이는 영상뿐만 아니라, 인간이 바라보고 있는 모습 혹은 정지된 그림에서 나타나는 아우라 등을 포괄적으로 생각할 때 영상의 범위가 넓어지기 때문이다. 앞에서 말한 대로, 그림이나 조각도 영상문화의 범위에 포함되며, 콘서트나 뮤지컬 같은 청각적 수단이 강조되는 장르에서도 영상의 필요성이 함부로 배제될 수 없다. 더구나 디자인, 관광, 산업 등에서도 영상문화, 혹은 영상 관련 문화적 행위들이 무시되어서는 안 된다.

극단적인 예를 들어보자. 세계의 유수한 관광지를 개발한다고 할 때, 다양한 콘텐츠가 물망에 오를 것이다. 편안한 잠자리를 제공하는 숙소, 접근성이 좋은 도로, 친절한 직원들 혹은 이웃 주민들, 맛있고 독특한 음식, 다양한 즐길 거리 등이 그것이다. 그리고 가장 중요한 것이면서 동시에 절대로 제외될 수 없는 어떤 것을 갖추어야 한다. 풍경, 혹은 시각적 감탄을 자아내는 형태의 주변 경관이 그것이다. 자연적이든 인공적이든, 의고적이든 현대적이든 풍경은 관광의 필수 요소인데, 이러한 관광지의 풍경이 바로 넓은 의미에서 영상에 해당한다.

관광지를 방문하는 이들은 자신이 원하는 영상을 볼 수 있기를 희망한다. 대부분의 경우 그러한 영상이란 위대함 혹은 아름다움을 담고 있기 마련이며, 대부분 위대한 경관이나 아름다운 조화에 대해서는 일치된 경탄을 보여주곤 한다. 그러니 거칠게 말해서, 관광 행위의 중요한 목적은 쉽게 얻을 수 없는 인상적인 영상(풍광)을 경험하는 것에 있다. 위대한 풍광은 자연의 위대함과 미적 아름다움에 대한 인간의 경험과 인지를 넓혀주기 때문이다.

그렇다면 이러한 영상은 예술품이 강조하는 영상과 다를 바가 없다. 거꾸로 말하면, 위대한 풍광에 대한 경탄과 아름다움에 대한 철학적 탐색이 자연을 닮은 예술품을 창조하도록 인간을 자극했다고도 볼 수 있다. 결국 예술품은 자연에 대한 인간의 찬미를 옮겨놓은 대체물일 수 있으며, 이때 자신이 자연으로부터 취득한 영상을 재창조하는 작업은 미적 체험의 본질을 형성하는 작업과 근본적으로 동일하다고 하겠다.

영상문화는 이러한 영상과 관련된 문화 전반을 포괄적으로 지칭하기에, 영상문화콘텐츠는 매우 다양한 범위를 지니는 개념이 된다. 그러니까 영상문화라고 하면, 영상을 기본 혹은 부수적인 산물로 포함하는 문화 전반을 의미한다.

이 저술에서 주목되는 부분은 이러한 영상문화콘텐츠 중에서 해양과 관련된 콘텐츠의 실현 가능성이다. 이것이 해양(영상)문화콘텐츠의 거시적 범주일 수 있겠다. 이를 한층 좁힌다면 영상문화콘텐츠로 산출된 결과물 중에서 해양을 소재로 하거나 혹은 해양의 정신을 주제로 삼은 콘텐츠를 별도로 지칭하는 명칭이라고 할 수 있다.

반면 해양문화콘텐츠는 보다 포괄적인 영역을 아우른다. 영상문화뿐만 아니라 문화전반에 걸쳐 해양적 요소를 구비한 콘텐츠를 지칭할 수 있기 때문이다. 가령 신화나 옛 이야기들은 구비문학의 일종으로 시각적 영상을 주도적으로 동반하지 않는 형태의 예술임에도 불구하고, 해양문화콘텐츠의 주요한 일부라고 해야 해도 그릇된 말이 아니다.

4. 해양문화콘텐츠의 분류와 역사

해양문화콘텐츠의 기원은 아무래도 신화로 보아야 할 것이다. 신화는 역사와는 달리 세계의 비밀을 비유적인 수법과 상징적인 체계로 정리하는 일에 관대하다. 따라서 인간의 상상력과 창조력이 틈입할 여지가 많으며, 이에 대한 해석(독법) 역시 다양하고 다층적일 가능성이 높다고 해야 한다.

해양신화는 해양문화콘텐츠의 시작이라고 간주해도 과언이 아닐 것이다. 그리스 신화의 포세이돈과 그에 대한 신앙, 바다를 건너 항해했던 해상 영웅과 그 후예를 자처하는 민족들의 기록, 섬과 육지를 잇는 전설과 그 전설 속에 묻어나는 인간의 사연, 바다에 대한 상상력과 인지하지 못했던 세계에 대한 가정들이 해양신화의 기초를 이룬다. 그리고 이러한 신화들은 해양을 중심으로 활동하는 민족들의 정신적 근원을 담고 있다.

이들은 아무래도 바다에 대한 의존도가 높았고 관심도 역시 남다르지 않을 수 없었다. 그러다 보니 바다에 대한 관찰과 접근에서 다른 민족(특히 대륙문화에 기반을 둔 민족)이 지니지 못하는 독창적인 세계관과 삶의 방식을 투영하지 않을 수 없다. 지중해의 크레타 민족이 그러하고, 넓게는 그리스 민족(항해에 능한 민족)이 그러하다. 한국의 신화에도 해양성을 짙게 반영하는 신화들이 남아 있다. 이러한 신화들은 민족의 원형성을 보여주며, 이를 바탕으로 창조되는 수많은 예술 작품의 원류를 형성한다.

신화는 문학, 연극, 미술, 건축, 음악, 음식, 의상, 공예품, 가치관 등에 영향을 주기 마련이므로, 해양 신화 역시 문화와 예술에 전반적인 영향을 끼치기 마련이다. 그렇게 창조된 해양문화콘텐츠는 본질적으로는 일반 여타 예술의 그것과 다르지 않다고 해야 한다. 다만 바다는 본질적 속성상 그 위의 삶과 이동하는 민족을 포착하기 마련이므로, 비단 물의 성향뿐만 아니라 섬이나 연안 혹은 바다 건너의 세상으로 여겨지는 육지까지 자연스럽게 포괄하게 된다.

해양성은 어떠한 방식으로든 대륙성과 접합하게 마련인데, 문화나 예술에서 생성되는 콘텐츠 역시 이를 무시할 수 없다. 숱한 연극에서 '바다'는 고난과 시련의 근원지였지만, 동시에 인간의 삶과 부를 가능하게 원천적인 공간이었던 사실이 이를 증명한다. 흥미로운 점은 이러한 근원지이자 원천 공간으로서의 특성이 비단 바다뿐만 아니라, 육지에서도 발견된다는 점이다. 바다는 그러한 면에서 육지와 공유하는 점이 넓게 마련이다.

해양신화, 해양문학, 해양연극, 해양영화, 해양관광 등은 이 저술에서 주목해서 논구하려는 대상이자 장르이자 세분화된 분야이다. 이러한 세분화된 분야는 역사적으로도 긴 이력을 지니며 결과적으로도 우리 삶의 다층성에 영향을 끼치고 있다. 해양문화콘텐츠에 대한 접근이 역사적 연원과 현재적 동시성을 함께 지니는 접근일 수밖에 없는 이유도 여기에 있다고 하겠다.

2. 해양신화와 해양콘텐츠의 근원

: 세상의 중심으로서의 바다

1. 해양신화의 대표자, 포세이돈

그리스 신화에서 주신인 제우스와 비슷한 힘을 가진 두 명의 형제가 있었다. 하나는 '포세이돈', 다른 하나는 '하데스'. 물론 자신의 누이이자 아내인 '헤라'까지 합치면 그들은 4남매라고 할 수도 있다.[1] 이들은 원칙적으로 크로노스의 자식들로 제우스는 유일하게 살아남은 아들이었다가, 형제(남매)들을 살려내어 아버지에 대항하고 아버지의 세상과 권력을 빼앗아 전리품으로 나눈 이후 세계의 권역을 분할 통치한다.

제우스에 이어 두 번째로 넓은 영역을 차지한 신이 포세이돈이다. 하데스가 모두가 기피하는 저승을 관장하는 불운을 겪었다면, 포세이돈은 비록 제우스와 비교할 수는 없을지라도 그 다음으로 풍요로운 권역을 차지한 신이 되는 행운을 차지한 것으로도 볼 수 있다. 이것은 해양민족으로 이름을 날린 그리스 민족의 한 상징으로 포세이돈이 수용 계승되는 주요한 이유로 작용했다.

흥미롭게도 포세이돈은 '말'의 신이기도 했다. 말은 해양민족보다는 대륙민족에게 어울리는 동물이기 때문에, 포세이돈이 말의 신으로 정체성을 부여받은 시기가 바다의 신이 되기 이전이라고 판단하는 연구자들도 상당하다. 그러니까 본래 육상 민족의 신이자 말과 관련이 많았던 일족이 바다로 그 영역을 확장하면서, 포세이돈은 말

---

1) 신들의 계보를 다룬 견해로는 이 네 신 이외에도 헤스티아와 데메테르를 포함하기도 한다.

의 신이자 물(해양)의 신이 되는 습합 현상을 겪었을 것으로 보는 견해인 셈이다.

이러한 포세이돈 신의 상징적 변모는 아테네와 경쟁했던 도시 쟁탈전에서 일단을 드러낸 바 있다. 아테네를 사이에 두고 포세이돈은 신분상으로 질녀 격인 아테네와 경쟁을 벌인 바 있는데, 그때 포세이돈은 아테네와의 경쟁에서 패하면서 도시의 관할권을 잃었고 거꾸로 아테네는 실질적으로 포세이돈을 누르고 올림포스 주신 중에서도 더 높은 반열에 오를 수 있었다. 그녀가 포세이돈과의 경쟁에서 이긴 도시는 그녀의 이름을 따서 아테네로 명명되는데, 그리스 도시 국가 중에서도 아테네는 내내 성세를 누리고 그리스 전역을 대표하는 도시로 성장한다. 이것은 포세이돈이 다스리는 권역의 해양 도시국가를 능가하는 도시 아테네의 부상을 보여주는 상징적 단면이라고 하겠다.

포세이돈이 그리스 신의 계보에서 명실상부한 제 2의 신이라고는 하지만, 실제로 아테네나 헤라보다 포세이돈에 얽힌 신화가 많다고는 할 수 없으며, 제 2의 신에 걸맞지 않게 그의 아들이나 로맨스는 다소 추악하게 묘사되는 경우가 많았다. 포세이돈의 아들들은 괴물이나 동물인 사례가 빈번했고, 상대 여인(혹은 여신)과 비정상적인 성 관계를 맺는 광경이 상대적으로 많았다.

제우스의 사랑이 유혹과 달콤함으로 가득했던 것에 비해, 포세이돈은 성애의 대상을 동물로 강간하거나(데메테르), 상대를 파멸시키는 원인을 제공하거나(메두사), 심지어는 아들이 외눈박이 거인이거나 날개 달린 말이거나 괴물인 경우도 관찰되고 있다. 이러한 변화는 해양신화가 그리스 민족에게 중요하고 또 필요한 신화 체계(세상을 이해하는 방식)이었지만, 다소 낯설고 무서운 만남과 대면을 뜻

했다는 사실을 의미한다.

사실 그리스 민족은 해양을 통해 상업을 교역하거나 영토를 점령하는 등의 문화적 교류를 수행해 온 교역자들이다. 그들에게 해양은 사실 교통로 이전에 탐험장이었고, 탐험을 통해 물건을 확보하는 원산지이거나 확보한 물건을 거래하는 시장이어야 했다. 물론 해외 식민지이기도 했고, 기항지이기도 했다는 점을 기본적으로 인정한다면 말이다.

게다가 바다는 다종다양한 민족을 만날 수 있는 통로였기 때문에, 그들에게는 더할 나위 없이 중요했지만, 동시에 문화적 수준이 낮은 야만족과의 피하고 싶은 만남의 공간이기도 했을 것이다.

포세이돈의 형상이 거인족에 가깝고, 해양 신의 관련 설화가 폭력이나 강간 등과의 관련이 높으며, 그의 아들이 괴물로 나타나는 현상은 그리스인이 지니고 있던 무의식적인 거리낌과 기피감을 드러낸다고 하겠다. 하지만 그것이 그리스 신화에서 해양신화의 소극성이나 열세를 의미하는 것은 아니다. 왜냐하면 이러한 거리감에도 불구하고 해양신화는 끊임없이 그리스 신화 내부로 편입되었다. 신화가 세상을 이해하는 방식이고, 해석한 인지 체계라고 할 때, 오히려 해양이 그리스 민족과는 떼려야 뗄 수 없는 관련성을 가진다는 것을 역으로 증명하는 근거라고 하겠다.

2. 해양의 표류자이자 미지의 탐험가, 오디세우스

바다를 떠도는 이들의 일화는 다양한 형태로 전해 온다. 하지만 가장 으뜸 성과이자 문학의 최고 기원은 오디세우스 신화에서 찾아야 할 것이다. 인류 문화의 최고 서사시이자 소설 문학의 먼 기원인

호메로스의 ≪오디세이(아)(Odyssey, Ὀδύσσεια)≫가 여기에서 발원했다는 점은 시사하는 바가 적지 않다.

해양신화의 선구자라고 할 수 있는 오디세우스의 모험을 가급적 자세하게 따라가 보자. 오디세우스는 트로이 전쟁이 끝난 이후 귀향길에 오른다. 하지만 그는 다양한 해상 세력을 만나면서 시간을 지체하게 된다. 물론 그 해상 세력은 신화 속의 인물, 지역의 웅주, 희한한 괴물, 다른 신들 혹은 그들의 사제, 경우에 따라서는 아름다운 여인이나 여신 등으로 형상화되어 있다.

오디세우스는 때로는 이러한 인물들의 방해를 받기도 하고, 그들을 이용하기도 하고, 심지어는 정복하거나 약탈하기도 하면서, 이타케로 돌아가는 길을 개척해 나간다. 예를 들어, 트로이를 떠난 오디세우스는 트라키아의 이스마로스를 약탈한 바 있다. 물론 도시는 약탈했지만 그 이스마로스가 섬기는 신 아폴론과 그의 사제(마론)는 존중했다. 경제적인 약탈을 자행했지만, 종교적인 너그러움은 유지했다고 해석할 수 있는 대목이다.

반면 기상재해(북풍)를 만나 말레아 곶에서는 거의 표류자의 처지로 내몰리기도 했고, 그래서 한동안 그곳에 억류당했던 것으로 보인다(신화에서는 '로토스'를 먹고 귀환 의지를 상실했다고 기록하고 있다).

뿐만 아니라 폴레페코스의 동굴로 널리 알려진 외눈박이 식인 괴물의 식량이 될 운명에 처하기도 했다. 오디세우스의 모험을 그린 이야기에서는 이 외눈박이 식인 괴물의 등장을 즐겨 다룬다. 그리스와 다른 체격 조건과 식습관을 지닌 이민족과의 접촉을 형상화한 삽화로 여겨진다.

바람의 신 아이올로스와의 만남도 흥미롭다. 지중해를 떠도는 표랑자의 운명을 불쌍히 여긴 아이올로스는 오디세우스에게 바람을 다스리는 방식(순풍을 풀고 역풍을 잠재우는 행위로 표현)을 알려주었으나 선원들의 실수로 그만 눈앞에서 이타케로 들어가는 길을 놓치고 만다. 항해술의 새로운 습득과 이어지는 실수를 다루고 있는 에피소드였다고 할 수 있다.

그런가 하면 마녀가 다스리는 키르케 섬에서 부하를 잃고 억류당하기도 했지만, 키르케 섬에서의 지식 습득으로 위험한 항해를 이겨내는 방법을 알아내기도 한다. 마녀 키르케의 조언은 험난한 해로를 상징하는 세이레네스, 스킬라, 카립디스 등을 통과하는 힘이 된다.

세이레네스 섬은 사이렌들이 부르는 노래로 위험한 곳이었고, 스킬라는 처녀의 상체에 뱀의 목을 지닌 개의 형상을 하체로 하는 괴물로 묘사되었으며, 카립디스는 바닷물을 들이켜 무서운 소용돌이를 일으키는 존재로 그려졌다. 사이렌이나 스킬라는 뱃사람들이 항구에서 겪는 유혹을 상징하는 듯 하다. 뱃사람들은 기항지에서 여자를 구하거나 성적 욕구를 해소하는데, 그때마다 상당한 위험을 무릅써야 한다. 위의 에피소드는 이러한 상황과 처지를 괴물과 여자의 형상으로 그려낸 결과로 보이며, 카립디스는 험난한 조류가 존재하는 위험한 바다길을 의미하는 것으로 보인다.

한편, 험난한 지형을 빠져나가면서 키르케의 조언에 의존하는 바가 컸지만, 헬로오스 섬에 들르지 말라는 충고를 어긴 대가로 막대한 희생을 치러야 하기도 했다. 선원들이 도둑질을 하고 몰살당하는 비운을 겪는 셈이다.

이후 오디세우스는 칼립소의 섬에 머물기도 했고, 파이아케스인들의 섬을 방문하기도 했다. 생명을 건졌고, 도움을 얻었고, 집으로 돌아가는 길을 조언 받을 수 있었다. 그렇게 오디세우스는 섬과 섬, 바다와 바다를 건너 지중해의 구석구석을 표랑했다.

이러한 오디세우스의 모험은 한 가지 중요한 특질을 보여준다. 오디세우스라는 그리스 지식인(그는 영웅 중에서도 지략가로 이름이 높은 인물이다)에 눈에 비친 지중해 각 지역의 생활과 생태 환경이다. 실제 현실에서 외눈박이 괴물이 있고, 여신이 영생을 누리고, 신의 분노를 살 만한 보물이 널려 있지는 않았겠지만, 다른 신체 조건을 지닌 민족이 존재하고, 여자가 다스리는 영역이 존재하며, 종교적으로 다른 신과 그 계율을 어겨 처벌을 받는 경험은 충분히 가능한 것이다.

그러니까 오디세우스는 지중해를 떠돌면서 그 연안과 섬에 연결된 다른 민족, 다른 언어, 다른 생활, 다른 관습, 다른 문화적 영향력을 감지하는 지표가 된다. 지중해라는 문화의 저수지를 체험하고 관찰하고 통합하고 이해하는 지식의 표본이 된 셈이다.

그렇다면 ≪오디세이≫는 문학 작품 이전에 생태 보고서이고, 여행기이며, 지리서라고 할 수 있다. 오디세우스라는 대표적 표상을 내세우는 어떠한 작가는 이러한 낯선 경험과 다양한 정보(information)를 하나의 지식 체계(knowledge)로 바꾸고 이를 삶과 정신에 유용한 지침으로 전수하려는 지혜(wisdom)로의 변혁을 꿈꾸고 있다.

오디세우스 신화가 서사시 ≪오디세이≫가 되고, 훗날의 소설이 되고, 영화가 되고, 다시 고전의 힘으로 새로운 문화 콘텐츠가 되는 이유도 여기에 있다. 낯선 인간에 비친 새로운 세상과, 그 세상 사이에서 나타나는 혼란, 그리고 그 혼란을 정리해야 하는 또 다른 층위의 인식적 혼란이 그것이다. 결과적으로 ≪오디세이≫는 인류 문화의 보고가 되고, 지적 모험의 기록이 될 수밖에 없다. 해양문화라는 다양성의 생태계가 표면화되고, 그 안에서 이를 통합하고 살아가야 하는 인간의 고뇌와 반성이 이면화 된 정신과 문화의 텍스트가 된 것이다.

3. 한국의 해양신화, 처용

한국의 신화에서 해양신화는 보편적인 것도, 심오한 것도 아니며, 오히려 대단히 드물고 해당 의미가 미약한 것으로 나타나고 있다. 즉 한국의 신화는 하늘을 주재신(主宰神)으로 삼는 천신 사상에 가깝지 해양의 신을 주신으로 삼는 해양신화의 맥락에서 대체로 벗어나 있는 편이다.

하지만 처용설화는 흥미로운 이견을 만들어낸다. 처용설화는 해상 세력의 대두와 그 충돌을 보여주는 대표적인 신화라고 하겠다. 처용이 신라에 등장한 시기는 헌강왕 무렵이다. 처용설화를 기록한 『삼국유사』에서는 이 시기가 태평성대로 묘사하고 있지만, 실제로는 신라의 쇠퇴를 더 이상 버틸 수 없는 시절이었다. 그곳에서 처용은 동해용의 아들로 등장한다.

동해용의 정체에 대해서는 논란이 분분하다. 어떤 이들은 외국인으로, 어떤 이들은 급부상한 토호나 호족 세력 중 신흥 세력으로, 어떤 이들은 일본이나 왜구로, 어떤 이들은 새로운 세력이거나 민중의 영웅으로 생각한다. 그러한 동해용은 헌강왕 일행이 시찰을 하는 개운포에 나타나서 아들 하나를 맡기고 간다. 어쩌면 그 아들은 볼모로 잡히게 되었는지도 모른다.

처용설화가 흥미를 끄는 이유는 서라벌에 살게 된 처용에게 아름다운 아내가 짝 지워졌다는 사실에서 기인한다. 아내는 처용이라는 남편이 있음에도 불구하고, 역신과의 불륜(외도)을 감행한다. 설화에서는 역신이 아내를 침탈한 것처럼 묘사되어 있지만, 상호 합의와 묵인이 있었기 때문에 가능한 정사였다고 해석할 여지도 충분하다.

처용은 집을 비우는 날이 잦았고, 그 원인은 알 수 없지만 아내는 처용의 이러한 행동에 그다지 우호적이지 않았던 것 같다. 아내의 돌발적인 외도는 처용의 무심함과 관련이 있는 듯, 처용은 아내의 외도를 보고도 일반적인 사람이 보일 법한 행동에서 벗어나 관대함 혹은 자포자기의 심정을 드러냈다. 방안으로 뛰어 들어가 화를 내고 상대를 압박한 것이 아니라, 오히려 물러나와 마음을 가라앉히듯 노래(향가)를 불렀기 때문이다.

많은 이들은 이 설화를 이러한 불륜에 대한 기묘한 대응에 초점을 맞추고 이를 해명하고자 했다. 가령 처용의 민족과 여인의 결혼 풍습이 다르기 때문이라는 견해를 검토할 수 있다. 신라의 잃어버린 책을 참조하면, 신라 여성의 권위는 상당히 높았고 여왕이 되거나 자유로운 성 관계를 용인 받을 정도로 사회적 관습이 여성을 우대하고 있었다. 이러한 사회적 상황을 고려하면 처용의 아내는 남편이 아닌 남자와의 성 관계에서 상대적으로 제약을 받을 가능성이 늘어난다고 하겠다.

한편, 이족의 풍습 중에서 손님에게 아내를 제공하는 풍습을 거론하는 주장도 있다. 어떤 이들은 신라의 중앙 귀족이 일부러 지방 호족(동해)을 욕보이거나 혼내주려고 꾸민 일이라고 믿기도 한다. 그래서 이 신화는 상대적인 격차를 보여준다는 것이다. 처용을 외국인으로 볼 경우, 장기적인 외유로 인해 아내의 자발적인 선택(외도)이 일어났다고도 할 수 있다. 이럴 경우 국제적인 무역항으로 기능했던 신라의 국제적 위상도 덩달아 가늠할 수 있을 것이다.

그 어떤 해석도 가능할 것 같고, 그래서 그 어떤 해석도 확정적으로 옳다고 말할 수 없을 것이다. 그렇다면 이것은 신화의 그것과 흡사하다. 신화 역시 현실의 축쇄판이지만, 단일한 해석만을 허용하지는 않기 때문이다.

처용이 만일 동해 용왕의 아들이었고, 헌강왕 무렵의 정치 질서가 어지러웠으며, 신라의 미녀(중앙)과 처용(지방 호족) 사이의 결혼상 마찰이 빚어진 점을 인정한다면, 이 설화는 해상 세력의 대두와 신라 정착 과정에 대한 흥미로운 해석을 담고 있다고 할 수 있다. 동해 용왕은 이족이든, 지방 귀족이든, 외부 세력이든 간에, 해상의 주도권을 진 어떤 인물의 형상화에 해당할 것이기 때문이다. 그 동해용은 아들을 통해 신라와 교류하려고 했고, 이로 인해 신라는 처용의 등장으로 인해 경각심과 자극을 느끼고 있었고, 외도와 불륜은 그 미묘한 마찰을 촉발시키는 사건이 되었다고 판단된다.

신라는 본래 여러 귀족과 호족들이 차례로 편입되면서 왕가를 형성한 국가였다. 박 씨와 석 씨와 김 씨가 그러하고, 본래 있었던 육부가 그러하며, 이후에도 이서국(청도)이나 가야의 복속으로 이루어진 외래 귀족의 왕족화가 또한 그러하다. 심지어는 백제나 고구려의 편입 귀족도 여기에 속할 수 있다. 동해용은 신라 하대의 어떤 세력이었을 것이고, 그것도 거의 해상 세력에 가깝다. 그들은 신라에 거점을 마련해야 했고, 신라는 어떠한 방식으로든 이러한 해상 세력과의 접점을 찾아야 했다. 그렇다면 처용은 그 중간에 있는 자의 명칭이다.

이국인으로 보일 정도로 이상한 얼굴과, 특이한 문화적/심리적 배경, 그리고 춤추고 노래하는 것을 좋아하면서도 아내를 가까이 하지 않으려는 태도는 명백하게 신라 주류로 편입하지 못하는 경계인의 모습을 드러내기 때문이다. 그래서 그에게는 항의와 강요의 방법이 허용되지 않았고, 물러나 춤추는 새로운 문화적 선택만이 남았는지도 모르겠다.

4. 또 하나의 항해자, 거타지

거타지 설화는 배를 타고 바다를 건너는 일화에서 시작된다. 진성여왕의 아들 양패가 서해를 건너 당나라로 갈 때, 동행한 궁사 중 한 명이 거타지(居陀知)였다. 거타지가 군사 중 한 명에서 각광 받는 영웅으로 승격되는 과정에서 두 가지 사건이 주목된다.

하나는 곡도에 임시 정박한 배가 움직이지 않게 된 사건이다. 겁을 먹은 일행은 꿈에 나타난 산신령의 요구대로 한 사람을 섬에 남겨 두게 된다. 이때 남겨진 인물인 거타지인데, 거타지의 이름을 새긴 나무만 물에 가라앉는 신이한 행적 때문에 이러한 일이 발생할 수 있었다.

다른 하나는 곡도의 연못에 사는 서해의 해신 일가를 구하는 사건이다. 홀로 남은 거타지는 실의에 빠졌는데, 이러한 거타지에게 도움을 청하는 노인이 나타났다. 노인은 자신을 서해의 용왕이라고 소개했고, 자신들이 거처하는 연못에서 도술로 자신의 일가를 잡아먹는 괴물을 처치해달라고 부탁했다.

거타지는 노인의 주문대로, 연못에 주문을 외워 노인 일가를 침탈하는 여우의 정령을 처치했다. 거타지의 도움으로 간신이 목숨을 구한 서해 용왕은, 자신의 딸을 그 보답으로 거타지에게 선사한다.

영웅이 세상에 이름을 날리는 시점은 괴물과의 전투에서 이기는 시점인 경우가 대부분이다. 그것도 좀처럼 상대하기 어려운 괴물일수록 그 진가와 명성은 높아지기 마련이다. 거타지 설화와 유사한 속성을 보이는 페르세우스 신화에서는 그 괴물이 신들도 감당할 수 없었던 메두사였고, 그 힘이 하늘에 닿았던 거신족이었다. 물론 바다의 괴물도 포함되어 있었다. 영웅이 탄생하기 위해서는 난세가 되어야 하고, 난세가 되기 위해서는 괴물이 탄생해야 했다. 괴물의 힘과 포악함이 극에 달할수록 영웅의 전공 역시 높아진다는 논리인 셈이다.

거타지는 서해 용왕조차 감당할 수 없었던 괴물(여우)을 물리치고, 아름다운 여인을 아내로 맞게 되면서, 세상을 구한 영웅의 반열에 오를 수 있었다. 그 전에는 이름도 알려져 있지 않았고, 가문 내력 또한 평이하게 이를 데 없어 언급조차 되지 않은 민중의 하나였는데, 여우 정령과의 대결을 통해 자신의 진가를 드러내는 영웅으로 격상할 수 있었던 것이다. 이러한 격상은 영웅이 흔히 겪게 되는 모험에의 완수와 괴물과의 대결을 뜻한다고 하겠다.

거타지 해양신화는 삼국의 통일 국가 신라가 주변 국가와 맺는 관계 속에서 탄생했다. 신라의 대외 수입처이자 문화 교류국으로서 당나라는 실제로는 세상의 중심이나 마찬가지였다. 르네상스 시기의 이탈리아의 도시 국가가 지중해 세계에서 세상의 중심이었고, 최근까지 뉴욕이 근대화된 세계 질서의 상징적 옴파로스였다면, 10세 이전의 동아시아와 세계의 또 다른 중심이 당나라였다. 신라는 당나라를 통해 전 세계와 소통하고 문화적 유행을 익히며 자신들의 아이디어를 발전시킬 가능성을 확인하곤 했다. 그러한 측면에서 서해는 문화와 문명, 개발과 질서, 세계화와 보편화의 길목이었다. 이러한 길목에서 영웅이 모험을 겪는 설정은 현실적으로도, 또 상징적으로도 모두 가능하다.

이처럼 신라의 해상 영웅은 서해라는 뱃길을 넘어야 했고, 그 사이에 도사린 위험을 건너야 했다. 오디세우스처럼 지중해를 표랑하는 운명을 부여 받은 것은 아닐지라도, 목숨을 걸고 세계의 중심으로 걸어 들어가야 하는 모험에의 소명을 인지했고, 생명과 사명을 걸고 바다를 건너 부국과 영예를 찾아야 하는 의무감이 부여되었다.

실제로 거타지 신화의 끝부분에는 '용'에 의해 인도되는 거타지를 보고 놀라는 당나라 사람들의 반응이 기록되어 있다.

노인(서해 용왕;인용자)은 그의 딸을 한 송이 꽃으로 변하게 하여 거타지의 품속에다 넣어 주었다. 그리고 두 마리의 용에게 명하여 거타지를 받들어 앞서 간 양패공 일행의 배를 따라 잡게 하고, 또 그 배를 호송하여 무사히 당나라 땅에 들어가도록 해 주었다. 당나라 사람들은 신라의 선박이 두 마리의 용에게 업혀 오는 것을 보고 그 일을 임금에게 아뢰었다. 당나라 황제는 "신라의 사자는 틀림없이 비상한 사람일 것이다."하고, 연희를 베풀 때 뭇 신하들의 윗자리에 앉히는 한 편, 금과 비단을 후하게 주었다. 고국에 돌아오자 거타지는 품속에서 꽃가지를 꺼내어 여자로 변하게 하였다. 그리고 그녀와 함께 살았다.[2]

거타지 설화의 마무리 부분은 영웅의 귀환을 다루고 있다. 모험을 끝내고 '당나라'라는 새로운 영역을 개척하고(환영받고) 신라로 돌아오는 영웅의 형상을 부각하기 위해서이다.

흥미로운 점은 그의 모험과 고난이 바다에 집중되어 있어, 다른 한국의 영웅(신화)과 다를 뿐만 아니라 궁극에는 모험에의 소명이 당나라라는 세상의 중심에서 이루어졌다는 점이다. 늘 그렇듯이 바다를 건너는 일 그 자체가 모험이고, 또 시련이었다는 점을 감안하면 세상의 중심으로 내려가는 바다를 조명했다는 의의가 확실하게 간직된 신화였다고 하겠다.

---

2) 일연, 이동환 역주, 『삼국유사(상)』, 삼중당, 1991, 164면.

5. 바다의 이주자, 연오랑과 세오녀

『삼국유사』에는 놀랄 만큼 아름다운 한 연인의 이야기 실려 있다. 이들은 바다를 건넌 항해자들이고, 바다 너머 새로운 지역으로 이주한 이주자들이었다.

동해, 그 바닷가에 연오랑(延烏郎) 세오녀(細烏女) 부부가 해초를 뜯고 고기를 잡으며 살고 있었다. 어느 날 연오랑이 바다에 나가 해초를 따고 있는데 홀연히 전에 보이지 않던 바위 하나가 나타나 연오랑을 싣고서 한 바다로 떠났다.

연오랑은 일본의 어느 해안에 닿았다. 그 나라 사람들은 바위에 실려 온 연오랑을 보고선 범상한 사람이 아닐 것이라고 생각했다. 그리고는 연오랑을 그 나라의 왕으로 받들었다.

세오녀는 해초를 따러 나간 남편이 돌아오지 않는 것이 아무래도 이상하게 여겨졌다. 연오랑을 찾아 세오녀는 바닷가로 나갔다. 어느 한 바위 위에 남편의 신발이 놓여 있는 것을 발견했다. 세오녀는 그 바위 위로 뛰어올랐다. 연오랑을 그렇게 했듯 바위는 또 세오녀를 싣고 한 바다로 떠났다. 세오녀는 앞서 연오랑이 닿았던 일본의 바로 그 해안에 닿았다. 바위에 실려 온 세오녀를 보고 그 나라 사람들은 놀랍고 의아스러워 왕 연오랑에게 사실을 아뢰었다. 연오랑과 세오녀 부부는 다시 만났다. 그리고 세오녀는 귀비(貴妃)로 받들어졌다.[3]

연오랑이 타고 떠났다는 바위는 실제로는 부표물이나 배였을 것으로 보인다. 실제로 한국/중국/일본을 잇는 동북아시아 지중해에서 국가 간의 항해는 활발하게 이루어졌는데, 이러한 증거는 황해를 둘러싼 한중 해안이나 동해를 둘러싼 한일 해안에 모두 나타나고 있다. 대표적인 돌배설화는 불상을 실은 돌배가 동해나 황해를 떠돌다

---

3) 일연, 이동환 역주, 『삼국유사(상)』, 삼중당, 1991, 52면.

가 한중일의 해변에 닿아 절에 안치되는 과정을 그리고 있다.

돌배신화의 대표적인 사례가 허황옥의 항해와 정박이다. 아유타 국의 공주가 가야로 오는 길은 돌배의 루트와 기본적으로 일치하며, 그 의미 역시 동일하다. 허황옥은 한국의 국모가 되었고 이후 역사에서 중요한 이주자로 기록되었으며 고대 한국과 인도의 문화 교류를 증언하는 증거로 남았다.

이러한 돌배신화를 감안하면 연오랑을 데리고 건넜다는 바위가 '돌배'였을 가능성도 배제할 수 없다. 돌배설화에 따르면, 돌배가 정착하는 곳은 돌배의 상징적 의미를 갈구하는 곳이다. 즉 부처와 종교의 가르침을 수용할 마음의 자세가 되어 있는 이들은 이적을 동반한 돌배와 그 안의 부처를 정신적으로 그리고 문화적으로 수용할 수 있는 태도를 취하곤 했다. 반대로 이러한 문화적 수용이 어려운 경우에는, 돌배는 계속해서 바다로 항해하게 되고, 결국 더욱 적합한 지점으로 움직이게 된다.

이러한 표랑의 삶과 운명은 연오랑의 도일 과정과 근본적으로 유사하다. 만일 연오랑이 도착한 곳이 연오랑이나 돌배의 신령함을 수용할 수 없는 곳이었다면, 연오랑은 왕이 되는 운명을 맞이하지 못했을 것이다. 하지만 연오랑은 일본의 해안 지역에서 그를 신령한 존재로 떠받드는 이들을 만났고, 이들은 가야국이 허황옥을 맞이했듯, 연오랑을 맞이했다. 오이디푸스가 새로운 국가에서 왕으로 등극했듯, 연오랑도 왕이 되었다.

연오랑이 정착한 곳은 이방인에게 너그럽고 그들-이주자들의 가치를 이해하는 지역이었던 것으로 여겨진다. 세오녀마저 표류하여 연오랑이 닿았던 국가에 닿았을 때, 그 지역의 원주민들은 세오녀 역시 신령한 존재로 여겼다. 물론 세오녀는 이미 왕이 되어 있는 연오랑과 재회했고, 그들은 왕과 귀비가 되어 새로운 지역을 이끄는 지도자의 위치에 올랐다.

그렇다면 그들에게 어떠한 힘이 있어서, 낯선 지역에서 희생양이나 적대자가 되지 않고 우호적인 이웃이자 최고의 권력자가 될 수 있었을까. 정확한 이유는 없지만, 연오랑과 세오녀는 신라의 해와 달을 지키던 정기의 화신이었다고 『삼국유사』는 적고 있다. 그래서 그들이 떠난 이후 신라는 해와 달이 빛을 잃고, 국가의 기운이 쇠하는 듯한 징후를 보였다. 이를 되찾고 국운을 돌리기 위해서 신라 국왕은 연오랑과 세오녀의 귀국을 종용한다.

문제는 연오랑이 단순한 신라의 신민이 아니라, 한 국가를 책임지는 정치 지도자로 격상되었다는 사실이다. 연오랑은 신라로 돌아올 수 없었고, 또 돌아와서도 안 되었다. 그래서 연오랑은 처용을 보낸 왕처럼, 신라왕에게 선물을 보낸다. 비록 아들은 아니었지만, 자신의 선물을 통해 고국의 요구에 화답한 것이다. 그 선물은 세오녀가 짠 명주였고 그 명주는 신라의 정기를 되돌려 해와 달의 빛을 되찾아주었다.

여기에서 주목해야 할 점은 연오랑과 세오녀가 자신들의 중요한 산업 수단인 명주를 보냈다는 점이다. 비록 명주가 신라에 없었던 것이 아니기 때문에, 아무래도 이것은 명주를 짜는 기술과 세공 방법을 포함하는 선물로 여겨진다. 즉 신라의 새로운 산업을 이끌 수 있는 기술과 재료를 선사한 것이다. 실제로 『삼국유사』에는 '아내가 짰다'라는 문구가 적시되어 있으며, 그녀의 이름 '세오녀'는 섬세하다는 뜻과 해를 상징하는 까마귀의 의미를 담고 있어 섬세한 직물 솜씨와 그 상징으로서의 욱일승천을 표현하고 있다.

이러한 해석은 더 이상 관련 자료의 도움을 받기 힘들지만, 처용의 부친이 신라에 처용을 보냈듯, 연오랑은 직물 가공법과 세공 기술을 보내어 신라의 신 동력으로 삼기를 갈구했던 것이다. 그렇다면 연오랑과 세오녀가 닿은 곳은 직물과 세공에 능했던 지역이었고, 이것은 이주자들이 발견한 새로운 산업의 이동에 해당할 것이다.

문제는 연오랑과 세오녀가 이주자였고, 그것도 바다를 통해 이주한 이들이라는 점이다. 그들은 새로운 사회에 적응하기 위해서 노력했지만, 거꾸로 그 사회가 지닌 장점과 혜택을 발굴할 수 있는 안목을 지니고 있었다. 다시 말해서 신라에 필요한 기술과 재료를 골라내어, 이것을 통해 산업과 국가 기반을 강화할 수 있는 가능성을 선취했다고 보아야 한다. 결국 이주자들은 새로운 세계에 적응하면서, 그 세계가 가진 가치를 알아볼 수 있는 새로운 생각을 창조했다고 보아야 한다. 이러한 신세계에 대한 관심은 결국 고대 일본 뿐만 아니라 고대 신라의 문화와 산업을 연관시키고 상호 작용을 통해 발전을 부추기는 결과를 가져 왔던 셈이다. 표랑자는 이주자였고, 결국에는 모험가이자 발견자였던 것이다.

6. 바다 원정의 기수, 이아손

이아손의 해외 원정은 흔히 아르고호 원정으로 불리기도 한다. 이아손은 자신의 아버지가 빼앗긴 왕위를 찾기 위해서 아버지의 이복형제인 펠리아스를 찾아간다. 예상했던 대로 펠리아스는 왕위 이양을 교묘하게 늦추면서, 콜키스로 넘어간 황금양털을 가져오는 조건을 내걸었다.

이아손은 이 모험을 수락하고 아르고호를 건조하고 함께 떠날 영웅들을 모집한다. 사실 아르고호에 탑승한 영웅 중에는 헤라클레스, 오르페우스, 펠레우스(아킬레우스의 아버지) 등이 포함되어 있어, 상당히 뛰어난 영웅들이 함께 하는 원정대로 기록되고 있다.

특히 아르고호 원정대는 그리스와 아시아를 나누는 바다를 건너 흑해로 접어드는 항로를 이용해야 했다. 지금의 에게 해를 건너야 했고, 보스포로스 해협을 지나 흑해의 동쪽까지 항해해야 했기 때문이다. 콜키스는 흑해의 동쪽에 있었던 나라이며, 현재 조지아와 유사한 위치를 점유하고 있었던 것으로 알려져 있다.

아르고호의 바다 항해를 보면 몇 가지 특이한 난관이 엿보인다. 일단 에욱세이노스 해의 입구에 세워진 두 개의 암석 사이를 통과해야 했다. 심프레가데스라는 이 암석은 '충돌의 섬'으로도 불리는데, 수면에 떠 있다가 바다의 동요를 감지하고 닫히는 작용을 반복하고 있었다. 특히 이 암석의 관문은 지나가는 모든 것을 파쇄 하는 힘을 가졌는데, 바다를 항해하는 배들에게는 절대적인 위험이 아닐 수 없었다. 이아손 일행은 비둘기를 먼저 날려 보내고, 이로 인해 암석 입구가 닫혔다가 열리는 시간차를 이용해서 이 난관을 벗어났다.

현재 에욱세이노스 해의 입구는 흑해로 추정되는데, 비교적 미지의 바다에 해당했던 흑해와 그 이전까지의 항해(가령 마르마라해를 지나 보스포로스 해협을 건너 흑해를 동쪽으로 횡단하는 루트)가 빈번하지 않았던 지역에 대한 호기심을 반영하고 있다. 그러니까 흑해로 나아가는 과정은 현실적인 조건을 통해 이해되기보다는 신화적인 어려움을 동반한 일종의 시련으로 묘사된 셈이다. 그만큼 아르고호의 모험은 대대적이었고 국제적이었다고 해야 한다.

어렵게 도착한 콜키스에서도 난관은 여전했다. 왕 아이에테스는 불을 뿜는 황소에 멍에를 씌우고 용의 이빨에서 태어난 사람들과 함께 쟁기를 끌면 황금양털을 내주겠다고 약속한다. 사실 불을 뿜는 황소도 벅찬 일이었지만 용의 이빨을 뿌렸을 경우 태어나는 군인들은 더욱 감당하기 어려운 상대였다. 그럼에도 이아손은 메데이아의 도움을 받아 이 불가능한 도전에 성공하고 만다.

메데이아의 등장은 이아손의 모험에서 백미로 꼽힌다. 메데이아는 사실 아이에테스 왕의 딸이었지만, 이아손에게 반한 다음, 마법으로 그-이아손의 임무 수행을 돕는 역할을 자청한다. 더구나 그녀는 아버지가 황금양털을 찾기 위해서 군대를 파견할 것을 예견했고 (이복)동생을 압시르토스를 납치하고 시체를 산산조각 내서 던지는 방식으로 아버지의 군대를 따돌렸다. 결국 이아손은 메데이아 덕분에 콜키스에서 황금양털을 찾았을 뿐만 아니라, 무사히 빠져나올 수 있게 되었다 .

1차 난관을 넘긴 아르고호에는 또 다른 난관이 찾아온다. 메데이아의 행동에 분노한 제우스가 아르고호의 진로를 방해했기 때문이다. 이때에도 메데이아는 고모 키르케의 도움으로 항해를 재시작할 수 있었다. 이처럼 메데이아는 이아손을 돕는 절대적인 역할을 감당하며, 황금양털을 찾는 불가능한 모험을 성사시킨다. 이후에도 그녀는 이아손의 왕권 획득을 위한 다양한 조력을 아끼지 않았음에도 결국에는 이아손의 버림을 받게 되면서 이아손과 자신 사이에 낳은 자식을 제 손으로 죽이는 참담한 비극을 저지르기도 한다.

주목해야 할 점은 황금양털을 찾아 떠난 원정대의 의미와 가치이다. 이 원정대는 바다를 건너는 또 다른 항해자의 면모를 보여주고 있다. 오디세우스가 지중해 곳곳을 표랑하면서 그리스의 문화를 전파하고 각 지역의 특징을 수집하는 역할을 했다면, 이아손은 특정한 물건을 구하기 위해서 지중해의 끝을 돌아 흑해라는 또 다른 바다로 향하는 원정을 감행했다.

이들이 목표했던 황금양털은 잃어버린 왕권을 회복하는 조건이라는 점에서 권력과 왕권을 상징하는 신성한 물건이다. 또한 이 황금 양털은 국가의 권위와 존엄성을 상징하고 있다. 황금양털은 콜키스 나 그리스 국가들에게 모두 필요한 물건이다. 그래서 콜키스는 이 황금양털을 내줄 의향이 없었고, 그리스는 이 황금양털을 찾아와야 할 이유가 통용되고 있었다.

비록 황금양털은 상징적으로 왕권과 권력 그리고 권위와 존엄성 을 상징하는 물건이지만, 일부의 의견에 따르면 교역품으로서 황금 과 그 채취 방법을 가리킨다고 한다. 실제로 조지아에는 황금이 많 이 나며, 황금을 채취하는 과정에서 양털을 사용하면서 '황금(이 묻 은) 양털'이라는 단어가 등장하게 된 것으로 판단된다.

이러한 교역품이 원정대의 역사와 함께 제시된다는 사실에 주목 해 보자. 그 이전에도 물건들 간의 교역이 분명 있었고, 이러한 교역 을 위한 해상 무역 내지는 교역단의 항해가 존재하고 있었다. 그러 니 이러한 현실의 상황을 이아손의 '아르고호 원정'을 통해 구현한 셈이다. 이러한 구현은 기본적으로 해양문화가 신화를 통해서도 정 리되지만 그 근간에는 정치/경제/사회적 인프라가 함께 작동하고 있 다는 점을 가리킨다는 사실을 기억할 필요가 있다.

3. 해양연극의 흐름과 계보
: 바다를 소재로 한 희곡들

1. 농촌극 혹은 농민극의 생성

일제 강점기를 거친 조선의 연극(희곡)은 두 가지 중대한 사명을 벗어던질 수 없었다. 하나는 더 많은 관객을 찾아내는 일이었다. 수많은 극단들은 흥행 상 이익을 포함하여 자신들의 작품을 관람해 줄 관객들을 어떻게 해서든 '발견'해 내야 했다. 다른 하나는 식민지 현실의 자연스러운 극복과 대안 마련이었다. 연극인들이 비록 독립 운동가는 아닐지라도, 그들의 연극은 조선인들이 직면한 현실의 문제에 관여하지 않을 수 없었고, 결과적으로 식민치하의 모순과 고난을 외면할 수 없었다.

농촌극은 이러한 두 가지 책무 사이에서 탄생했다. 일제에 의해 조선의 도시화가 가속화 된 것은 사실이지만, 조선인의 대다수는 농촌에 터를 잡고 있었다. 토지를 기반으로 농업 생산물을 산출하고 이를 교환하여 개인의 부를 축적하는 경제 체제가 아무래도 조선 경제의 주류를 이루고 있던 시절이었다. 이러한 경제적 구조 하에서 토지는 중요한 생산 수단일 수밖에 없었지만, 이러한 토지들이 일제와 부호에 의해 수탈되면서 대토지를 사유(私有)하는 소수 부농들이 증가하기 시작했다. 당시의 통계를 끌어들이지 않아도, 농민들이 소유해야 할 토지들이 대지주들에게 집중되기 시작한 것은 부인할 수 없다.

농민들이 생계의 곤란을 겪었고 농토를 기반으로 하는 전통적 삶의 양식이 붕괴되기 시작하자, 극작가(연극인)들은 이러한 현상을 포착하여 주목할 만한 작품을 생산했다. 신극(리얼리즘) 계열에서는 유치진이 대표적이다. 그는 <토막>(1932년)이나 <버드나무 선 동리의 풍경(동네풍경)>(1933년) 같은 농촌극을 발표했고, 이러한 작품들은 또 다른 대표작 <소>(1935년)와 함께 농촌 3부작을 형성했다. 대중극(상업극) 계열에서도 이러한 모색은 동일하게 발견된다. 1920년대 토월회는 <아리랑고개>를 통해 식민치하에서 농민들이 결국 토지를 잃고 고향을 떠나야 했던 상황을 묘사한 바 있다.

이러한 일련의 움직임은 농촌과 농토 그리고 농민이라는 유기적 관계가 훼손되는 근원적인 이유에 대해 질문하고 있다는 점에서 문제적이었다. 이러한 문제적 면모는 일본인의 경각심까지 불러일으켰다. <아리랑고개>는 일제의 의해 공연 금지를 당해야 했고, <소> 역시 조선에서는 공연되지 못했다. 그 만큼 이 문제는 일제 식민통치의 모순을 드러내는 역할을 수행했으며, 당연히 당대 관객이자 농민이었던 조선인들의 심정적인 지지를 이끌어낼 수밖에 없었다.

2. 어촌극 혹은 어민극의 맹아로서 〈산허구리〉

1930년대 후반에 다가가면서, 이른바 신극계는 특이한 이력의 작가를 대면하게 된다. 그 이전 신극 작가와 달리 함세덕은 일본 유학을 한 지식인도 아니고, 그렇다고 일찍부터 지역의 총망 받는 청년 인재로 명성을 떨친 경우도 아니었다. 그는 서점에서 일해야 했고, 독학으로 문학을 익혀야 했으며, 가족을 따라 조선의 궁벽한 곳을 떠돌아야 했던 평범한 민중의 일원이었다. 하지만 그는 뛰어난 문재(文才)를 드러내며 조선 연극계에 등장하더니, 특유의 극작술로 기성 연극인들을 놀라게 했다.

작품(창작품) 부족에 허덕이던 신극계는 그의 등장을 무척이나 반겼다. 아니나 다를까 그는 서정적인 필치로 당대 리얼리즘(신극)의 한계를 개성적으로 극복하기 시작했다. 그가 내놓은 작품 <동승>(1939년)은 사회문화적 맥락이 거세된 작품이었지만, 대신 특유의 서정성은 무시간적 배경을 대체 보완할 수 있는 효과를 간직하고 있었다.

일제 강점기 그의 대표작으로 거론되는 <산허구리>(1936년)나

<무의도기행>(1941년)의 서정성도 본질적으로는 마찬가지였다. 다른 점이 있다면, 서정적인 필치를 간직하면서도 <산허구리>나 <무의도기행>은 분명 조선 내에 존재하는 가난과 질곡의 어떤 공간을 표상하고 있었다는 점이다. 하지만 이 표상 공간은 그때까지 유행했던 '농촌'은 아니었다. 함세덕의 이 공간 역시 여성들이 수난을 당하고 남자들이 죽고 수탈자가 활개 치는 공간인 것은 분명하지만, 당대 조선인들의 시각을 고착시켰던 농촌에서는 이탈한 상태였다.

함세덕은 이 새로울 수 있는 공간을 '어촌'에서 찾아냈고, 그곳에 조선인의 고통을 응축하고자 했다(다만 <산허구리>와 <토막>은 무대 배치와 극중 현실로서의 '배경', 전체 구도와 주인공 특성상의 '인물', 사건 전개와 더블 플롯과 결말 구조로서의 '플롯', 그리고 '주제'의 측면에서 상당한 유사성을 보이는 것이 사실이고, 이러한 유사성은 유치진 작품을 중심으로 당대 농촌극이 어촌극의 생성에 영향을 끼쳤음을 의미한다고 하겠다). 농촌의 공간이 어촌으로 확대되면서, 조선에 방치되었던 또 다른 벽지(僻地)가 새롭고 효과적인 연극적 공간으로 거듭날 수 있었다.

이러한 평가가 가능하다면, 함세덕은 농촌에 쏠려 있던 조선인 관객과 연극인들의 관심을—근원적으로 동일하지만 세부적으로 차이를 보이는, 그래서 그 안을 관류하는 특성은 동일하되 인식상의 새로운 차원을 열어줄 수 있는—어촌으로 돌리는 데에 공을 세운 극작가라고 규정할 수 있겠다. <산허구리>의 일차적 변별점은 여기에서 찾아야 할 것이다. 이 작품이 <무의도기행>과 그 이후에 산출되는 어촌극(어민극)의 단초를 제공하고 그 맥락의 시원(始原)을 형성한 공로도 분명 존재하지만, 함세덕이 지닌 서정적 터치를 당대의 현실 공간에 접목시키는 개성적 면모를 보였다는 점에서도 주목되어야 할 것이다.

어촌극의 맥락은 이렇게 생성되었다. 함세덕의 <산허구리>는 어촌극의 시초를 보인 작품이고, <무의도기행>은 그 연장선상에서 탄생한 작품인 것이다. 두 작품 역시 비슷하고 공통 모티프(motif)를 취하고 있지만(발전적 연작), 동시에 서로 다른 개성과 장점을 지니고 있는 별개의 작품이기도 하다. 다만 이 두 작품이 공유하는 특성을 간과할 수는 없다. 더구나 두 작품의 공유점은 두 작품만을 넘어 한국 어촌극의 공유점으로 이어지기 때문이다. 그 특성을 요약하면, 가난한 현실(어촌), 가장의 능력을 잃은 아버지와 아들의 안위를 걱정하는 어머니, 죽은 형(아들)과 곤란에 휩싸인 딸(누나), 그리고 집안의 생계와 부활을 책임져야 하는 아들(주인공)이 그들이다.

문제는 이 살아 있는 아들은 형이나 아버지의 운명을 걷는 것을 거부하고, 바다가 아닌 육지로 가려고 한다. <무의도기행>의 천명은 바다가 아니면 어떠한 일도 할 수 있다고 소원을 말하고 있는데, 이 소원은 조선의 현실 공간에서 통용될 법한 소원이다. <산허구리>의 석이 역시 자신과 당대인들에게 뇌까리듯 자문하고 있다.

> 石伊　[전략] 누나야 어머니는 한세상 참말 헛사셨다. 웨 우리는 밤낮 울고불고 살아야 한다든?
>
> 福實　(머리를 쓰다듬으며) 굴뚝에 연기 한번 무럭무럭 피여 올은 쩍도 없었지.
>
> 石伊　(울음 석낀 소래로 그러나 한마듸 한마듸 똑똑히) 웨 그런지를 난 생각해 볼 테야. 긴긴밤 개에서 조개 잡으며 긴긴낮 신작로 오가는 길에 생각해 볼 테야.[4]

---

4) 함세덕, <산허구리>, 『조선문학』, 1936년 9월, 117면.

석이의 자문과 고민은 사실 낯선 것은 아니었다. '긴긴밤 개'를 '그 오랫동안 조선'으로 바꾼다면 시대의 어둠으로 인해 개인의 삶이 피폐해지는 '어둠과 가난의 연쇄 고리'를 지적하고 있다고 말할 수도 있기 때문이다.

3. 어촌극의 맥락으로 복귀하는

<산허구리>에서 그 맹아를 드러내고 <무의도기행>을 거치면서 극작술을 정립한 '어촌극'이지만, 1940년대에 접어들면서 그 의의를 잃을 수밖에 없는 다양한 침해를 경험하게 된다. 어촌극은 친일의 압력을 받아 국책목적극으로 이어지는 수난을 겪게 되었다. 안타깝지만 함세덕의 <황해>는 이러한 사례에 속하는 작품이다.

어촌극은 필연적으로 바다를 무대 바깥(off stage)에 상정하고 그곳을 향해 떠나거나 그 곳에서 사라지는 인물들의 이야기를 '사자의 보고' 형식으로 무대 내로 끌어들이는 방법에 익숙한 상태였다. 하지만 일제 말기에는 간접적인 제한적 형식을 변화시키는 대신, 그 주제 의식을 일제의 구미에 맞도록 재조정하는 작업이 벌어졌던 것이다. 조선인으로서는 이러한 작업에 대해 크게 동의하기는 힘들었지만, 그렇다고 해서 어촌극의 맥락을 무조건 거부할 수는 없었다.

이러한 불안과 우려를 잠재우는 어촌극 계열 작품이 1960년대에 비로소 산출된다. 1964년 국립극장 장막극 현상공모 당선작으로 생산된 천승세의 <만선>이 이러한 작품이다. 이 작품은 사실상 함세덕의 <산허구리>나 <무의도기행>와 서사 구조나 개별 모티프에서 공유하는 측면이 적지 않다. 이러한 시각은 <만선>에 독창성이 결여되었다는 뜻은 아니다. 오히려 기존 한국(조선) 희곡의 유산을 충실하게 수용하면서 어촌극의 맥락으로 현명하게 귀속된 의미로 이해되어야 할 것이다.

아들이 어부가 되기를 바라는 아버지(곰치), 그러한 아버지를 애처로운 눈으로 지켜보는 아내(어머니 구포댁), 어부가 되고자 했지만 바다에서 실종된(죽은) 아들(주인공의 형들), 팔려 갈 위기에 처해 있는 딸(여동생 슬슬이), 그리고 바다로 나가기를 거부하는 막내아들(도삼) 그리고 이들 일가를 압박하는 수탈자가 그것이다.

<산허구리>에서 수탈자는 막연하게 존재하거나 편린으로만 남아있었지만, <무의도기행>에 오면 어촌의 수탈자는 분명한 형상으로 등장하여 작품 전체의 안타고니스트로 기능했다. 특히 이러한 수탈자는 경제적 이익을 취하려고만 하는 것이 아니라, 한 어촌 가정의 와해를 촉발하는 원인을 제공하는데, <만선>에서는 이러한 수탈자가 경제적 압박을 가하는 임제순(선주)와 젊은 처자(슬슬이)를 탐내는 범쇠로 각각 분리되어 등장하고 있다.

결국 이러한 인물 구도 하에서 곰치 일가가 받는 (경제적) 압박은 거세지고, 집안의 운명을 지키기 위해서라도 아들(들)은 바다로 나가야 했다. 특히 곰치는 바다에서 잔뼈가 굵은 인물로, 일종의 고기잡이의 명인으로 설정된 인물이다. 따라서 가난의 문제를 해결하기 위해서뿐만 아니라 어부로서의 숙명—무언가 자신이 평생을 바친 일에 대한 집념—마저 짊어진 인물이 되어야 했다. <무의도기행> 식으로 말하면 바다는 그들(남자)들의 '천명'이었고, <산허구리> 식으로 말하면 오랜 자문 끝에 얻은 대답으로서의 꿈이었다. 그들은 바다로 나가 만선의 꿈을 이룰 때에만, 깊게는 숙명적인 목표에 대한 만족을 얻을 수 있었고, 현실적으로는 파탄의 위기에 처한 자신과 가족

의 생계를 지킬 수 있었다. 하지만 만선의 꿈은 처참하게 깨어지고 아들들은 사라졌으며 남은 가족은 미치지 않고는 견딜 수 없는 상실감에 휩싸이고 말았다.

국립극단을 대표하는 불세출의 여배우 '백성희'가 연기했던 구포댁은 장성한 아들(들)을 잃고 딸마저 잃어야 했던 비운의 어머니 역할이었다. 그녀는 가문의 붕괴와 자식의 죽음을 목격해야 했고, 결국에는 물이 아닌 세상으로 마지막 남은 아들(간난아이)을 떠나보낸다는 헛된 망상에 사로잡히고 만 인물이어야 했다. 결국 어촌극의 파국을 증언하는 인물인 셈이다. 그녀의 탄생은 곧 1940년대 함세덕 비극으로서의 어촌극을 재현하는 신호탄이 된다. 따라서 앞의 두 작품과 <만선>은 여러 가지 측면에서 다르고 또 차이를 보이지만, 이러한 구포댁의 탄성은 어부 곰치와 함께 두드러진 개성을 창출하며 한국 어촌극의 외연을 확장한 경우라고 판단해도 무방할 것이다.

4. 어촌극의 희미한 맥락과 그 사이에서 탄생하는 수작들

이러한 성취에도 불구하고, 어촌극의 가능성이 극작가들을 늘 유혹한 것은 아니었다. 사실 한국에서 산출된 어촌 소재 희곡은 그렇게 풍부한 편이 아니며, 그 중에서도 수작들은 손으로 꼽을 정도로 소수이다. 앞의 작품을 제외한다면, 정복근의 <태풍>과 김길호의 <해곡> 정도가 이러한 범주에 포함될 것이다. <태풍>은 1978년 제2회 대한민국연극제 출품작이고, <해곡>은 1984년 제 8회 대한민국연극제 출품작이었다.

두 작품은 일제 강점기 함세덕의 희곡으로부터 연원한—함세덕의 희곡은 1920~30년대 발현된 농민극이라는 대타적 개념으로부터 영향을 받은 바 있다―어촌 소재 희곡의 중대한 특성을 공유하고 있다. 바다라는 외부적 대상은 위기의 근원이자 동시에 기회로 설정된다. <태풍>처럼 어민의 삶보다는 바다라는 위기(태풍과 해일)에 맞서 방파제를 건설해야 하는 입장을 강조하는 희곡조차, 어촌에서 살아가는 사람들의 고난과 해결의 근원지로 바다를 꼽는 데에 주저하지 않는다. 바다는 수탈자를 낳기도 하지만, 삶의 근원으로 자리 잡고 있기도 하기 때문이다. 그래서 정복근의 <태풍>을 보면 수탈자와 고난을 상징했던 인물이 실상은 '바다'의 다른 이름이었다는 사실을 알게 해준다. 어촌의 강퍅한 현실보다는 바다라는 자연 조건에 한 걸음 접근했다는 사실을 깨달을 수 있다.

김길호의 <해곡>은 <태풍>에 비해서는 한층 충실하게 어촌극의 전통(계보)으로 회귀한 작품이다. 어부가 되라는 강요와 이를 거부하는 아들이 등장한다. 특히 아들(청년)은 한 여인을 사랑하고 여인을 내줄 수 없는 누군가(수탈자)는 청년을 바다에 가두고 만다. 결국 청년과 여인은 바다에서 죽게 되는데, 어부가 되어야 한다고 믿었던 아버지는 슬픔에 잠길 수밖에 없다. 바다에서 아들이 죽고, 부모는 현실에 남는다는 설정이 유지되고 있는 것이다.

돌아보면, <해곡> 역시 바다로 가야 하는 숙명과 이를 거부하는 청년의 선택 사이에서 길항하는 작품이다. 바다로 가야 하는 힘을 '원심력(遠心力)', 육지에 남아 자신의 삶을 지키기를 원하는 힘을 '구심력(求心力)'이라고 할 수 있다면, 한국의 어촌극은 원심력과 구심력이 팽팽하게 맞서는 지점에서 시작하여 결국에는 구심력이 소멸되고 원심력에 이끌려 줄 끊어진 연처럼 바다로 사라지는 청년들의 뒷모습을 보여주는 것으로 끝나고 있다. 그들의 뒷모습은 강한 여운을 남기며, 그 중 몇 작품은 비극성의 고조라는 놀라운 미학적 경지에 도달하기도 했다.

다만 <산허구리>는 원심력이 구심력을 넘어서는 절정의 지점 이후를 보여주지는 않는 작품이다. 석이는 형들을 잃었지만, 아직은 구심력 안에 있다. 이 작품을 공연하기 위해서는 이러한 구심력이 팽팽해지는 순간을 포착할 수 있어야 한다. 그것은 <산허구리> 작품 내에도 이미 있지만, 한국의 어촌극이 이루어놓은 작품의 맥락과 영향권 내에서도 찾을 수 있다. "아들들은 왜 바다로 가기를 거부했을까?"라는 질문은 동시에 "아들들은 왜 끝내는 바다로 나가야 했을까?"라는 또 다른 질문을 예비하기 때문이다.

두 질문은 샴쌍둥이처럼 달라붙어 있으며 유기적으로 결합되어 어느 한 쪽만의 대답으로 진정한 해답을 찾을 수 없는 지경이다. 2016년 <산허구리> 공연에서 이러한 질문(그것도 두 개의 질문)과 그 대답을 찾을 수 있기를 희망한다. 분명한 것은 그 대답이 고정된 '어떤 것'이 아니었다는 점이다. 이 말은 시대에 따라, 창작자에 따라, 그리고 작품을 보아 줄 관객과 환경에 따라 달라질 수 있다는 뜻이며, 또 지금까지는 그러했다. 그래서 시대를 넘어 극작가들은 동일한 질문을 반복하여 던질 수 있었고, 그 대답을 찾아 나설 수 있었다. 일정한 대답을 찾으면 시대를 뛰어넘어 공연한 의의를 획득할 수 있을 것이고, 그렇지 못하면 전통적인 질문으로 다시 돌아가서 생각해야 할 시간에 직면해야 했을 것이다. 앞에서 석이의 자문이 그렇게 오랜 시간 동안 유효했던 까닭도 여기에 있다. 앞으로 올 많은 연출자들과 미래의 어촌 소재를 활용할 극작가들이 이 질문을 기억해야 할 이유도 여기에 있다고 하겠다.

5. 처절한 집념의 현장 〈만선〉

〈만선〉의 대체적인 줄거리는 함세덕의 두 작품과 크게 다르지 않다.[5] 곰치 일가의 거처는 바다를 등진 후락한 초가로 전면화 되는데, 이는 가난한 어촌 마을을 압축적으로 제시하기 위해서 사용한 함세덕의 무대 배치 방식과 일치한다. 곰치는 바다에서 세 아들을 잃은 아버지로 상정되고, 도삼은 어부가 되는 것을 그리 달가워하지 않는 곰치의 네 번째 아들로 등장한다. 구포댁은 바다에서 세 아들을 잃은 어머니답게 출어를 준비하는 도삼의 안위를 염려하는 어민의 아낙으로, 슬슬이는 가족의 비극을 묵묵히 지켜보아야 하는 어민의 딸로 그려진다. 이들은 막대한 빚에 몰려 경제적 어려움을 겪고 있으며, 슬슬이는 빚을 해결하기 위해서 자칫하면 팔려갈 위기에 처해 있다. 이러한 곰치 일가의 외양은 함세덕이 앞의 두 작품에서 묘사해온 어민들의 모습과 다르지 않다.

그러나 곰치가 이러한 가족의 어려움을 타개하기 위해서 적극적으로 노력한다는 점에서, 이전까지의 무기력한 아버지와 변별된다. 탁월한 실력을 가졌던 어부의 내력은 이미 함세덕의 희곡에서도 낯설지 않게 산견되지만, 그것이 돌이킬 수 없는 과거의 추억에 불과했던데 반하여, 천승세의 희곡에서는 현재의 위기를 타개할 수 있는 유일한 희망으로 전환된다는 점에서 차이를 드러낸다. 즉 〈만선〉의 곰치는 전성기를 구가하던 시절의 석이 부나 낙경을 연상시킨다. 곰치는 뛰어난 조어 기술로 칠산 바다에 부서 떼를 가두고 가족에게 덧씌워진 고난을 일거에 해결할 기회를 스스로 마련한다. 그리고 임

---

5) 〈만선〉에 대한 해석과 의미 부여는 다음의 연구 성과를 폭넓게 수용하였다(김남석, 「어촌 소재 희곡의 상동성 연구」, 『오태석 연극의 미학적 지평』, 연극과인간, 2003)

제순과 범쇠로 대표되는 지주세력의 압력을 스스로의 지혜로 극복하기 위해서 안간힘을 쓴다. 이는 뱃사람 특유의 뚝심을 빌어 현실에 능동적으로 대항하는 인물을 창조했다는 평가를 가능하게 한다. 아들인 도삼과 예비 사위인 연철 역시 팔려갈 위기에 처한 여동생을 위해 적극적으로 바다로 나아가려는 의지를 피력한다. 이처럼 아들(사위)도 죽은 형들의 기억에 연연하지 않으며, 바다 행을 둘러싼 부자간의 대립도 현실적인 어려움을 타개하려는 단일한 합의 앞에 무마된다. 이는 바다에 대한 능동적인 대항의식이 이들의 내면에서 분출되고 있음을 증거 한다.

곰치 일가에게 바다는 숙명적 굴레로 인식되지 않는다. 어민들의 가난이 생성되는 진원지도 아니고 재기의 가능성을 전소시키는 적대자도 아니다. 오히려 경제적 빈곤을 해결할 수 있는 기회의 터전이고, 풍요의 희망을 제공하는 약속의 땅이며, 도전과 극복을 가능하게 하는 성취의 공간으로 인식된다.

요약하자면, 이 작품에서 바다는 인간의 가열 찬 도전 의식이 충분히 허용되는 투쟁의 현장이다. 그러므로 <만선>에 이르러, 이제까지 제기되던 가난과 절망과 불가피한 선택과 거역할 수 없는 숙명의 공간으로서의 바다가 소거되고, 도전과 응전을 반복하는 치열한 투쟁 현장으로서의 바다가 탄생하게 된다. 물론 이러한 투쟁의 현장으로서의 바다는 곰치라는 굽히지 않는 집념과 탁월한 능력을 갖춘 인물에 의해 가능해진다.

하지만 곰치 일가의 비극적 패배 역시 곰치에게서 잉태된다. 여기서 일단, 곰치 부자의 바다 행이 일차적으로는 가혹한 수탈구조에서 연원한 경제적 어려움을 타개하기 위한 요량이므로, 곰치 일가의 처참한 몰락을 현실의 탓으로 돌릴 여지도 적지 않다. 임제순으로 대변되는 지주세력은 함세덕의 희곡이 미처 담아내지 못한 가혹한 수탈 구조를 요약적으로 제시하는 역할을 한다.

> **임제순** 넉접이 빚 반은 잇어 줬어. 돈으로야 사천원 제한 것이제만 이자를 생각해 보소! 근 반쯤 제해 준 것이나 다름없는 것 아니여?
>
> **곰치** (어이가 없어) 그람 부서 넉 접에 사천원 제했단 말 잉게라우? 그럼 이 만원은 그대로 남꼬라우?[6]
>
> **도삼** (격분해서) 여시같은 영감탱이! 이번 계약이 무너져도 자기는 이익잉께! 천상 널린 돈은 걷기 마련이고 걸린 돈은 크기 마련잉께! 어어? (곰치의 손에서 계약서를 받아 읽어보곤 눈이 휘둥그래져서) 계약 불이행시는 일체의 재산몰수라? 이거 집이고 뭇이고 싹 잡혔구먼! 아부지! 여기다가 무턱대고 지장을 눌르렸오?[7]

함세덕은 <산허구리>에서 석이 부의 경제적 몰락 원인을 애매하게 처리했고, <무의도기행>에서는 가혹한 수탈자의 형상을 삼촌이라는 인척관계 안에서 설명하려고 함으로써 핵심을 빗겨 가고 말았다. 그러나 천승세는 다소 도식적이기는 하지만, 임제순과 범쇠라는 악인형 인물을 전면에 내세움으로써, 고리대금업의 피해를 적확하게 적발해 낸다. 여기에 이르면 가난의 진원지로서의 바다의 실체가, 실제로는 바다 자체가 드러내는 잔혹한 속성이나 척박한 환경의 문제라기보다는, 어민들의 노동력을 부당하게 착취하는 일부 기생 세력과 사회 구조의 문제임을 분명하게 지적한다.

---

6) 천승세, <만선>, 『황구의 비명』, 창작과 비평사, 1975, 288~289면.

7) 천승세, <만선>, 『황구의 비명』, 창작과 비평사, 1975, 315면.

그러나 곰치의 패배가 반드시 가혹한 수탈 구조에만 원인이 있다고는 할 수 없다. 수탈 구조는 간접적인 원인에 그치고 있기에, 직접적인 원인은 앞에서 언급한 대로 곰치에게서 찾아야 한다. 곰치는 몇 대를 내려오는 어부의 당당한 후손으로, 나름대로의 철학을 지닌 고기잡이의 명인이다. 그의 기술은 당대의 일반적 어부가 범접할 수 없는 월등한 수준에 이르러 있으며, 자긍심은 한계를 넘어 오만에 가까울 정도이다. 이는 곰치가 어업에 대한 장인적 솜씨와 지고한 집념을 지닌 채, 바다와 대결하는 현대판 영웅[8]임을 시사한다. 따라서 곰치의 파멸은 내면적 결함에 의해 야기된다.

> **곰치** (꼿꼿이 서선) 나는 고집 부리는 것이 아니다. 뱃놈은 그렇게 살어사 쓰는 것이여. 누구는 아들 잃고 춤춘다냐? (무겁게) 내 속은 아무도 몰라. 이 곰치 썩는 속은 아무도 몰라…… (회상에 잠기며) 내 조부님이 그러셨어, 만선이 아니면 노 잡지 말라고…… 우리 아버지도 만선 될 고기떼는 파도가 집채 같어도 쌍돛 달고 쫓아가라 하셨어. (쓸쓸하게) 내 형제가 위로 셋, 아래로 하나 남은 동생놈마저 죽고 말었제…… 어…… (허탈하게) 독으로 안 살면 으찌께 살어?[9]

곰치의 독백은 지난한 어려움 속에서도 자신의 집념을 포기하지 않는 영웅적 인물의 발로이다. 여기서 <만선>의 바다는 인간의 내면에 응축된 비극성을 폭발시키는 공간으로 탈바꿈된다. 경제적 어려움을 가중시키는 적대자 내지는 물리적 죽음을 강제하는 절대자 혹은

---

8) 조셉 캠벨은 보통 사람의 성취와 경험의 범주를 넘어서는 것을 발견하거나 이루어 낸 사람이 영웅이라고 정의하며, 영웅은 신화뿐만 아니라 대중 소설에도 존재한다고 말한 바 있다(조셉 캠벨·빌 모이아스, 『신화의 힘』, 고려원, 1992, 237면 참조).

9) 천승세, <만선>, 『황구의 비명』, 창작과 비평사, 1975, 336면.

외면할 수 없는 숙명적 실체로서의 대립적 형상을 넘어서서, 인간의 비극적 삶이 투영된 원형적 세계의 모습을 간직하게 된다. 이는 한국 희곡이 형상화한 '바다'의 양상 중 최고 수준에 해당한다.

6. 리얼리즘 연극의 교본으로서 〈만선〉과 그 분석의 실제

천승세의 〈만선〉[10]은 1930년대 유치진의 〈토막〉과 〈소〉, 1930년대 말에서 1940년대 초 함세덕의 〈동승〉과 〈무의도기행〉을 잇는 1960년대 리얼리즘 희곡의 대표작이다. 더구나 이 작품은 소재, 주제, 인물 형상화, 갈등 전개 방식 등에서 함세덕의 〈산허구리〉나 〈무의도기행〉과 유사하다. 또한 이 작품 역시 어촌 사람들의 고난과 실패 그리고 그들의 삶의 양식을 보여준다는 점에서 한국 리얼리즘의 대표작으로 인정되고 있다.[11]

> 이때 그물을 메고 풀이 죽은 연철이 들어온다. 네 사람, 우르르 몰려가 연철을 에워싼다.
>
> **곰치**　그래 을마나 올렸어?
> **도삼**　기다리는 사람들 생각을 해 줘사 쓸 것 아니라고! 자네 기다리다가 지쳤어! (기대에 찬 얼굴로) 어서 어서 말이나 해 보게!
> **성삼**　석 장은 올랐제?
> **구포댁**　저 사람 무담씨 장난치고 싶웅께는 일부러 쌍다구 딱 찡그리고 말 않는 거 봐! 그라제? (수선스럽게 웃어댄다.)

---

10) 천승세, 〈만선〉, 한국극예술학회 편, 『한국현대대표희곡선집』, 태학사, 1996, 390~392면.

11) 6장에 대한 분석은 다음 저술에서 관련 내용(1절)을 주로 참조했다(김남석, 「리얼리즘 연극의 구조와 특징」, 『연극의 역사와 스타일』, 연극과인간, 2010)

연철	(아무 말 없이 마루 끝에 가 앉으며 침통하게) 놀려라우? 맘이 기뻐사 놀릴 맘도 생기지라우!
곰치	(영문을 몰라) 믄 소리여? (와락 연철의 팔을 붙들고) 아니, 믄 소리여? 엉?
연철	(처절하게) 다, 다 뺏겼소! 아무 것도 없이 다 뺏겼소!
일동	(비명처럼) 믓이라고?
곰치	(미친 사람처럼) 뺏기다니? 뺏기다니? 믓을 누구한테 뺏겼단 말이여? 엉?
연철	(처절하게) 빚에 싹 잽혔지라우! 그것도 빚은 이만 원이나 남고……. (절규하듯) 믄 도리로 막는단 말이요?
성삼	(주먹을 불끈 쥐곤) 죽일 놈!
도삼	(두 손바닥으로 얼굴을 감싸 버리며) 아아!
구포댁	(손바닥을 철썩 철썩 때려가며) 그렇게 됐어? 뺏겼어? (신음처럼) 허어!
연철	(사립문 쪽을 가리키며) 쉬잇!

임제순 어색한 미소를 흘리며 들어온다. 그 뒤로 야릇한 표정의 범쇠 따라 들어와선 눈길을 땅에 박은 채, 뒷짐을 쥐고 마당을 서성댄다. 긴장해서 그들을 응시하고 있는 네 사람.

임제순	(능글맞게 웃음을 흘리며) 곰치! 오늘 잘 했어! 자네가 제일 많이 했어! 거 참 멋있거등!
곰치	(건성으로) 예에! 예에!
임제순	부서 떼도 몇 십 년 만이지만 부서 크기도 처음이여! 죄다 허벅다리 같은 놈들이니……. (갑자기 불만스러운 얼굴을 해 가지곤) 그라제만 나는 손해여! 이익이 없거등! 천상 널린 돈 거둔 것뿐잉께…… 그나마도 일부분만 거뒀으니……. (속상한다는 듯이) 진장칠 놈의 것, 그 돈을 다른 사람한테 줘서 이자만 키웠어도……. 에잇! 쯧쯧!
범쇠	(여전히 마당을 서성대며) 아암!
임제순	곰치!

곰치	(넋 빼고 서선, 헛소리처럼) 예에! 예에!
임제순	넉접이 빚 반은 제해 줬어! 돈으로야 사천 원 제한 것이제만 이자를 생각해 보소! 근 반쯤은 제해 준 것이나 다름 없는 것 아니여?
곰치	(어이가 없어) 그람 부서 넉 접에 사천 원 제했단 말잉게라우? 그람 이만원은 그대로 남꼬라우?
임제순	물어서 뭐해? 이자가 그렇지 않응가?
곰치	(기가 차서) 허어!
성삼	(격분하여) 안 됩니다? 그럴 수는 없지라우! 돈 사천 원에 부서 넉 접이 넘어가요?
임제순	(발끈해서) 아니면 으짤 참이엿? 이자를 생각해 봐! 놀랠 것이 뭇이여?
연철	(비꼬는 투로) 놀랠 것 하나도 없지라우! 이렇게 될 줄 뻔히 알었지라우! (불 같은 한숨)
임제순	뭇이라고? 저 놈이 으따 대고 비양질이여?
곰치	(체념조로) 알었음녀…… (연철에게) 아무 소리 말어! 다들 입을 봉해!
성삼	곰치! 입을 봉할 때가 따로 있어! (오기스러운 안간힘)
곰치	(신경질적으로) 시끄러윗!
임제순	곰치!
곰치	(지친 듯) 말씀하시게라우……
임제순	……자네 섭섭하는지 모르겠네만은……. (강경하게) 남은 이만 원 청산할 때까지 내일부터 배를 묶겠네! 묶겠어!
곰치	(기겁할 듯 놀라) 예에? 아니 배, 배를 묶어라우?

성삼 · 연철 · 도삼	배를 묶다니?

구포댁	(펄쩍 뛰며) 웠따! 믄 말씀이싱게라우? 아니, 해필이면 이럴 때 배를 묶으라우? 예에?
임제순	(단호하게) 나는 두말 않는 사람이여!
곰치	(애걸조로) 영감님! 배만은, 배만은…….
임제순	(손을 저으며) 더 말 말어! (몇 걸음 걸어 나가며) 배

가 없어서 고기를 못 잡어! 배 빌려 달란 사람이 밀
린단 말이여!

곰치 (따라가며) 영감님! 사나흘 안으로 빚 갚지랍녀! 요
참 물만 안 놓치면 되고 말고라우! 제발 배는 풀어
주씨요! 제발!

임제순 (곰치를 떠밀며) 안 돼! 안 된다면!

　　임제순 재빨리 퇴장, 곰치 그 자리에 우뚝 선 채 넋 나간 사
람처럼 움직일 줄을 모르고, 슬슬이 술그릇을 들고 들어와서,
심상치 않은 분위기를 예감한 듯 망설이다간 부엌으로 들어가
버린다. 범쇠, 슬슬이의 뒷모습을 뚫어지게 쳐다보다 말고 이내
더 바삐 마당을 서성댄다.

— 천승세, <만선>

　　인용된 대목은 등장인물(특히 주인공)들에게 본격적으로 위기가
닥쳐오는 대목이다. 곰치는 칠산바다에 부서 떼를 몰아넣는 것에 성
공한다. 이로 인해 마을 사람들은 만선의 꿈을 꿀 수 있게 되었고,
곰치 일가는 가난을 극복하고 자신의 배를 마련할 기대에 부풀게 되
었다. 당연히 마을 분위기는 축제 분위기이고, 곰치 일가는 행복감
에 젖어들고 있었다. 이때 연철(곰치의 일군이자 미래의 사위)이 시
무룩한 표정으로 마을 사람들이 있는 장소로 들어온다. 그리고 그가
들려주는 소식은 곰치 일가에게 근심을 안겨준다.

　　먼저 연철의 기능을 살펴보자. 연철은 무대 바깥에서 일어난 사건
을 등장인물들과 관객들에게 전달하는 역할을 한다. 이 작품의 공간
적 배경은 바닷가 마을 낡은 초가이다. 따라서 바다에서 일어나는
일이나 이 집 바깥에서 일어나는 일들은 누군가의 보고로 처리해야
한다. 그러지 않을 경우 무대 배경을 전환하고 해당 사건이 일어나
는 공간을 배경으로 한 장면을 관람해야 하는데, 이것은 아무래도

연극보다는 영화에서 수월하게 처리될 수밖에 없다. 따라서 연극에는 보고자들이 등장하는 장면이 적지 않게 나타나기 마련이다. 이러한 보고자들은 흔히 무대 바깥에서 일어나는 일들을 목격하고 무대로 들어와, 자신이 목격한 바를 대사로 전달하여 무대 안의 인물들이나 관객들에게 상상하도록 만드는 역할을 맡는다. 이 작품에서는 연철이 불행한 소식을 전달하는 전달자(보고자)의 역할을 맡았다.

그가 등장하자 흥겨움에 젖어 있던 사람들이 몰려든다. 그들은 자신들이 당초 예상과 달리, 연철의 표정이 밝지 못한 것을 보고 의아함을 느끼며, 그 이유를 추궁한다. 어떤 경우에는 일부로 자신들을 놀리려고 한다는 의사를 전달하기도 한다. 이러한 과정을 통해 관객들은 연철에게 관심을 갖게 되고(연출자는 틀림없이 연철의 등장에 관객들이 집중할 수 있도록 디렉션을 가미할 것이다), 그 결과 그가 전해 줄 내용에 집중하게 된다. 하지만 극작가는 연철에게 단 번에 등장인물들이나 관객들이 요구하는 정보를 전달하지 않는다. 연철은 최대한 말을 아끼면서, 상대의 궁금함을 지속 내지는 확대되도록 유도한다. 관객의 입장에서 보면, 연철은 궁금해 하는 사항을 쉽게 털어놓지 않는 얄미운 전달자이기도 하다.

연철의 첫 대사인 "맘이 기뻐사 놀릴 맘도 생기지라우!"는 극적 분위기를 반전시키는 역할을 한다. 연철의 이 대사는 그의 대답을 기다리는 사람들로 하여금 심상치 않은 일이 일어났다는 생각을 하게 만들고, 이로 인해 흥겹던 극적 분위기는 순식간에 냉각되면서 비극적 전조가 깔리게 된다.

이 장면에서 연철의 역할은 지대하다. 연철은 자신이 목격한 일을 작은 정보로 나누어서 관객들이 순차적으로 사건의 진행 상황을 파악하도록 유도해야 하기 때문이다. 그러면서 연철은 관객의 관심과 호기심을 지속적으로 유지하도록 만들어야 한다. 이러한 연철의 역할은 양면적이며, 어떤 의미에서는 모순적이기도 하다. 한편으로는 계속 정보를 제공하면서도 다른 한편으로는 끊임없이 궁금하도록 만들어야 하기 때문이다.

이러한 양면적 역할을 통해 사자(使者)로서의 연철의 기능이 극대화 될 수 있다. 대사를 통해 연철은 사건의 전모를 조금씩 전달하기 시작한다. 기쁜 일은 없었고, 오히려 팔러 갔던 고기를 다 빼앗겼다는 부분 정보가 전달된다. 빚에 대한 언급을 통해 곰치 일가가 가진 약점(가난)을 제시하는 역할도 연철의 임무 중 하나이다.

사람들은 연철의 말을 통해 문제의 원인을 어렴풋하게 짐작한다. 특히 성삼이 '죽일 놈'이라고 말하는 대목에서, 그들이 연철의 고민과 위기의 원인을 알게 되었다는 점을 관객에게 전달해야 한다. 물론 관객은 연철에게 일어난 일의 전모와 해당 위기를 불러일으킨 원인을 정확하게 파악하지 못한다. 관객들은 심각한 원인의 이면에 이 마을 사람들이 가지고 있는 근원적인 위기가 존재하고 있음을 짐작하게 된다.

'심각한 표정 제시 → 분위기 반전 → 호기심 유도 → 마을 사람들의 사정 파악'에 이은 연철의 역할은 위기의 주범이 무엇(누구)인지를 밝히는 것이다. 하지만 주범의 정체는 대사를 통해 드러나지 않는다. 위기를 불러일으키는 주범, 즉 안타고니스트의 정체는 임제순의 직접 등장을 통해 드러난다.

연철의 등장 다음에, 임제순은 '어색한 미소'를 동반하며 등장한다. 그것은 임제순이 저지른 일이 떳떳한 일이 아니며, 마을 사람들이 파악하고 있는 위기의 근원이 바로 '그'임을 알리는 연극적 표지이다. 동시에 무대상의 표현으로 보면 임제순의 등장은 위기의 원인을 시각적으로 보여주는 방법에 해당한다.

임제순이 등장한 이후, 임제순과 곰치의 대화가 진행된다. 두 사람의 대화에 다른 사람들이 일부 끼어들기도 하지만, 주로 두 사람의 대화를 중심으로 갈등이 형성된다. 이 갈등은 평화롭던 마을에 잠재해 있던 근원적인 고민을 무대 위로 끌어내는 역할을 한다. 그리고 프로타고니스트 곰치와 안타고니스트 임제순의 구도를 형성하며, 이후 작품 전개의 핵심적인 추동력으로 작용한다. 다시 말해서 곰치가 어떻게 임제순의 방해를 이겨내고 목표 했던 바('만선')를 이룰 것인가에 극의 초점을 맞추도록 유도하는 셈이다.

곰치와 임제순의 대화는 비록 분량은 얼마 되지 않지만, 내적으로 많은 것을 보여준다. 자부심에 넘치던 곰치가 임제순 앞에서 얼마나 왜소한 존재로 전락할 수 있는 지를 보여주고, 거꾸로 임제순이 가진 권력이 얼마나 큰 것인지를 또한 보여준다. 궁지로 몰린 곰치의 어려움을 보여주며, 범제순에 대한 마을 사람들의 원한과 미움을 또한 보여준다. 나아가서는 어떻게 곰치가 이 어려움을 극복할 것인지에 대한 기대를 품게 만들며, 과연 작품의 결론이 어떻게 수렴될 것인가를 예측하게 만든다.

임제순과 함께 등장한 범쇠도 주목 대상이다. 범쇠는 임제순을 따라 들어오는 동선(무대 위의 움직임)을 통해 범쇠가 임제순과 같은 역할을 할 것이라는 가정이 일단 가능해진다. 하지만 범쇠는 임제순과 곰치의 대화에 본격적으로 끼어들지 않는다. 대신 두 사람의 대화가 끝나고 임제순이 퇴장해도 그는 퇴장하지 않는다. 그것은 다른 목적이 있음을 의미하는 것이다. 그 목적은 범쇠가 주시하는 시선에 담겨 있다. 범쇠는 곰치의 딸 슬슬이를 주시하는데, 이 시선을 통해 관객들은 범쇠의 목적이 슬슬이임을 짐작할 수 있다. 이것은 이후 사건 전개에서 곰치 일가가 겪어야 할 또 다른 위기의 정체를 암시한다.

연철의 등장과 임제순의 등장 그리고 범쇠의 시선은 곰치 일가에게 닥치는 위기의 실체와 규모를 암시한다. 본격적인 위기는 이 장면을 시발점으로 해서 본격화되기 시작한다. 배를 묶어 곰치 일가를 어려움에 빠뜨리려는 임제순과 딸에게 눈독을 들이며 슬슬이를 탐내는 범쇠에 맞서, 곰치는 어떻게 임제순의 계략에서 벗어나 위기를 탈출할 것인가 그리고 연철은 어떻게 슬슬이를 지키고 그녀와 결혼할 것인가, 라는 문제적 상황을 조성하기 때문이다.

연극은 무대 상황에 던져지는 위기로부터 출발한다. 연극이란, 어떠한 위기가 일어나고 그 위기를 사람들이 어떻게 극복하는가에 대한 이야기라고 해도 과언이 아니다. 위기와 해결 사이에 놓인 머나먼 여정이 플롯이며, 그 플롯 위에서 여행하는 자가 등장인물이다. 작품의 전개부는 이렇듯 해결해야 할 과제를 제시하고, 그 과제를 해결하는 사람(프라타고니스트)과 과제 해결을 방해하는 사람(안타고니스트)을 알려주어 이후 격화될 충돌을 예비하는 지점이라고 할 수 있다.

위의 인용문에서 특히 강조되고 있는 것은 지문이다. 지문은 인물의 행동, 심리, 상황 등을 알려주는 지표이다. 배역을 맡은 배우들은 해설과 대사와 지문을 통해 인물이 처한 입장과 성격을 파악하고, 그것을 면밀하게 파악할 수 있는 연기를 고안해야 한다. 특히 인물과 인물의 거리는 해당 인물의 심리적, 정서적, 이성적 상황을 알려주는 가시적인 지표이기도 하다.

연철의 등장은 무대 밖에서 무대 안으로의 이동에 해당하고, 이를 통해 이미 무대에 있던 여러 등장인물들과의 거리는 좁혀진다. 무대에 남아 있던 곰치, 성삼, 도삼, 구포댁은 이러한 연철을 향해 움직인다. 이것은 '우르르 몰려가 연철을 에워싼다'는 지문에서 확인할 수 있다.

하지만 연철은 괴로운 심정을 표현하기 위해서 네 명의 좁혀 놓은 거리를 이탈한다. 연철이 아직 대사를 발화하지 않았음에도 불구하고 그에게 좋지 않은 일이 있었음을 알 수 있는 것은 연철의 이동(이탈) 때문이다. 연철의 이동은 '아무 말 없이 마루 끝에 가 앉으며'라는 지문에서 확인된다.

당연히 남아 있던 곰치 일행은 영문을 몰라 의아하게 여기고, 그 이유를 물으려 한다. 곰치가 '와락 연철의 팔을 붙들고'라는 지문에 따라 행동하려면, 곰치는 연철에게 다가가 그의 손을 잡고 다급하게 묻고 싶은 심리를 드러내야 한다.

연철과 곰치 일행의 대사에서는 인물의 움직임(이동)에 대한 지문은 나타나지 않는다. 주로 몸짓 연기에 대한 지문과 심리적 정황 혹은 대사의 어조를 지시하는 지문이 주조를 이룬다. '처절하게', '비명처럼', '주먹을 불끈 쥐고' 등의 지문이 그것이다.

연철은 위기의 주범을 지시하는 기능을 한다고 했다. 연철의 손짓은 그러한 역할을 하는데, 이때 대본의 지문에는 '사립문 쪽을 가리키며'라고 되어 있다. 즉 연철의 손짓에 따라 무대 인물들의 시선이 한곳으로 모아지고, 이를 보고 있는 관객들의 시선 또한 자연스럽게 한 인물에게 집중된다. 시선의 이동은 연극에서 상당히 중요한 역할을 한다. 시선의 끝에 주범인 임제순과 범쇠가 위치한다.

연극은 원근과 고조를 표현할 수 있어 관객들이 눈앞의 무대에서도 자신이 원하는 곳을 지정해서 볼 수 있다. 예를 들어 보자. 같은 장면을 보고 있다고 해도, 관객에 따라 주인공을 볼 수도 있고, 경우에 따라 주인공과 대화를 나누는 상대를 주목할 수도 있으며, 특수한 상황에서는 움직임을 극도로 자제하려는 어떤 이를 예외적으로 쳐다볼 수도 있다. 같은 원리로 배경, 조명, 음향, 의상 등에 자의적으로 집중할 수 있다. 이것은 감독이 원하는 화면을 보아야 하는 영화와 다른 연극의 특성 중 하나이다.

그런 면에서 시선의 이동은, 자신이 볼 것을 결정하는 관객들의 초점을 임의로 집중시키는 방법 가운데 하나이다. 일반적인 관객 같으면 등장인물의 시선 이동을 따라 임제순을 주목하게 되고, 임제순이 문제의 발단임을 시사 받게 된다.

문제의 발단인 임제순은 무대 위로 오르는 순간 움직임과 연기를 통해 자신의 임무(악역)을 극대화해야 한다. 임제순이 곰치의 집으로 들어오는 동선은 인물들 사이의 거리를 좁히려는 의도를 드러낸다. 실제로 임제순은 곰치의 노고를 치하하는 듯하면서, 실제로는 곰치를 협박하여 자신이 원하는 것을 이루어내려고 한다. 그때 필요한 것은 임제순이 마을 사람들에게 접근하려는 의도를 지니고 있음을 보여주는 것이다. 그것은 임제순의 움직임을 통해 가시화된다.

반면 범쇠는 임제순을 따라 들어왔지만 사람들에게 접근하기 보다는 '마당을 서성대'는 동(작)선을 고수한다. 그것은 아직까지 범쇠의 목적이 분명하게 드러나지 않으며, 범쇠의 속셈은 일정한 거리를 유지한 채 제안될 것임을 은연중에 드러낸다고 하겠다(실제로 범쇠는 위기에 처한 곰치 일가를 구한다는 구실로, 구포댁에게 은밀하게 슬슬이에 대한 자신의 욕심을 전달한다).

한편 임제순과 곰치의 대화는 일정한 거리를 유지한 채 이루어진다. 지문은 두 사람의 이동에 대한 지시를 담고 있지 않다. 물론 연출가가 자신의 구상에 맞게 두 사람의 위치 및 경로를 조정할 수 있겠지만, 극작가가 생각하는 지문 범위에서는 두 사람은 일정 부분 좁혀진 거리를 유지한 채 대립한다.

문제는 임제순의 책략이 끝나고 난 이후이다. 임제순은 이자를 핑계로 곰치의 '부서'를 가로채고, '배를 묶겠다'는 선언을 통해 곰치의 어려움을 가중시킨다. 그리고 나서 퇴장하는데, 이때 임제순의 움직임은 사람들에게서 멀어지려는 속성을 보여주지만, 실제로는 곰치를 끌어들여 더욱 유리한 협상을 이루어내려는 속셈으로 볼 수 있다. 따라서 임제순의 이동을 지시하는 지문 '몇 걸음 걸어 나가며'는 물리적인 이동과 심리적인 이동 사이의 반비례 관계를 보여준다고 하겠다.

이에 곰치는 임제순을 따라갈 수밖에 없다. 곰치의 절박한 심정은 이러한 이동 연기로 드러나는데, 이를 지시하는 지문은 '따라가며'이다. 이탈을 가장하며 곰치를 접근하게 만드는 임제순의 연기(지문에 의한)는 임제순이 계략을 꾸며 곰치를 궁지에 몰려 하고 있음을 간접적으로 알려주는 지표이다.

임제순은 곰치가 자신의 계략에 걸려들었다고 확신하자 '재빨리 퇴장'한다. 반면 곰치는 '그 자리에 우뚝 선 채 넋 나간 사람처럼 움직일 줄을 모른'다. 이러한 대조적인 동(작)선은 임제순과 곰치의 갈등을 인물의 이동 연기(동선)로 가시화된 사례이다.

마지막으로 범쇠는 자신의 위치를 고수하며 계속 곰치의 집안을 서성이고 있다. 이것은 범쇠의 목적이 아직 드러나지 않았음을, 다시 말해서 범쇠의 목적이 임제순의 목적과 상이할 수 있음을 뜻한다. 제자리에 서성이는 모습이지만 곰치와 범쇠는 기본적인 상황이 이렇게 다른 것이다.

7. 한국 어촌극의 상동성(相同性)

한국의 어촌극 혹은 어촌 소재 희곡의 상동성은 네 가지 점에서 찾을 수 있다. 우선 극적 배경이고, 다음은 무대 배치이며, 그 다음은 등장인물이고, 마지막은 형상화 방식이다. 이 네 가지 분야에서 상동성을 거론할 수 있다.[12]

우선 극적 배경의 유사성이다. 어촌 소재 희곡의 공간적 배경은 대개 바다와 인접한 어촌 내지는 섬 마을이다. <산허구리>와 <만선>은 각기 서해안과 남해안의 어느 한 촌을 배경으로 삼고 있고, <무의도기행>과 <태풍> 그리고 <해곡>은 육지에서 떨어진 외딴 섬을 배경으로 삼고 있다. 이러한 공간적 설정은 고립되고 자족적인 마을 공동체를 자연스럽게 무대화한다. 마을 공동체는 연극적으로는 폐쇄된 영역만으로도 충분히 표현될 수 있다. 다시 말해서, 공간적 배경이 변화하지 않고도 극적 전개가 가능해지며, 인물들은 극의 도입부에서 제시된 공간을 이탈하지 않고 연기하게 된다. 작가적 전언의 측면에서 살펴보면, 공간적 배경의 단일성은 현실의 축약적 재현이라는 결론에 수월하게 접근한다. 이러한 결론에 가장 근접한 작품이 <만선>이다. <만선>은 단순한 어촌 마을의 가난과 파멸을 말하고자 한 작품이 아니다. 이 작품은 바다와 수탈자의 상관성을 세밀하게 탐색하고 현대판 영웅에 가까운 곰치를 창조함으로써, '남해안 어느 한 촌'의 폐쇄된 영역 안에 현대 사회의 본질적 문제점을 담아낸다. 그 안에서 살아가는 곰치는 현대인의 본질적 한계를 보여주는 전형적 인물에 해당하며, 그 안에서 파멸하는 곰치 일가는 자본주의적

---

12) 어촌극의 상동성(7장)에 대해서는 다음의 저술을 대폭 수용했다(김남석, 「어촌 소재 희곡의 상동성 연구」, 『오태석 연극의 미학적 지평』, 연극과인간, 2003)

사회체제 아래에서 고통 받는 민중의 모습을 대변한다. 이는 동일하게 구사되는 공간적 단일성이, 궁극적으로 현실의 일면을 옮겨오려는 시도였다는 점을 말해준다.

시간적 배경은 대체적으로 상이한 편이다. <산허구리>는 늦은 가을로, <무의도기행>은 초겨울로, <만선>은 여름으로 상정되어 있다. 이러한 시기는 고기잡이의 성황기에 해당한다. <산허구리>에서 복조의 출어, <무의도기행>에서 동아배의 출어, <만선>의 부서잡이는 이 시기에 몰려든 고기를 잡기 위해서 시작된다. 그러므로 시간적 배경은 극의 초반부에서는 마을의 활력을 불어넣은 직접적인 원인으로 작용한다. 그러나 시간적 배경은 파국의 시점에서는 정반대의 양상으로 전환된다. 성어기(盛漁期)가 지나면 겨울이 되는데, 겨울은 어부들에게 일종의 시련기에 해당한다.

> **낙경** 네가 안나간다면, 네삼춘두, 그저대줄랴구 하진 않을거다. 오래잖어 성해가 끼면 미녀낙시 하든것두 못해먹게 될터니까, 한겨울 굶구 들앉었을수 박게 없지뭐.[13]

낙경의 이 말은 겨울에 닥쳐올 극심한 가난을 암시한다. 따라서 성어 철에 고기잡이에 성공하지 못하면 그 후에 닥쳐올 겨울은 그 어느 때 보다 험난할 것은 자명하다 할 것이다. <만선>의 경우에도 빚청산이라는 절대절명의 기회와 출어시기가 맞물려 있으며, <산허구리>에도 갖가지 문제를 해결할 수 있는 기회와 복조의 출어시기가 관련되어 있다. 이처럼 어촌 소재 희곡은 시간적 배경을 극단적

---

13) 함세덕, <무의도기행>, 『인문평론』16호, 1941년 4월, 362면.

으로 선정하여, 출어가 갖는 비장미를 고조시키고 초반부의 흥겨운 분위기를 후반에서 반전시킬 수 있는 장치를 마련한다. 결론적으로 어촌 소재 희곡은, 동일한 공간적 배경을 통해 현실의 본질적 측면에 접근하려는 시도를 보이며, 유사한 시간적 배경을 통해 파국의 극적 긴장감을 도모하려는 장치를 마련한다.

그러다보니 무대 배치 역시 유사하게 만들어질 수밖에 없다. 어촌 소재 희곡들의 무대 배치는 대동소이하다.

> i) 코를 찔으는 듯한 惡臭가배인 漏추한 漁夫의 土幕.[…중략…] 멀-니 캄캄한어둠속에 늠실늠실물결치는 거츨은 바다가 보인다.14)

> ii) 섬에 흔이 볼수있는 頹落한 낙경의 집 前面은 街道 後面은 沙場을 내려 바다.15)

> iii) 무대 오른편에 낡은 초가.
> 몇 해 동안이나 이엉을 얹지 않은 듯 거무스름하게 퇴색한 지붕이 군데군데 움푹 꺼져 있어 허술하기 짝이 없다. […중략…] 오른쪽 길은 무대 안쪽을 돌아 둑으로 통하고, 왼쪽 길은 마을과 통한다. 무대 안쪽 멀리 오른쪽에서 왼쪽으로 가로질러 난 둑길, 평지보다 높다. 그 뒤론 바다, 먼 섬들의 산봉우리들이 배경이 된다. 16)

> iv) 선창으로 나가는 언덕길 아래, 한 쪽에 치우쳐서 비스듬히 자리잡고 서 있는 최영감네의 낡은 초가집. […중략…] 배경으로는 멀리 기암괴석의 절벽과 그 옆으로 그어진 수평선 위에 어렴풋이 떠 있는 섬들이 마치 한 폭의 풍경

---

14) 함세덕, <산허구리>, 『조선문학』, 1936년 9월, 109면.

15) 함세덕, <무의도기행>, 『인문평론』16호, 1941년 4월, 348면.

16) 천승세, <만선>, 『황구의 비명』, 창작과 비평사, 1975, 281~282면.

화처럼 아름답다.17)

<산허구리>, <무의도기행>, <만선>, <해곡>은 무대 위에 가난한 어부의 집을 설치하고 배경으로 바다 풍경을 제시한다는 점에서 공통적이다. 이러한 공통된 무대 배치 방식은, 일차적으로 연극의 공간적 배경이 바닷가에 인접한 어촌 마을이라는 정보를 제공하고 아울러 어부 일가가 극빈한 삶을 영위한다는 사실을 전달한다. 이는 바다가 어민들에게 절대적인 생존 수단이지만 바다의 척박한 환경으로 인해 어부들은 극도로 가난할 수밖에 없다는 극적 전제와 합치된다. 이처럼 어촌 소재 희곡들은 한결같이 가난의 원인으로 바다를 꼽고 있는데, 이는 무대 배치의 상동성에서 뚜렷하게 확인된다.

앞에서도 언급한 바 있는 것처럼, 등장인물 역시 몇 개의 그룹으로 유형화되기에 이른다. 어촌 소재 희곡에 등장하는 인물들은 유형화된 몇 가지 패턴으로 간추려진다. 극은 대부분 몰락한 어부 일가에 초점을 맞추고 있는데, 몰락의 직접적인 원인은 아버지의 어업 실패이다. 아버지는 과거에는 화려한 명성과 상당한 재산과 탁월한 어업 실력을 지닌 인물이었지만, 극중 현재에서는 무능력자로 전락하여 외부의 도움으로 간신히 살아간다. <산허구리>의 석이 부, <무의도기행>의 낙경, <태풍>의 기봉의 죽은 부친, <해곡>의 최영감은, 동일한 이력을 지니고 있다. 다만 <만선>의 곰치만은 조금 상이한데, 그 역시 결말에서 파산하면서 앞의 네 사람과 동일한 처지가 된다. 즉 곰치는 몰락하기 직전의 석이 부나 낙경에 해당한다.

---

17) 김길호, <해곡>, 『제8회 대한민국연극제』, 대광문화사, 1985, 10면.

각 작품에는 죽은 아들의 이야기가 삽입되어 있다. 모두 바다에서 고기잡이를 하다가 빠져죽은 것으로 상정되어 있다. 그들은 대부분 주인공의 형이 되는 인물이고, 집안의 전통대로 어부가 되었다가 짧은 생을 마감한 인물이며, 육지에 남은 어머니를 비탄에 빠뜨리는 인물이라는 점에서 동일한 내력을 지닌다.

어머니는 마지막 남은 아들의 안위를 항상 걱정하고, 노심초사하며 바다로 나간 아들의 귀환을 기다리는 여인으로 그려진다. 그러다가 하나 남은 아들마저 비극적 죽음을 당하는 소식을 접하고는, 반미치광이 상태가 되거나 실의에 빠져 정상인의 체모를 잃는 유사한 전락 과정을 밟는다.

딸들 역시 비정상적인 삶을 살아간다. <산허구리>의 분어미(큰딸)는 남편과 재산과 체신을 앗아간 바다에서의 생활을 버리고, 밑바닥 인생일망정 안전한 항구에서의 생활을 자청한다. <산허구리>의 강원도 어부의 딸, <무의도기행>의 천순(천명의 누나),<만선>의 슬슬이, <해곡>의 춘심 등은 몰락한 아버지와 집 안의 재기를 위해 팔려갔거나 팔려갈 위기에 처해있는 인물이다.

마지막 남은 아들은 극을 이끌어가는 주인공으로 결정되어 있다. 실제로 어촌 소재 희곡은 바다로 나가는 것을 꺼리는 아들과 이를 종용하는 아버지의 갈등 구조가 주조를 이룬다. 아들은 형의 죽음과 바다의 척박함을 충분히 인식하고 있기에, 육지에서의 삶을 강렬하게 희구한다. 석이, 천명, 재덕은 약속이나 한 듯 육지에서의 직업을 가지려고 한다. 가장 바다에 대한 거부감이 약한 <만선>의 도삼 역시 어업에 대해서는 그리 달가워하지 않으며 가급적이면 현대적 장비를 갖춘 배를 갖기를 원한다. 조금 다른 경우이지만, <해곡>의 기봉도 육지에서의 삶을 원하기는 마찬가지이다. 기봉은 계주의 빚을 무리하게 갚기 위해 바다로 나갔다가 난파당한 아버지의 삶을 기억하고 있다. 그래서 그는 바다를 막아 땅을 얻는 역사에 앞장선다. 이러한 측면을 종합하면, 어촌 소재 희곡에 등장하는 아들들이 바다로의 진출을 꺼리는 존재들임을 알 수 있는데, 고집스러운 아버지는 이들을 바다로 내몲으로써 비극적 파국을 자초하게 된다.

어촌 소재 희곡에서 또 한 가지 간과할 수 없는 인물 유형이 '수탈자'형 인물군이다. <산허구리>만 예외적으로 특별한 수탈자가 등장하지 않는다. 이는 어촌 소재 희곡의 초기 단계에서, 가난의 원인을 막연하게 바다로 규정하고 현실의 수탈구조에 적실하게 주목하지 않았기 때문이다. 그런데 <무의도기행>에 이르면 천명의 운명을 결정하려는 의도를 지닌 인물들이 나타나는데, 공주학과 구주부가 그들이다. 이들은 유력한 직위와 막강한 권위와 상당한 재력을 소유하고 있는 유지들로, 수탈자의 초기 모습에 해당한다. 이들은 천명의 선택을 자신들에게 이로운 방향으로 결정하려고 경쟁하는데, 이는 수탈자가 가하는 암묵적인 억압으로 이해할 수 있다. 이러한 억압은, 경쟁에서 승리한 공주학에 의해 천명이 간접적인 죽임을 당한다는 사실에서 한층 뚜렷해진다. 비록 공주학이 삼촌으로 설정되었기 때문에 문제의식이 희석된 측면이 적지 않지만, 결론적으로 수탈자에 의한 횡포를 가시화했다는 의의가 인정된다. <만선>에 이르면 수탈자의 체형은 한결 뚜렷해진다. 임제순은 남의 약점을 잡아 막대한 부를 챙기는 고리대금업자의 전형으로 등장하고, 범쇠는 자신의 개인적 욕망을 위해 한 여인을 죽음으로 몰아 넣는 파렴치한으로 설정된다. <태풍>과 <해곡>에서는, 이러한 수탈자의 유형이 반복된다. <태풍>의 계주는 뚝 쌓기를 방해하고 고리대금업을 관할하는 악덕

지주로, <해곡>의 강주사는 재산을 미끼로 재덕을 옭아매고 돈으로 취첩을 일삼으려는 부정적 인물로 그려진다. 이러한 수탈자의 등장은 부자간의 갈등과 병립되는 수탈자와 피수탈자간의 갈등을 형성하게 된다. 이러한 두 가지 갈등 구조의 병립은, 어촌 소재 희곡의 비극성을 창출하는 주요 패턴에 해당한다. 결론적으로 어촌 소재 희곡들은 바다를 둘러싼 인물들의 갈등을 효과적으로 무대화하고 비극적 파국으로 심화시키기 위해서 일정한 인물 유형을 반복해 왔다. 이 인물 유형에는 육지의 삶을 희구하는 아들, 어부의 삶을 강요하는 아버지, 이들의 대립을 지켜보며 실성해가는 어머니, 팔려가는 딸, 그리고 어부 일가에게 결정적인 위해를 가하는 수탈자가 포함되어 있다.

이러한 세 가지 측면에서의 유사성은 결국 형상화 방식의 유사성을 가져올 수밖에 없다. 각 작품이 표현하고 있는 바다의 의미를 정교하게 고찰할 경우, 차이점을 적지 않게 발견할 수 있다. Ⅱ장에서 논의한 것처럼, 바다는 가난과 절망과 숙명의 기표일 수도 있고 도전과 재기와 풍요의 이름일 수도 있다. 경제적인 몰락과 파산을 유도하는 존재일 수도 있고, 생존 조건을 위협하는 부정적 대상일 수도 있다. 물론 미흡하기는 하지만, 비극적 사랑을 미화하는 낭만의 징표일 수도 있다. 이러한 바다의 의미는 일단, 한국에서 발표된 어촌 소재 희곡이 지니는 특색이자 장점으로 인식할 수 있다.

바다의 의미를 무대적으로 형상화하는 과정에서, 한국의 어촌 소재 희곡은 두 가지 공통적인 극작 경향을 보이고 있다. 첫 번째는 바다 위에서 일어나는 사건은 '은폐된 사건 진행'[18] 방식만 따른다는

---

18) 폴커 클로츠, 송윤엽 옮김, 『현대희곡론』, 탑출판사, 1981, 9~11면.

점이다. 바다에서의 사건은 인물들의 간접적인 증언을 통해서 관객에게 전달되거나, '성벽 밖으로 망보기' 기법을 통해 추상적으로 처리될 뿐이다. 그 결과 바다가 언제나 간접적이고 추상적인 형태로만 무대 위에 나타나게 됨으로써, 공연의 역동성이 살아나지 못하고 서사적 의존도가 지나치게 증대되는 아쉬움을 남길 수밖에 없었다. 이는 일차적으로 무대가 지니는 물리적인 제약 때문일 것이다. 하지만 모든 희곡이 이러한 제약을 극복하지 못한다는 사실은, 한국의 어촌 소재 희곡이 극복해야 할 중대한 과제가 무엇인지를 잘 보여준다. 이러한 문제점은 오태석의 <심청이는 왜 두 번 인당수에 몸을 던졌는가>에 와서야 어느 정도 해결된다.

두 번째는 바다의 의미를 지나치게 부정적으로 설정했다는 점이다. 다른 말로 바꾸면, 바다를 바라보는 시각에 적대적인 측면이 과도하게 부각되어 있다고 할 수 있다. 어촌 소재 희곡들은 바다를 파괴적인 대상으로 설정하고, 그 안에 살아가는 인물들이 패배해가는 과정만을 보여준다. 이러한 흐름에서 가장 벗어나 있다고 할 수 있는 <만선>이다. 곰치는 바다를 재기와 성취의 기회로 간주하고 도전하지만, 결말에서는 참혹하게 패배하고 파산하고 만다. 이는 바다의 패도적 힘을 절실하게 확인시켜준다. 그러나 바다는 이러한 패도적 힘의 이면에 재생과 희망의 가능성을 내포하고 있다. 바다의 이러한 면모는 오태석이 발표한 <초분>이나 <물보라>에서 나타나고 있다. 그런데 본격적인 어촌극이라고 할 수 있는 작품에서는 아직도, 이러한 문제점을 인식하지 못하고 있다. 이것은 우리나라 어촌 소재 희곡이, 바다의 의미적 형상화 방식에서 드러낸 또 하나의 병폐인 셈이다.

8. 한국 해양연극의 나아갈 길

한국의 해양연극은 아직까지는 본격적으로 개발되었다고 보기 힘들다. 함세덕과 천승세에 이어 정복근으로 이어지는 해양희곡의 산출 계보는 일련의 뚜렷한 연속선을 지니면서도, 간과할 수 없는 약점을 지니고 있는 것도 사실이다.

바다와 가난, 혹은 바다와 시련을 동일시하고 이를 통해 바닷가 사람들의 험난한 삶과 도전을 형상화하는 데에는 일정한 성취를 거두었지만, 주목할 만한 바다의 형상을 실제 연극 무대 위에서 구현하는 데에는 한계를 드러내고 말았기 때문이다.

다시 말하면 한국의 희곡 속에서 바다는 물리적이거나 무대미술적으로 제대로 표현되었다고 말하기 힘들다. 김석만이 연출한 국립극장의 <무의도기행>에서 걸개그림(배경화) 너머로 반짝이는 작은 풍경으로서의 바다가 유달리 인상적인 것은 이러한 바다의 이미지를 그림과 평면으로 가두는 데에 익숙했기 때문이다.

이러한 바다를 넘어서는 시도는 이윤택의 뮤지컬 <템페스트>에서 찾을 수 있겠다. 이윤택은 셰익스피어 희곡 <템페스트>을 뮤지컬로 만들어 주목할 만한 성공을 거두었는데, 이때 오프닝 씬은 바다를 항해하던 배가 침몰하는 장면이었다. 사실 <템페스트>을 형상화하는 과정에서 이러한 항해와 폭풍우 그리고 침몰은 낯설지 않은 설정이며, 반드시 갖추어야 할 과정이다. 따라서 뮤지컬 <템페스트>의 선택 그 자체가 특수하다고는 할 수 없다.

하지만 이윤택이 <템페스트>를 형상화하는 방식은 남달랐다고 해야 한다. 그는 막(중간 막)을 올리지 않은 채로, 무대를 반투명한 상태로 시각화했고, 그 반투명한 무대에서 거대한 천이 일렁거리며, 배를 집어삼킬 듯이 흔들리는 풍경을 연출했다. 그러니까 관객들은 중간 막에 의해 흐릿하게 투시되는 무대를 지켜보아야 했고, 그 안에서 조명을 받아 물결처럼 번쩍이며 사납게 요동치는 파도와, 그러한 파도 속에서 기우뚱거리는 마스트를 구경해야 했다.

1장

무대   무대는 흰 천으로 길게 드리워져 있다
            단순한 가림막처럼 느껴지는 이 천은 태풍이 시작
            되고 있음을 알리는 음악이 시작되면서 조금씩 흔
            들리기 시작하여,

음악   태풍 서곡이 연주되면서

            큰 움직임으로 변한다.
            극장 객석 불이 꺼지고 무대가 온통 푸른 바다색으
            로 뒤덮이면서 흔들리는 천은 천둥 비바람의 움직
            임을 버텨내는 하늘이며 바다의 움직임이다.
            흔들리는 하늘, 그리고 바다 한가운데로 배가 오고 있다.
            그림자극으로 표현되는 이 실루엣은 망망대해 위에
            뜬 배의 모습이다.
            흔들리며 객석을 향해 오고 있는 배
            한쪽으로 기울어지면서
            비바람을 버텨내던 천이 툭, 떨어진다

소리   인간들의 생생한 아우성,
            끔찍한 전율!

            이어, 좀 더 현실적으로 들리는 천둥, 비바람 소리
            쏴아- 밀려들어오는 비바람 소리 속에 용틀임치는

파도, 그건 바로 무대 위로 떨어진 천의 나부낌.
천을 뚫고 솟아 오른 배의 긴 마스트
갑판장이 마스트에 매달린 채 전등 불빛으로 방향
을 잡는다. (마스트는 270도 회전을 하면서 공중에
매달린 갑판장의 위치를 무대 좌 우 앞으로 옮겨 다
니게 한다.)

인간의 몸에서 나는 단말마적 소리들(외침, 통곡, 욕
설, 울부짖음, 저주)과 태풍의 서곡, 그리고 어두운
시대를 표현하는 집단 구음이 불규칙적으로 어우러
진다.

소리　　(알렌조) 선장은 어디 있나?![19]

　영화가 발달하고 실사 사진이 효율적으로 활용되는 문화 환경에서
천과 조명 그리고 부분적인 무대 장치로 표현되는 폭풍우가 얼마나
효과적일 수 있을까 하는 의구심을 지녔던 이들도, 뮤지컬 <템페스
트>가 보여주는 압도적인 형상에 적지 않은 충격을 받을 수밖에 없다.
　이러한 <템페스트>의 사례는 바다의 형상이 무대 위에서 진행되
어야 할 바를 암시하고 있다. 바다는 상상 속의 바다 혹은 관념이나
주제로 표현되는 바다를 넘어, 무대 위의 새로운 세상이자 오브제로
표현될 수 있어야 한다. 그러니까 이러한 바다의 형상이 연극이라는
표현 매체를 통해서도 소개될 수 있을 때, 해양연극은 새로운 가능
성을 살릴 수 있을 것이다. 지금으로서는 이러한 표현의 가능성이
아니라, 언어적 공간으로서의 실체에 보다 근접했기 때문이다. 이를
해결할 수 있는 본격적인 문제의식을 지니고 이 문제에 접근하면 더
욱 진전된 결과에 도달할 수 있다는 결론을 얻을 수 있다.

---

19) 이윤택 재구성, <템페스트>, 서연호·김남석 편, 『이윤택 공연대본 전집』, 연극과인간, 2006.

4. 해양관광과 해양영상문화콘텐츠

1. 문제 제기

부산은 다양한 '관광콘텐츠 유형(type of tourism contents)'을 확보하고 있는 도시이다. 구체적으로 살펴보면, 부산은 역사적 유적과 자연적 환경, 독특한 음식과 문화적 관습, 심지어는 인공적 관광 자원까지 골고루 갖추고 있을 뿐만 아니라, 해당 관광 요소를 양적으로도 풍부하게 축적한 보기 드문 도시에 속한다. 그 중에서도 바다를 중심으로 현대화 된 도시 외관과 문화 관련 인프라는, 현 시점에서 외부인들에게 매력적인 관광 요소로 작용하면서, 계속해서 관광객의 숫자를 증가시키는 주요 원인으로 꼽힌다.

부산의 경관 자원은 자연경관뿐만 아니라 인문경관에서도 빼어난 매력을 자랑하고 있다. 바다를 중심으로 한 '해안경관', 금정산과 금련산을 중심으로 한 '산지경관', 그리고 낙동강과 수영강 등을 포함하는 '하천경관'을 비롯하여, 시원한 바닷바람을 자랑하는 '바람경관', 심지어는 온천(지열수) 등의 수질관광자원까지 포함하고 있는데, 응당 이러한 자연경관은 부산을 찾는 근본적인 관광 동력으로 작용한 지 오래였다.[20] 최근에는 발달된 도시 경관(예술적 외모, artistic appearance)을 바탕으로 한 인문경관까지 적극적으로 개발되면서, 부산의 관광콘텐츠는 한층 더 풍부하게 유형화되고 있다.

그럼에도 '지금-현재(2010년대)'의 부산이 관광콘텐츠의 잠재성과

---

[20] 경관의 종류와 유형에 대해서는 다음의 논문을 참조했다(박종관, 「새로운 관광수단으로서 지리여행의 콘텐츠 구성과 활용 방안」, 『대한지리학회지』 50-1, 대한지리학회, 2015, 58~ 63면 참조.

가능성을 능률적으로 현실화하는 작업에 성공하고 있다고는 단정할 수 없다. 이미 유명한 관광지이기 때문에 이러한 관광 자원의 현실화 내지는 극대화를 별도로 강구할 필요가 없다고 말할 수 없다면, 현 단계에서의 문제적 요소는 차분하게 검토되고 치밀하게 보완되어야 할 사항이 아닌가 한다.

사실 부산의 경관과 도시 환경에 대해서는 많은 찬사가 이루어지고 있다. 그럼에도 세계적인 해항도시와 비교할 때, 적지 않은 보완점이 필요한 것도 사실이다. 샌프란시스코는 세계적인 관광지이자 미국에서도 손꼽히는 대도시이다. 물론 개성적인 도시이며, 이미 바다 자원을 유용하게 활용하고 있는 선진 도시이기도 하다. 더구나 샌프란시스코는 다리, 항구, 터미널, 도시계획, 스카이라인 등에서 부산과 유사점을 지니면서도, 이를 활용하여 관광 콘텐츠화하는 과정에서 선구적이고 참조할 만한 사례를 보이고 있다. 이에 유효한 지점을 차례로 항목화하여 두 도시의 특질을 비교 대조할 필요가 대두된다. 이러한 분석 작업은 결과적으로 관광 자원의 개발과 문화콘텐츠의 정비를 도울 것으로 예상된다.

2. 분석 방법과 연구 대상

케빈 린치(Kevin Lynch)는 도시의 외관 그러니까 도시를 형성하는 물리적 조건에 주목한 연구자였다. 그는 1952년 유럽 견학과 관람을 바탕으로 새로운 도시 연구의 장을 마련했으며, 1년 후에 미국에 돌아와 『The image of the city』(1960년 출판)를 저술했는데, 이 저술은 훗날 도시 설계와 디자인을 연구하는 이들에게 중요한 영감을 제공하는 도시 계획 분야의 '영원한 고전'으로 남았다.[21]

케빈 린치는 도시를 텍스트로 간주하고 이를 읽어낼 수 있는 요소를 찾아내고자 했다. 그 결과 그는 비연속적인 요소(음소나 의미소에 해당하는)를 찾아냈고, 이러한 요소를 도시 형성의 5가지 요소로 정리하여 위의 책에서 제시한 바 있다.[22] 이러한 요소들을 차례로 밝히면 '통로(paths)', '교차점(결절점, nodes)', '랜드마크(landmarks)', '지역(distracts)', '경계(edges)'이다.

우선, '통로'는 도시 내부를 이동하는 길을 가리킨다. 구체적으로 '길', '보도', '수송로', '운하', '철도', '고속도로' 등이 여기에 속하는데, 사실 이동로는 모두 통로에 해당한다고 해야 할 것이다. 통로가 있어야 거주자들 혹은 방문자들이 이동할 수 있기 때문에, 통로의 근간을 이루는 길은 도시의 중요한 일부로 기능한다. 이 글에서는 이러한 통로 중에서 바다를 건너 서로 떨어진 지역을 연결하는 다리(대교)를 분석 대상으로 삼고자 했다.

'교차점'은 길과 길이 만나는 지점 혹은 이동하는 사람들이 모이는 집합처(결절점)을 가리킨다. 특히 교차점은 '접합'과 '집중'의 성격을 갖게 되면서, 인간이나 물류가 집중되고 응축되는 공간으로 기능한다. 교통 조건이 바뀌는 곳은 대표적인 교차점에 해당한다. 특히 교차점의 중요성은 도시에서 사람과 물류가 유동하고 만나고 집합하는 속성에서 드러나는데, 해항도시의 경우에는 '육지의 길'과 '바다의 길'이 이어지는 지점이 필연적으로 생겨나기 마련이다. 이것은 해항도시가 지닌 전형적인 특징이라고 할 수 있는데, 이로 인해 해항도시들은 이러한 피어를 어떠한 방식으로든 개발 활용할 수

---

21) 임창호, 「인류를 사랑한 계획가 케빈 린치」, 『국토연구』 171, 국토연구원, 1996, 77~79면 참조.
22) 도시의 다섯 가지 요소에 대한 정의와 설명은 다음의 연구를 참조했다(민유기, 「19세기 파리 동쪽 광장들의 기념물과 도시의 정치기호학」, 『기호학연구』 23, 한국기호학회, 2008, 523~526면 참조).

있어야 한다는 책무 또한 짊어지게 된다. '부두(피어)'가 대표적인 해항도시의 교차점에 해당하므로, 이러한 부두를 주요 논의의 대상으로 삼을 필요가 있다.

'랜드 마크'는 도시를 대표하는 성향을 지닌 건축물(빌딩, 타워 등)이나 높은 산 등을 가리킨다. 한 도시의 특성을 대변하는 성향을 지니고 있고, 넓은 지역에서도 인지될 수 있는 물리적인 구조물인 경우가 많다. 해항도시에서는 터미널이 이러한 랜드 마크의 구실을 이행하는 경우가 있기 때문에, 이 글에서도 터미널을 랜드 마크의 차원에서 살펴보았다.

'지역'은 도시 내부에 구획된 특수 공간으로, 방문자들은 해당 지역을 다른 지역과 별개의 특성을 지닌 공간으로 인지하곤 한다. 그래서 이러한 지역은 '독자적인 특성이 인식되는 도시의 일정 지구'라고 간략하게 정의될 수 있다. 부산 내에는 적지 않은 지역이 존재하지만, 그 중에서도 이질적인 특성이 강화된 지역인 차이나타운을 대표적인 지역으로 선정했다. 그리고 이러한 지역에 도달하는 교통편과 지역의 유기적 연결을 함께 조명하고자 했기 때문에, 차이나타운('청관거리') 을 둘러싼 도시계획(일부)까지 논의를 확대하고자 했다.

마지막으로 '경계'는 산천이나 해안에 의해 이루어지는 선, 혹은 교통시설이나 건물 등이 자아내는 끝, 내지는 지역과 지역이 만나는 곳 등을 가리킨다. 도시 거주자나 방문자의 눈에는 한 지역 혹은 한 장소가, 다른 지역 혹은 다른 장소와 구분되는 일종의 끝이자 선으로 이해된다. 부산은 바다와 산이 하늘과 만나는 고유의 선을 스카이라인으로 삼고 있었지만, 점차 건물들이 들어서면서 바다와 산이 이루었던 스카이라인을 건물들이 대신하고 있다. 다만 이 글에서는 스카이라인에 대해서는 간략하게만 언급하고자 한다.

이러한 도시 형성 조건(들)은 일종의 이미지, 그러니까 도시 영상으로 추출가능하다. 부산의 경우, 광안대교/해운대 인근 부두/여객 터미널/차이나타운/스카이라인은 부산의 자연경관과 인문경관을 망라하는 대표적인 이미지를 간직한 도시(경관) 요소이다. 이러한 도시 영상을 추출하여, 이와 유사한 도시 영상을 지니고 있는 샌프란시스코—골든게이트브릿지/피어 39와 피셔맨워프 일대/페리빌딩/샌프란시스코의 차이나타운—의 대응 요소와 비교하는 일은 유효한 참조 사례를 제공할 것으로 예상된다. 왜냐하면 이러한 비교가 부산 문화콘텐츠 잠재력과 가능성을 드러내면서 동시에 이러한 현재 처한 한계와 문제점을 살피는 데에 도움이 될 것으로 판단되기 때문이다.

3. 대교 : 바다를 건너는 다리, 바다를 조망하는 다리

샌프란시스코를 대표하는 구조물은 단연 '골든게이트브릿지[이른바 금문교(金門橋), Golden Gate Bridge]'이다. '골드러시'가 발생할 무렵 '골든게이트'는 샌프란시스코만으로 통하는 좁은 해협을 가리키는 명칭이었고, 후에 이 해협을 건너 마린반도(마린카운티)와 샌프란시스코 도심을 잇는 주황색(인터내셔널 오렌지) 다리가 건설되었는데, 이 다리가 금문교이다.

처음에는 이 다리의 건설이 불가능한 것으로 여겨졌다. 샌프란시스코만으로 진입하는 국제 규모의 선박이 통과할 수 있도록 대형 구조물로 건축되어야 했기 때문이다. 실제로 이 다리는 길이가 2천 미터(2825미터)가 넘고 넓이는 27미터에 달하며 탑의 높이는 224미터이고 기둥 간의 거리가 거의 1200미터(1280미터)에 달하는 대형 현수교이다. 해수면으로부터 약 70미터(66미터)로 떨어져 있어 그야말로 큰 배들의 이동과 접안이 가능한 다리이기도 하다.

이러한 거대한 구조물이기 때문에, 제작 시점부터 건축 가능성에 대한 논란이 확대될 수밖에 없었다. 그러나 1933년 대공황의 불황에도 불구하고, 이 다리는 착공에 들어갔고 4년 만에 완공되었다. 흔히 세계 토목 건축물 중에서 세계 7대 경이적인 건축물의 하나로 꼽히지만, 실제로는 2만 7천 여 개의 가는 케이블을 꼬아서 만든 거대한 케이블로 지탱되는 섬세한 구조물이었다.

전 세계에서 샌프란시스코를 찾는 관광객들이 가장 우선적으로 찾는 곳이 이곳일 뿐만 아니라, 샌프란시스코와 인근 도시의 주민들이 상징물로 삼고 있는 가장 보편적인 건축물이기도 하다. 2016년 아깝게 챔피언십을 놓친 한 미국 프로농구팀의 유니폼에도 골든게이트브릿지가 새겨져 있으며(2017년에는 탈환), 팀 이름 자체도 이 다리의 명칭을 차용하고 있다.

샌프란시스코를 찾는 많은 관광객들은 골든게이트브릿지를 찾아가서, 이 다리를 가장 효과적으로 관람할 수 있는 '포트 포인트'나 그 주변에 세워진 '인포메이션 센터'를 방문한다. 마리카운티 방향에도 다리를 조망하는 시설을 갖추고 있어, 포트 포인트에서 시작하여 골든게이트브릿지를 횡단하는 일정을 세울 수 있다.

다리 자체를 관광하는 방식은 여러 형태로 이루어진다. 조망대를 통해 다리의 색다른 모습 완상하거나, 도보나 자전거 혹은 차량 등을 활용하기도 하고(Ground Tour), 골든게이트브릿지 밑까지 운행하는 페리나 보트 내지는 크루즈를 사용하기도 하며(Sailing Tour), 경우에 따라서는 경비행기를 활용하기도 한다(Sky View Tour).[23]

---

23) 문지영, 「골든게이트 브릿지를 체험하고 즐기기 위한 여러 가지 방법」, 『대한토목학회』 61-12, 대한토목학회, 2013, 98~105면 참조.

그야말로 육/해/공에서 이 다리를 보고 감상하고 또 평가하도록 유도하고 있는 셈이다.[24]

한편, 이러한 다리의 존재(양상)는 실제로 샌프란시스코의 관광 자원으로 널리 알려져 있지만, 그 이면에는 건축과 관련된 비극적 역사가 잠재되어 있는 것도 부인할 수 없는 사실이다. 샌프란시스코 만과 태평양을 잇는 해협으로 일찍부터 그 중요성을 인정받은 골든게이트는, 지역적으로는 교통의 단절을 가져 올 수 있는 극복 대상이었다. 이에 다리를 놓아 샌프란시스코 주와 마린 카운티를 잇는 방안이 1870년대부터(1872년) 제기되었고, 수많은 구상과 계획을 거친 끝에 1910년대에 구체적인 교량 건설안이 도출되었으며, 1933년에 이르러서야 실질 공사가 시작되었다.[25]

이러한 건설 이력은 구상 단계에서는 불가능했고 실질적인 시공 단계에서도 만만치 않는 반대에 부딪쳤던 골든게이트브릿지의 성공 신화를 뒷받침하는 역사적 기원이라고 하겠다. 하지만 더욱 주목되는 사항은 이 다리를 건설하는 과정에서 많은 이들이 죽거나 다쳤다는 점이다. 실제로 안전그물을 설치하여 19명의 목숨을 구한 일은 인구에 회자되는 놀랄 만한 사건이었지만, 그렇다고 해서 이 다리를 건설하는 과정에서 죽은 노동자들의 숫자를 축소시킬 수는 없었다.

---

24) 골든게이트브릿지를 관람하는 관광 콘텐츠는 다양한 형태로 개발되었는데, 이러한 개발 유형을 보면 도서 관광 유형 중에서 대별되는 동태형/정태형을 모두 적용한 사례라는 사실을 알 수 있다. 샌프란시스코를 해양도서로 보는 관점에는 다소의 논란이 있을 수 있겠지만, 이를 감안하고 참조한다면 해양에서 이동하며 경관을 구경하는 유형인 동태형과, 수려한 해양 경관을 관람하는 정태형이 모두 골든게이트브릿지 관광에 동원되고 있음을 확인할 수 있다. 심지어는 문화 유적으로 간주하여 시행하는 역사문화형 관람 유형도 넓은 의미에서 포함되어 있다(김성귀, 『어촌관광의 활성화 방안: 어촌·어항관광 활성화를 위한 포럼』, 한국해양수산개발원, 2002 ; 김민철, 장희정. 「도서의 관광 콘텐츠 유형에 따른 관광매력요인」, 『관광·레저연구』 20-4, 한국관광레저학회, 2008, 126~127면 참조).

25) 이종민, 「쇠줄의 미학, 샌프란시스코 금문교」, 『CHINDIA Plus』 91, 포스코경영연구원, 2014, 54~55면.

다시 말해서 이 다리를 건설하는 과정에서 많은 노동자들이 죽었고, 그로 인해 안전 대책이 강구되면서 더 큰 피해를 막을 수 있었다는 점이 보다 사실에 가까울 것이다.

문제는 이러한 역사적 기원과 놀랄만한 사상자 수 그리고 그 사상자를 줄이기 위한 안전 대책 모두가 궁극적으로는 '관광자원'으로 변모했다는 점이다.[26] 샌프란시스코 시 당국은 이러한 모든 역사적 사실을 하나의 스토리(텔링)로 생성하여,[27] 관광객과 시민들이 읽고 이해하고 또 기억할 수 있도록 만들었다. 골든게이트브릿지 옆에 세워진 '인포메이션 센터'는 이러한 역사적 정황을 공개하고 끊임없이 기억하도록 만드는 역할을 한다.

하지만 이러한 역할은 비단 공적 기능으로만 한정되지는 않는다. 이 인포메이션 센터는 실질적으로 관광센터로 기능한다. 전 세계의 관광객은 늘씬하고 유달리 긴 다리만을 보고 가는 것이 아니라, 그 화려한 오렌지 색깔 뒤에 담겨 있는 비운의 역사와 강력한 건설 의지 역시 함께 보고 가는 것이다. 결국 골든게이트브릿지는 이러한 역사와 참상을 동시에 보여줌으로써, 그 경관이 지닌 가치를 제고하고 관련 의미를 부여하는 작업에 적극적이다. '볼거리'의 뒤에 숨겨진 '읽을거리'를 함께 제공하여, 관광과 관람의 의미를 보다 심층적으로 북돋우는 역할을 수행한다고 하겠다.

이러한 사례는 부산의 광안대교에 직접적으로 대입될 수 있다. 광

---

26) 현대의 관광 행위 중에는 '문화관광'이 주요한 위상을 점유하고 있는데, 문화관광 중에는 유적지나 기념지 탐방도 포함된다. 골든게이트브릿지는 인간이 만든 구조물을 관람하려는 목적 하에 관광 자원으로 개발되었지만, 건축의 역사와 인간의 희생이라는 이면적 진실을 더불어 함축함으로써, 역사적 문화 콘텐츠의 관람이라는 의미도 덧붙여진다. 문화관광은 기본적으로 인간의 문화 수준을 향상시키고 다양한 욕구를 충족하려는 목적에 입각해 있다(박영호, 「역사 문화자원을 활용한 관광 콘텐츠 개발 전략」, 『한국디자인문화학회지』 16-4, 한국디자인문화학회, 2010, 264~265면 참조).

27) 이러한 과정은 지역문화 콘텐츠의 개발 단계 중 문화 콘텐츠의 스토리텔링(화)의 단계에 해당한다(류정아, 「지역문화콘텐츠 개발의 이론과 실제」, 『인문콘텐츠』 8, 2006, 47~49면 참조).

골든게이트브릿지의 풍경[29)]

광안대교 조명 전경[28)]

안대교는 현대식 아름다움으로 인해 인근 지역에서의 조망 욕구를
불러일으키는 대표적인 부산의 구조물이다. 광안리뿐만 아니라 해운

---

28) 이성태, 「영화 <The Rock> 두 얼굴의 샌프란시스코」, 『국토』, 국토연구원, 2015, 85면.

대 일대에서도 이 다리의 형상은 뭇 관광객들과 시민들의 찬탄을 자아내곤 한다. 특히 야간에 펼쳐지는 조명의 변화는 새삼 부산의 아름다움과 관광 상품으로서의 가치를 자아내는 역할을 한다.

광안대교는 당초 컨테이너 수송배후도로로 기획되었고, 부산광역시 건설안전관리본부(광안대로 사업단)가 시행청이 되어, 남구 남천동 '49호 광장'부터 해운대구 수영비행장 부근으로 이어지는 구간에 사업비 5,534억의 사업비를 들여 건설한 교량이다.[30] 실제로 광안대교는 현수교 구간이 900미터(중앙지간 500미터)에 달하고 접속교 구간이 6,530미터에 달하는 총 연장 7.42킬로미터의 구조물로 규모 상으로는 골든게이트브릿지에 못지않은 교량이다.[31] 이 교량은 기본적으로 4차선 복층 교량으로 현수교, 트러스교, 강상형교, PSC교 등 4종류의 형식을 활용하고 있으며, 상부 구조는 강재 12만 톤이 소요된 바 있다.[32] 도로 폭 역시 18~25미터이고 2층 구조의 8차선 도로를 지니고 있어 실제로 이 다리를 건너는 느낌은 상쾌한 인상을 넘어설 정도이다. 특히 광안대교는 경관 조명을 설치 시행하고 있어,[33] '야경'이 아름다운 다리로 널리 인식되고 있다.

타지에서 온 사람들은 이 다리를 조망하며, 새삼 부산이 해역을 끼고 있는 항구 도시이고, 그 중에서도 아름다운 자연에 둘러싸인

---

29) 양진우, 「광안대교 누리마루 하우스에 최첨단 LED 경관 조명 도입」, 『부산발전포럼』, 부산발전연구원, 2010, 59면.

30) 이영대, 「광안대교 건설공사」, 『대한토목학회』 44-10, 대한토목학회, 1996, 47~48면.

31) 김연주, 「광안대교 경관조명 시안」, 『조명·전기설비』 14-5, 한국조명·전기설비학회, 2000, 34면 참조.

32) 이석주, 「광안대교의 설계」, 『대한토목학회지』 48-9, 대한토목학회, 2000, 72~73면 참조.

33) 특히 광안대교의 야경에는 조명 디자인 효과가 개입되고 있다(안지혜, 「부산 광안대교 경관조명디자인」, 『한국색채학회 학술대회 자료집』, 한국색채학회, 2015, 23~29면 참조).

천혜의 해항이라는 사실을 인식하곤 한다. 골든게이트브릿지와 마찬가지로 이 다리를 완상하는 방식은 뷰포인트를 선택하여 직접 육안으로 바라보는 방식과, 자동차를 타고 다리를 횡단하는 방식(도보는 불가능)이 있으며, 경우에 따라서는 유람선이나 요트 등을 통해 바다에서 관람하는 방식도 선택할 수는 있다.

하지만 그 어떤 방법도 관광 콘텐츠로서의 기능을 제고하고 부각하기 위한 전문적인 도움을 받은 흔적은 없다. 가령 뷰포인트를 만들어 다리의 조망을 돕는다거나, 다리를 쉽게 건널 수 있는 방식을 개발하지 않았다. 해운대 미포에서 운행하는 유람선이 바다에서의 관람을 가능하게 하지만 현실적으로 이를 탈 수 있는 방안은 매우 제한적이라고 해야 한다.

한편, 관광객들뿐만 아니라 시민들도 이 다리의 역사적 기원이나 건설 과정에 대한 정보를 얻지 못하고 있다. 왜 이 다리를 만들어야 했고, 어떻게 건설에 들어갔으며, 건설 과정에서 생겨난 사건이나 그 의의가 무엇인지에 대해 알 수 있는 방법이 제한되어 있다. 다리의 아름다움과 세련미는 볼거리의 형태로 공개되어 있지만, 이러한 다리를 더욱 깊게 이해할 수 있는 읽을거리는 거의 공개되어 있지 않은 상태이다.

실제로 전문가들조차도 광안대교에 대한 관련 설명이나 고급 정보를 얻을 수 있는 방법이 없어 불편함을 느끼곤 한다. 이것은 광안대교를 다루는 부산의 방식―부산 해역의 관광 콘텐츠 개발과 활용―이 제한적이라는 사실을 증빙한다. 관광객들에게 광안대교는 아름다운 다리이지만 그 실체를 드러내지 않는 모호한 대상이 될 수밖에 없다. 그것은 광안대교를 실질적인 교통수단으로만 생각하는 현재의 발상에 문제가 있음을 알려준다. 광안대교가 비단 교통수단(교량)으로만 이용될 수 있는 가치를 지닌 것이 아니라, 부산을 이해하고 구경하려는 이들에게 관광 상품으로의 변전할 수 있는 가치까지 지니고 있음을 이해할 필요가 있다고 하겠다.

골든게이트브릿지와 광안대교는 건설 과정과 현재적 의미에서 많은 차이점이 있는 다리이지만, 그럼에도 불구하고 유사한 점 역시 상당수 존재하는 구조물이다. 다시 말해서 골든게이트브릿지는 샌프란시스코 주민들에게 역사적/문화적/지역적 상징이고 자부심이라는 점에서, 광안대교가 부산 주민들에게 미래에 제공할 수 있는 의미를 시사 한다고 하겠다. 골든게이트브릿지의 현재형이 광안대표의 미래형이라고는 단정할 수 없겠지만, 적어도 하나의 다리를 도시의 구조물을 넘어 관광대상이자 심리적 대표 물로 격상시킨 샌프란시스코 주민들, 이른바 자신들을 '샌프란시스칸'으로 특별하게 부르며 자신들의 도시를 긍정적으로 가꾸는 그들의 지혜를 요긴하게 참고할 필요가 있다고 하겠다.

무엇보다 건축물의 진정한 의미가 교통의 편의나 외관이 아름다움을 떠나 그 구조물과 주민들 사이의 심리적, 역사적 관련성에 있음을 주목할 필요가 있겠다. 아름다운 다리가 남아 있고, 그 다리를 건설하려는 옛 사람들의 의지가 확인되고 있으며, 그래서 다리가 해당 지역을 하나의 의미로 묶어주는 형태의 건설적 미래를 꿈꿀 수 있다면 말이다.

4. 피어 : 사람들을 모으는 항구, 사람들이 몰려드는 유원지

샌프란시스코에는 골든게이트브릿지만큼 관광객을 모으는 장소가 몇 곳이 있다. 그중에서도 '피어 39'은 대표적인 장소이다. 사실 피어 39는 애초부터 유원지로 만들어진 장소는 아니었다. 대개의 해항 도시들이 그러하듯, 이곳은 본래 배를 타고 배가 기항하는 접안 지점이자 선착장이었다. 1978년 10월에 개장하면서 요리와 쇼핑 기능이 부각되는 관광 명소로 탈바꿈하여 현재에는 '피셔맨워프'를 포함한 샌프란시스코만을 대표하는 방문지로서의 명성을 얻었다.

그러니까 피어 39는 현재 쇼핑센터 겸 관광단지로 운영 중이다. 이 피어 39의 관광 콘텐츠로는 크게 다섯 가지를 꼽을 수 있다. 첫째, 샌프란시스코를 대표하는 해산물 요리를 비롯하여 각종 음식을 맛볼 수 있는 공간이다. 둘째, 각종 관광 상품을 파는 상점들이 위치하고 있고 이중 상당수는 샌프란시스코만의 알카트라즈섬(Alcatraz Island)이나 골든게이트브릿지와 연관된 관광 상품이다.

셋째, 항구에 머무는 '바다사자들(sea lions)'이다. 항구의 일정 지역에는 바다사자들이 거주하는 구역이 별도로 마련되어 있는데, 이 구역에는 일반 사람들이 접근할 수 없지만 멀리서 바다사자를 관찰할 수 있다는 관람 효과를 창출하고 있다. 바다사자들을 구경하는 행위는 단순하게 관광뿐만 아니라 생태적 조화에 대한 생각을 하도록 유도한다.[34] 이곳을 찾은 관광객들은 대도시의 한 복판에 생존하는 바다사자들을 바라보면서 샌프란시스코가 중시 여기는 관광과

---

34) 생태관광은 관광의 질적 고급화를 추구하는 일련의 움직임으로 인해 1990년대 이후 시작되어 현재에도 급격한 가치 상승률을 보이는 관광 콘텐츠 유형이다(양승필·곽영대, 「생태관광의 매력 속성, 관광 태도, 지각된 가치가 만족도에 미치는 영향 연구」, 『관광연구』 25-5, 대한관광경영학회, 2010, 271~290면 참조).

개발이 결코 생태적인 환경 보존과 상치되는 것이 아님을 새삼 확인할 수 있다.

넷째, 수상에서의 탈 것을 통한 관광이다. 탈 것들은 주로 알카트라즈섬과 골든게이트브릿지를 왕복하는 형태의 보트 혹은 유람선으로, 관광객들은 일정한 비용을 내고 일정한 코스를 순회하는 관광 프로그램을 이용한다.

다섯째는 피어 39에서의 관람이다. 굳이 탈 것을 이용하지 않더라도 피어 39는 그 자체로 샌프란시스코를 전체적으로 조경할 수 있는 뷰포인트로 기능한다. 알카트라즈(감옥)섬이나, 골든게이트브릿지는 물론이고, 샌프란시스코 도심 풍경이나 소살리토(Sausalito) 등의 인근 지역의 수려한 경관을 즐길 수 있다.

이러한 다양한 기능으로 인해 피어 39는 관광객뿐만 아니라 도시민들을 비롯한 다양한 유람객을 불러 모으고 있다. 이러한 피어 39에 해당하는 부산의 지역이 해운대일 것이다. 마찬가지로 해운대 역시 다양한 먹거리와 볼거리로 많은 이들을 불러 모으는 관광지로 기능하고 있다.

해운대 역시 다양한 기능을 가진 관광지로, 적어도 다섯 가지 정도의 관광 콘텐츠를 보유하고 있다. 첫째, 회를 중심으로 하는 해산물 음식점이다. 부산을 대표하는 음식으로 우선 '회'를 꼽을 수 있다.[35] 부산에는 회와 연관된 지역이 풍부한데, 그중에서도 해운대 역시 독특한 위치를 차지한다. 해운대는 '미포'와 '운촌'으로 나누어지는데, 미포(해운대에서 바다를 바라볼 때 왼쪽 지역)에는 회 센터와 고기잡이 어선들이 집중되어 있다. 해운대의 특성상 어촌 촌락의

---

35) 이종수, 「부산항의 음식문화 변동분석」, 『인문학연구』 23, 인천대학교 인문학연구소, 2015, 181~183면 참조.

기능도 담당하고 있는 셈이다.

둘째, 호텔과 위락 시설을 중심으로 한 휴양지로서의 기능이다. 이른바 유명하고 질적 수준이 높은 호텔들이 해운대 중간 지점에 포진하고 있고, 해운대 안쪽으로는 다양한 형태의 숙박 시설이 배치되어 있다. 이러한 시설들은 부산을 찾는 이들에게 단순한 숙박 기능을 넘어 휴양 기능과 시각적 편안함을 제공하는 역할을 한다.

해운대를 대표하는 호텔들은 호텔과 바닷가를 연결하여 마치 해운대 바다를 '정원'처럼 여기도록 만들고 있다. 해운대에 위치한 호텔을 비롯한 숙박시설 중에는 이러한 바다의 역할을 강조하여, 바다와 휴양의 기능이 숙박의 기능과 결합하도록 선전물을 제작 운영하여 해운대를 찾는 이들의 주목을 끌고 있다.

셋째, 해운대는 주거지로서의 기능을 수행한다. 얼핏 생각하면 관광 콘텐츠로서의 역할과 주거 공간으로서의 역할이 상치되며, 주거 공간으로서의 생성과 적합성은 관광지에는 어울리지 않는 것으로 판명되는 경우가 흔하다. 그럼에도 해운대는 여행이나 휴양지로서의 기능을 넘어 주거공간으로서도 훌륭하게 기능함으로써, 새로운 볼거리와 주변 환경을 창출했다.

기본적으로 해운대는 신시가지를 중심으로 이주 인구에 의해 개발된 지역임에도 불구하고 도시 정비나 관련 시설이 조화롭게 자리잡고 있다.[36] 이로 인해 이주민들이 편안하고 높은 수준의 도시 공간을 활용할 수 있다. 이것은 비단 주거지 자체만의 문제로 끝나지 않는다. 이러한 주거공간을 그 인근에 이러한 대규모 거주인구가 쉴 수 있는 공간을 예비하도록 만들었다.

---

36) 박태화, 「부산시 해운대 신시가지의 성격」, 『한국도시지리학회지』 3-1, 한국도시지리학회, 2000, 115~127면 참조.

가령 마린시티나 달맞이고개는 타 지역에서 부산을 찾는 이들에게도 방문하기 좋은 장소이지만, 해운대를 기반으로 활동하는 상업 인구나 거주인구를 위한 시설이기에, 한층 안정적으로 서비스를 제공할 수 있다. 즉 이 지역이 유동인구뿐만 아니라 상주인구가 집중된 공간이다 보니, 치안과 상품 구매 그리고 편의 시설의 측면에서 질적으로 제고될 수 있었다.

넷째, 해운대는 빼어난 자연 경관을 갖추고 있다. 사실 첫째부터 셋째에 이르는 조건들은 해운대의 뛰어난 자연 환경으로부터 유래했다. 하지만 이러한 역할 외에도 해운대는 해수욕장으로 적합한 환경을 갖추고 있어, 수영과 바다를 즐기는 이들에게 더할 나위 없이 만족스러운 공간으로 인식되고 있다. 한 연구 결과에 의하면 부산지역의 대표적인 해수욕장이 각광 받는 이유로 자연 자체가 지니는 매력도 주요하게 작용하고 있지만, 이러한 요인 외에도 접근 편의성이나 관련 시설 이용 편의성 혹은 관리 상태의 양호함 등이 종합적으로 고려되고 있다고 한다.[37]

해운대에는 비단 바다와 해수욕장만 존재하는 것은 아니다. 실제로 해운대의 바로 뒤편에는 장산이 위치하고 있으며, 장산은 여러 가지 측면에서 관광 자원과 생태 자원을 포함하고 있다. 등산이 가능하며, 그 위에서의 조망도 일품일 뿐만 아니라, 절 같은 방문 유적지도 곳곳에 산재해 있다. 심지어 해운대는 그 옆을 흐르는 수영강도 함께 끼고 있으며, 곳곳에서 온천욕을 할 수 있는─환경오염의 피해를 입지 않은─지하수와 지열수 역시 존재하고 있다.[38] 이러한 온천수는

---

37) 최나리·김재원, 「부산 해운대 해수욕장의 가상적 방문가치 추정」, 『관광연구저널』 22-4, 한국관광연구학회, 2008, 10~20면 참조.
38) 심형수 외, 「부산 해운대지역 지하수와 지열수의 수리화학적 특성」, 『한국환경과학회지』 9-3, 한국환경과학회, 2000, 241~251면 참조.

실제로 일제 강점기부터 개발에 들어서 각광을 받기도 했다.[39]

다섯째는, 다소 생소할 수 있는 이유이다. 그것은 해운대가 지니는 정신문화적 가치이다. 해운대는 최치원이 지역 명칭을 작명한 이래, 사실 도시의 외곽 휴양지로만 인식되다가, 1990년대 이후에 본격적으로 개발되기 시작했다. 사실 해운대 내부에는 농촌, 어촌, 창녀촌 등이 복합되어 있고, 이러한 전통적 공간 외에도 상업지구, 호텔지구, 관광지구들이 복합적으로 얽혀 있다.

흥미로운 것은 이러한 해운대가 경제적 논리에 의해서만 운영되지는 않는다는 점이다. 달맞이고개를 중심으로 한 미술관 운집, 공공건물, 영화관, 백화점, 관공서 등이 운집하면서 일종의 문화적 맥락을 형성하기 시작했다. 부산국제영화제의 본부 격인 '영화의전당'은 대표적인 건축물이며, 국제 행사가 열린 누리마루(현재는 개방형 관람지)도 이러한 문화적 맥락에 포함될 수 있을 것이다. 해운대의 강점은 그 자체로 문화를 만들 수 있는 역량과 배경을 지니고 있다는 점이다.

샌프란시스코 피어 39(확장하면 피셔맨워프(fishermans wharf) 인근 지역)가 지닌 관광 콘텐츠와, 부산 해운대가 간직한 관광 콘텐츠는 본질적으로는 거의 차이가 없다. 문화적 혹은 관광 상 다양성만 고려한다면 오히려 부산 해운대가 모자라지 않은 지경이다. 문제는 이러한 피어 혹은 항구의 기능을 확장할 수 있는 준비가 되어 있는가이다. 많은 대안들이 마련되고 있고, 이를 바탕으로 한 시도들도 감행되고 있다. 하지만 이렇다 할 확고한 계획이 수립된 상태는 아니다.

그렇다면 다시 샌프란시스코의 활기찬 관광 산업으로 돌아갈 필

---

39) 조정민·이수열, 「해운대 관광의 탄생 : 식민지 시기 해운대온천의 개발과 표상」, 『인문연구』 72, 영남대학교 인문과학연구소, 2014, 241~242면 참조.

요가 있다. 그들은 바다와 인근의 명소를 적극 활용하고 있다. 배를 이용한 관광은 대표적이다. 샌프란시스코만이라는 천혜의 조건을 활용하여 인근 지역으로 향할 수 있는 관광 인프라를 다채롭게 구성하고 있다. 실제로 관광용 배가 아니라 소살리토나 티뷰론(Tiburon)으로 운행하는 출퇴근용 선박을 이용하여 바다 경관을 만족스럽게 즐길 수도 있을 정도이다.

하지만 해운대는 주로 전망과 조망의 기능만을 앞세우고 있다. 해운대 호텔에서 바라보는 경치나 달맞이고개의 카페에서 맛보는 광안대교의 경치 심지어는 장산 정산에서 보는 경관은 모두 아름답지만 시각적인 만족감에 지나치게 집중되었다는 사실을 간과할 수 없다. 물과의 접촉이나 보행을 통한 관광 콘텐츠는 상대적으로 미약한 편이며, 이를 운영하는 업체들은 자기중심적인 상업 행위로 빈축을 사는 경우가 적지 않다.

바다를 건너는 다리를 관광 목적으로 건널 수 있어야 하고 저가의 배를 탈 수 있어야 하며 심지어는 고가의 비용으로 새로운 즐거움을 창출할 수 있는 관광 콘텐츠 개발이 필요하다고 여겨진다. 샌프란시스코 피어 39에서는 알카트라즈섬으로 향하고 그곳에서 심지어는 기묘한 체험을 할 수 있는 관광 상품을 개발하여 시판하고 있다. 이러한 관광 상품은 '감옥 체험'에 근거한 것인데, 생각 외로 긍정적인 반응을 얻고 있다고 한다. 아무도 감옥에서 살고 싶어 하지는 않지만, 감옥에서 머문다는 것이 어떤 느낌인지는 궁금해 하기 때문일 것이다. 해운대와 부산의 항구는 이러한 새로운 감각을 찾아낼 필요가 있다. 피어 39가 맛(미각)과, 상품(촉각), 배(이동감각) 등을 시각에 불어넣고 첨부시켰던 점을 보다 면밀하게 검토할 필요도 여기에서 발생한다고 하겠다.

5. 터미널 : 시간이 흐르는 공간, 현재가 가미되는 공간

샌프란시스코의 가장 근간이 되는 도로는 마켓스트리트(Market Street)이다. 샌프란시스코를 대각선으로 가르는 이 길은 가장 넓은 도로이자 상점가로, 거의 모든 교통은 이 스트리트를 중심을 연결된다. 이 마켓스트리트의 북동쪽 끝은 바다로 연결되는데, 그곳에 페리빌딩(Ferry Building)이 자리 잡고 있다. 페리빌딩은 여객 터미널을 가리키며, 그 안에 위치한 상가와 건물을 통칭하는 명칭이다. 그러니까 샌프란시스코에서 소살리토나 티뷰론 혹은 오클랜드 등의 인근 지역으로 나가는 배를 타기 위해서는 이 페리빌딩을 거쳐야 한다.

샌프란시스코에서 페리빌딩은 오래된 건물에 속한다. 이 건물은 1898년 미국 건축가였던 에이 페이지 브라운(A. Page Brown)에 축조

페리빌딩의 전경[40]

---

40) 오인환 외, 「장인환(張仁煥) 의사(義士)의 발자취를 찾아서 : 샌프란시스코 지역을 중심으로」, 『한국독립운동사연구』 28, 독립기념관 한국독립운동사연구소, 2007, 411면.

되었는데, 이때부터 1930년대까지 큰 물동량과 수송량을 자랑하는 세계적인 터미널이었다. 그러나 골든게이트브릿지나 베이브리지(Bay Bridege, 1936년 11월 개통) 등이 개통되면서 그 통행량이 줄기는 했지만, 그때부터 지금까지 샌프란시스코의 관문으로 인정되는 상징적인 중심이다. 페리빌딩은 스페인 세비야의 지랄다 종탑(La Giralda)[41]을 본 딴 시계탑을 지니고 있는데, 샌프란시스코 지역 방송국은 이 시계탑의 시간을 근거로 인근에 시간을 안내하기도 한다.

1908년(3월 23일) 이곳에서 일어난 하나의 사건은 페리빌딩(저격 장소의 당시 명칭은 '오클랜드행 도선대합소인 페리빌딩')이 한국의 역사와도 관련이 있다는 사실을 증언한다. 친일파 외교 고문으로 활동하던 스티븐슨은 일본 정부로부터 받은 밀명을 수행하기 위해 워싱턴으로 가던 중 샌프란시스코에 들렸고, 그곳에서 일본의 조선 지배를 옹호하는 발언을 꺼냈다. 이에 격분한 세 명의 열혈 조선청년은 기어코 스티븐슨을 잡아 가슴에 총을 쏘는 의거를 일으킨다.[42] 의거에 참여한 '장인환'과 '전명운'이 밝혀진 두 명이고, 세 번째 인물은 '문양목'으로 추정되고 있다.

페리빌딩의 역사적 가치는 그 누구보다 샌프란시스코 주민들이 잘 알고 있다. 하지만 샌프란시스코시 당국은 페리빌딩의 역사적 가치를 중시 여기면서도 이 시설을 단순한 보존 건물로 남겨두지 않았다. 페리빌딩은 현재에도 여객 터미널로 활용되고 있으며(실질적으로 수송량은 예전과 같은 호황을 누리지는 않지만), 그곳에서 대규

---

41) 본래는 이슬람 건축물이었고 모스크의 미라레트였지만, 기독교 대성당으로 변화한 이후 종탑으로 변모하였다. 한 변이 13.6미터에 달하는 정사각형 모양의 탑으로 16시기 중반에 5층 종루가 세워졌다.

42) 오인환 외, 「장인환(張仁煥) 의사(義士)의 발자취를 찾아서 : 샌프란시스코 지역을 중심으로」, 『한국독립운동사연구』 28, 독립기념관 한국독립운동사연구소, 2007, 398~407면 참조.

모 쇼핑센터를 결합하여 관광객과 지역 주민의 편의를 증진시키고 있다. 한 마디로 이곳은 지금도 공공건물이면서 동시에 상업지구이고, 지역민들의 명소이면서 동시에 관광객들의 흥미를 끄는 대표적인 명소이다.

이러한 페리빌딩의 활용은 부산에서의 터미널의 활용에 대해 생각하도록 만든다. 부산은 1888년 매축을 시작한 이래 각종 매축 사업을 통해 적지 않은 부지를 확보했고, 그곳에 항만시설을 짓는 사업을 끊임없이 전개해왔다.[43] 간련 약사를 언급하면, 1884년 부산해관이 문을 열었고 1885년에는 일본우선회사가 조선과 일본 간의 항로를 개척했으며 1890년에는 대판상선회사가 오사카선(釜山大阪線)을 개시했다.[44]

이러한 과거의 흔적을 보여주는 기록을 참조하면, 현재 부산에는 과거의 건축물을 거의 보존하고 있지 않다는 점을 확인할 수 있다. 부산에는 1407년에 이미 왜관이 설치되어 운영되고 있었고, 범일동 일대에는 일본인(恒居倭人) 마을이 일찍부터 형성되어 있었으며, 1678년부터 현재의 용두산 공원 주변에 초량왜관(草梁倭館)이 존속하며 개항장의 모태가 되었다.[45] 하지만 이러한 건축물은 대부분 온전하게 남아 있지 않다. 관련 정보는 아래 지도에 표기되어 있다.

---

43) 김승, 「일제강점기 부산항 연구 성과와 과제」, 『항도부산』 29, 부산광역시 시사편찬위원회, 27~28면 참조.

44) 송정숙, 「개항장으로서의 부산항과 기록」, 『한국기록관리학회지』 11-1, 한국기록관리학회, 2011, 278면 참조.

45) 차철욱·양흥숙, 「개항기 부산항의 조선인과 일본인의 관계 형성」, 『한국학연구』 25, 인하대학교 한국학연구소, 2012, 8~10면 참조.

과거 개항장으로서의 부산항 일대의 모습을 담은 「동래부산고지도」[46)

2000년대 부산 여객 부두 전경[47)

---

46) 송정숙, 「개항장으로서의 부산항과 기록」, 『한국기록관리학회지』 11-1, 한국기록관리학회, 2011, 278면 참조.

47) 최해군, 「내사랑 부산바다-부산항 변천사」, 『(해양수도 건설을 위한) 내사랑 부산바다』, 부산광역시 시사편찬위원회, 2001, 28면.

부산 내 고건축과 관련 시설의 연원은 오래된 것이기는 하다. 이마 1876년(2월) 조일수호조규에 의해 부산 초량항을 개항장으로 결정하고, 같은 해 7월에는 수문(守門)과 설문(設門) 등을 없애기로 결정한 바 있다.[48] 위의 고지도에서 보이는 설문[49]의 직능이 사라진 셈이다. 하지만 설문의 폐쇄와 소멸은 여기에 그치지 않는다. 사실 설문과 왜관의 소멸은 그 이후에 올 관련 건축물 소멸의 단초에 불과했다.

부산항은 일제 강점기 동안 주요한 무역항으로 여겨졌고,[50] 식민 본국인 일본을 연결하는 거점 터미널이었다. 2000년대에도 이러한 여객 터미널로서의 기능은 여전했다. 가령 2000년 여객 수송 실적은 국제여객이 51만 명, 연안여객이 110만 명이었으며, 부산과 일본(시모노세키/후쿠오카/하카타) 노선뿐만 아니라 중국(연태) 노선도 운행되었다.[51]

하지만 당시 운송과 여객을 담당했던 어떤 건축물도 과거의 역사를 간직한 채 지금까지 활발하게 사용된 경우는 없었다. 지역 주민의 여행객의 편의시설일 수는 있지만 관광 상품으로서의 적합성을 갖춘 사례는 찾기 힘든 지경이다. 시설들은 배를 타고 내리는 기능에 국한되어 있고, 페리 빌딩 같은 유적이나 복합 문화공간으로서의 기능을 겸비하지 못하고 있다. 이것은 페리빌딩이 지금도 다양한 용

---

48) 송정숙, 「조선 개항장의 감리서(監理署)와 기록 : 부산항을 중심으로」, 『한국기록관리학회지』 13-3, 한국기록관리학회, 2013, 257~258면 참조.

49) 설문은 부산진에서 초량왜관으로 지나는 관문으로 왜관의 경계에 속하기 때문에, 조선 군인이 배치되어 단속하는 지점이었다(차철욱·양흥숙, 「개항기 부산항의 조선인과 일본인의 관계 형성」, 『한국학연구』 25, 인하대학교 한국학연구소, 2012, 11~12면 참조).

50) 장지용, 「일제강점기 부산항 무역의 전개과정 연구」, 『항도부산』 29, 부산광역시 시사편찬위원회, 2013, 8~10면 참조.

51) 최해군, 「내사랑 부산바다-부산항 변천사」, 『(해양수도 건설을 위한) 내사랑 부산바다』, 부산광역시 시사편찬위원회, 2001, 27~29면 참조.

도로 그 성가를 높이고 있는 것과는 확연하게 대조되는 사항이다. 당연히 이를 수정하고 보완할 방법을 찾아야 할 것이다. 설령 부산항의 터미널이 반드시 페리빌딩을 닮을 필요는 없다고 해도, 지금처럼 단순한 게이트로만 활용되는 방안에는 수정이 가해져야 할 것이다. 특히 동북아 물류의 중심이자 관광의 메카로 거듭나기 위해서라도 이러한 문제점은 해소되어야 하며, 해양문화공간의 활용과 관광레저 시설의 확대를 도모하기 위해서라도 이 문제는 진지하게 논의되어야 할 것이다.52)

6. 도시계획 : 차량과 인간이 유동하는 길목, 시각과 촉각이 어울리는 풍경

옛 골목은 한동안 정비와 파괴의 대상이었지만, 2000년대에 들어서면서 보기 드문 관광 상품으로 부상했다. 즉 좁고 구불구불한 골목은 가난과 불결의 상징에서 추억과 삶의 흔적으로 격상되었고, 이를 걷는 행위(도보 이동과 관광)와 연결하여 문화콘텐츠로 개발하려는 일련의 움직임이 도입되었다.

---

52) 이러한 측면에서 부산항을 경관 조망의 대상으로 바라본 다음의 논문은 주목된다(박문숙 외, 「영도에서 조망하는 부산항 경관의 시각적 특성」, 『한국조경학회지』 38-4, 한국조경학회, 2010, 35~42면 참조. 이 연구는 부산항을 가로막듯 위치하여 일종의 내해를 형성하도록 만드는 영도(옛 이름 절영도)에서 부산항을 바라보는 시각을 조사 검토하여 그 조망의 필요성과 변화 가능성을 타진하고 있다. 경관은 중요한 관광 자원이고 부산항을 해양 관광 콘텐츠로 격상시킬 주요한 요소라고 할 때 이러한 종류의 분석과 관련 활동은 부산항의 문화(관광)콘텐츠화를 촉진하는 방안이 될 것으로 기대된다.

'샌프란시스코 전차' 53) 파월가의 전차 풍경54)

---

53) 솔샤르, 「#151번째 만년필 스케치 '샌프란시스코 노면전차 SanFransisco Tram'」, 『그림의 로망』, http://blog.naver.com/

54) 「샌프란시스코 케이블카」, 『위키백과』, https://ko.wikipedia.org/wiki/

샌프란시스코는 이러한 움직임을 일찍부터 관광에 응용할 줄 아는 도시였다. 대표적인 것이 샌프란시스코의 명물 '전차(노면전차, 정식 명칭 'cable car')'로, 샌프란시스코 시내 교통은 일종의 'San Francisco cable car system'을 구축하고 있는 상태이다. 샌프란시스코에서 전차를 탄다는 것은 일종의 도시 관광의 백미로 꼽히고 있으며, 이로 인해 언덕과 곳곳의 골목은 그 자체로 관람 대상으로 변모되었다. 사실 전차가 언덕 통행의 위험성을 이겨내기 위한 수단이었다고 한다면, 이러한 변모는 예상하지 못했던 일이기도 하다. 하지만 현재 샌프란스시코의 시내 관광은 이러한 전차를 빼놓고는 도저히 상상할 수 없는 일이 되었다.

전차는 크게 두 가지 역할을 한다. 하나는 도보 여행의 촉감을 만끽하면서도 시내 관광의 어려움과 뒤쳐진 속도를 해결할 수 있다는 점이다. 모든 거리(street)를 걸어서 이동할 수 없을 것이다. 그것도 상당히 가파른 기울기의 언덕을 감안하면, 샌프란시스코 도심 깊숙이 남아 있는 관광 콘텐츠를 찾아가는 일은 여간 난감한 일이 아닐 수 없다. 그러한 측면에서 전차는 일종의 실질적 교통수단인 셈이다.

다른 하나는 전차 탑승 자체가 주는 즐거움과 시각적 쾌락이다. 전차를 탑승하는 과정은 생각보다는 수월하지 않다. 상당한 시간을 기다려야 하며, 그것도 불편한 좌석이나 끼어 타기를 감수해야 한다.

실제로 전차는 유니언 스퀘어(Union Square)에서 출발하여 피셔맨워프 방향으로 운행하는 'Powell Masion Cable Car(Line)'와 'Powell-Hyde Cable Car(Line)'가 있고, '파이낸셜스디스트릭트(Financial District)'에서 출발하여 '노브힐(Nob Hill)'을 일직선으로 관통하는 'California Street Cable Car(line)'가 있다(2016년 시점 기준). 운행 거리가 상대

적으로 짧은 캘리포니아 라인도 관광객으로 붐비지만, 파웰-하이드 라인이나 파웰 맨션 라인은 유니온 스퀘어부터 인산인해를 이루는 것이 특징이다. 주말이나 공휴일의 관광객은 무려 1∼2시간의 관람 대기도 감수해야 하는 형편이다.[55]

그럼에도 전차를 타면서 지나는 거리의 풍경을 보고, 가느다란 바람을 맞고, 자유롭게 내려서 이곳저곳을 기웃거릴 상상을 하는 일은 분명 흥미로운 일이다.[56] 결국 샌프란시스코의 전차는 교통수단이면서 관람수단이라는 가장 기본적인 관광의 요소를 충족시키고 있다. 이것은 전차가 다니는 각 공간, 예를 들면 '차이나타운'이나 '노브힐(Nob Hill)' 혹은 '러시안힐(Russian Hill)'을 특별한 공간으로 조직하고 그곳에 의미를 부여하는 일이기도 하다. 전차는 이러한 측면에서 '탈 것'과 '인간'이 조화를 이루는 하나의 풍경을 합작해내며, 샌프란시스코의 결코 낭만적일 수 없는 골목을 특별한 공간으로 조각해내는 역할을 한다.[57]

이러한 노면전차에 대응되는 교통수단이 현재 부산에 존재하는 것은 아니다. 하지만 부산은 예로부터 기차와 전차의 도시였고,[58]

---

55) 샌프란시스코에서 케이블카라고 하면 주로 이 세 노선을 가리킨다. 하지만 시내 곳곳에서는 버스 노선과 함께 노면전차가 운행되고 있다. 이 세 노선을 제외한 노면전차는 시내버스와 동일한 환승 시스템을 갖추고 있지만, 언덕을 오르는 전통적인 의미에서의 노면전차(주로 케이블카로 불리는)는 운영 체제(회가)가 달라 환승이 자유롭지 못하다. 다만 이 세 라인의 케이블카와 노면전차를 함께 활용할 수 있는 교통카드가 있어 이를 이용할 수는 있다.

56) 샌프란시스코의 도시 설계(혹은 재개발) 목표 중 하나는 바람의 흐름과 관련된 쾌적성의 증대 여부였다. 쾌적성을 증대하기 위한 도시 계획이 시행된 바 있고, 그 효과가 학술적으로 검증된 바 있다(김형규, 「도시형태, 바람, 쾌적성, 지속가능성:샌프란시스코의 경험」, 『국토계획』 49-5, 대한국토·도시계획학회, 2014, 331∼332면).

57) 샌프란시스코의 명물 전차는 말의 대체 수단이자 자동차를 보완하는 교통수단으로 도입(부활)되었지만, 그 자체는 일종의 문화유산으로 기능하고 있다(heritage assets). 문화유산은 세계 각국에서 자신들의 도시를 살리는 주요한 자산으로 활용되고 있으며, 이는 문화콘텐츠를 형성하며 관광자원으로 격상되고 있는 추세이다(김기홍, 「광역 런던의 역사문화콘텐츠 관련 정책 연구」, 『글로벌문화콘텐츠』 12호, 한국글로벌문화콘텐츠학회, 2013, 26∼40면 참조).

58) 김동철, 「근대 부산의 교통 발달과 기록—기차와 전차를 중심으로」, 『한국기록관리학회』 11-1,

2000년대 부산 여객 부두 전경[60]

그 어떤 도시보다 다양한 탈것으로 각광받는 도시였다. 또한 노면전
차는 과거 경성에서 운행된 바 있고, 친환경 에너지로 각광 받기 시
작하면서 창원, 수원, 울산, 제주 등지에서 미래의 교통수단으로 고
려되고 있는 실정이기도 하다.[59]

2011년 6월, 255~269면.

59) 「노면전차의 새로운 부활」, 『월간교통』, 한국교통연구원, 2014년 10월, 49면 참조.

60) 최해군, 「내사랑 부산바다·부산항 변천사」, 『(해양수도 건설을 위한) 내사랑 부산바다』, 부산광역시
시사편찬위원회, 2001, 28면.

경성의 노면전차(1968년 11월 30일 폐쇄)[61]

　부산에서도 이러한 노면전차의 필요성을 역설하는 주장이 제기된 바 있다. 노면전차가 환경오염을 줄일 수 있을 뿐만 아니라 보행자의 이동 권한을 우대하는 효과를 유발하고 사람들의 집중을 끌어낼 수 있다는 견해가 힘을 얻고 있는 추세이다.[62]

　샌프란시스코의 노면 전차는 몇 개의 주요한 지역을 지나가는데, 그 중에 차이나타운도 포함된다. 사실 샌프란시스코의 차이나타운은 다른 미국의 도시에 비해서도 상당히 광역의 공간을 차지한 타운이다. 1848년 초 차이나타운의 건설이 시작되었고, 최초에 '커어니가'

61) 「노면전차의 새로운 부활」, 『월간교통』, 한국교통연구원, 2014년 10월, 49면.

62) 이상국, 「노면전차, 도시재생에 활용 기대」, 『부산발전포럼』 137, 부산발전연구원, 2012, 57~58면 참조 ; 이상국, 「부산도시철도 건설의 패러다임 변화, 노면전차의 도입이 필요한가?」, 『철도저널』 18-4, 한국철도학회, 2015, 80~85면 참조.

와 '듀퐁가'에 몰려 있던 중국인 상점들이 점점 확장되기에 이르렀으며, 1880년에는 차이나타운이 현재의 중심인 12블록을 차지하게 되었다. 중국인 이민자들이 증가하면서 차이나타운은 매춘이나 도박 혹은 마약 등의 부정적 사회악을 창출하기도 했지만, 중국인 특유의 문화 보존과 세탁업과 요식업으로 점차 경제적 활동 구역으로 부상하기 시작했다.[63]

현재의 차이나타운 역시 과거의 문화유산의 보존과 함께 남아 있다. 그곳은 중국과 아시아의 특산품을 거래하는 골동품 상점이나 관광 상품점이 즐비하고, 중국 음식을 파는 식당들이 곳곳에 자리 잡고 있다. 전차를 타고 오거나 도보로 이동하는 관광객들은 이러한 거리의 풍취를 이해하고 그곳을 관광 대상으로 삼고 있다.

부산에도 차이나타운이 일찍부터 형성되어 있었다. 개항기에는 초량 골목에 '청국조계지'가 생성되면서 '청관(淸官) 거리'의 기원이 되었다. 청관 거리는 용두산 주위의 왜관 거리에 대응하는 명칭으로, 일제강점기에는 '시나마찌(支那町)'가 되기도 했고, 이후 미군 주둔 시점에서는 '텍사스거리', 최근에는 러시아인들을 비롯한 '외국인 쇼핑거리'가 되기도 했다.[64] 이처럼 이 지역은 아시아의 각 나라들이 특유의 문화적 영향력을 옮겨와 동거하는 특별한 구역으로 변모하였다.

---

63) 김남현, 「19세기 후반 샌프란시스코 차이나타운의 경제활동」, 『서양사학연구』 10, 한국서양문화사학회, 2004, 112~113면 참조.
64) 차이나타운의 기원과 역사에 대해서는 다음의 논문을 참조했다(조세현, 「해방 후 부산의 청관(淸館)거리와 화교들」, 『동북아 문화연구』 34, 동북아시아문화학회, 2013, 489~491면 참조).

청관 거리의 옛 풍경(김한근 제공)[65]   옛 백제병원(봉래각)의 현재 풍경[66]

65) 유승훈, 「부산 사람도 모르는 부산 생활사 (13) 차이나타운과 화교들」, 『국제신문』, 2014년 4월 29일, 23면, http://www.kookje.co.kr/news2011/

66) 론리플래닛매거진, 「부산의 남과 여」, 『채널예스(문화웹진)』, http://ch.yes24.com/

이러한 청관 거리 혹은 부산 차이나타운의 대표적인 건물은 중화요리점 봉래각(蓬萊閣)이었다. 현재에도 남아 있는 이 건물은 한때는 중화민국대사관으로 사용된 바 있으며, 청관거리 화교들의 심정적 중심이었다.[67] 하지만 현재의 이 건물은 역사적 가치만 인정되고 있을 따름이지, 과거 차이나타운의 상징으로서 문화역사적 위상을 되찾지 못하고 있다. 물론 부산 차이나타운을 찾는 이들의 중점적인 관광 대상이 되지 못하고 있다. 문화유산(heritage assets)으로서의 가치를 보존 받지 못하고, 관광콘텐츠로 개발되지 못한 상태이다.

문제는 비단 이 건물 하나에 국한되는 것은 아니다. 부산 차이나타운(현재는 '외국인거리')의 정체성을 보존하고 이를 시각적 감상 대상으로 묶어놓을 만한 콘텐츠가 부족하다는 점이 논란의 핵심이 되어야 할 것이다. 실제로 부산에 위치한 차이나타운은 전면적인 관광 지역으로는 상정하기 곤란한 상황이다. 음식점과 유흥업소가 밀집되어 있지만, 이 역시 좀처럼 일반인에게 개방되는 공간이라고는 할 수 없다.

더구나 부산의 차이나타운은 물론 샌프란시스코에 비해서는 매우 좁고 협소하며 그 역사도 상대적으로 짧은 편이다. 하지만 아시아 각국의 문화가 결합되고 보존될 수 있는 유망한 가능성을 지니고 있다는 점에서는 관광지로서 장점을 풍부하게 지니고 있기도 하다.

그럼에도 현재 '상해거리'(차이나타운의 공식 명칭)는 걷기에 편안하거나 관람에 유리한 공간으로 보기 어렵다. 지역 자체가 슬럼화

---

67) 조세현, 「해방 후 부산의 청관(淸館)거리와 화교들」, 『동북아 문화연구』 34, 동북아시아문화학회, 2013, 489~496면 참조.

현상을 보이는 점도 그러하지만, 그곳에서의 자유로운 활동이 불가능하고(그러니까 걸으면서 혹은 탈것을 타면서 관광하는 행위), 관광과 연관하여 실질적으로 제한 조건이 많이 가해지기 때문이다. 이를 보완하기 위한 방안이 마련되고 있지만,[68] 현재 시점에서는 차이나타운의 문화관광콘텐츠 가치는 그리 높지 않은 상황이다.

그 이유를 찾기 위해서, 샌프란시스코 차이나타운의 경우를 살펴보자. 표면적인 비교가 불가능할 정도 샌프란시스코의 차이나타운 광범위한 지역에 걸쳐 있고, 그곳을 운행하거나 지나는 교통편이 다양하다. 더구나 차이나타운이 가지고 있는 음습하고 비밀스러운 측면을 상당 부분 걷어내어, 관람객들이 걷고 방문하고 편하도록 설계되어 있다.

더구나 세계 각국의 차이나타운은 '고립된 섬'으로 남을 수도 있지만 다른 한편으로는 '인종적 집결지'로 기능하면서 대개 소수민족 고유의 정체성(identity)을 보존하고 강화하는 기능을 수행하기 마련이다. 하지만 부산의 차이나타운에서는 기대하기 어렵다고 해야 한다.[69]

다만 현재의 부산 차이나타운은 과거 청나라의 조계지 혹은 중국인 거주지의 역사와 기억으로부터 문화유산을 공급 받아 이를 바탕으로 관광지로 전환하려는 정책 움직임 속에서 인위적으로 개발되고 있는 실정이다. 차이나타운의 자발적인 행사로 진행되어야 할 축제도, 관련 시 당국이 지시하고 주도하는 형태로 시행되고 있어 이미 적지 않은 한계를 노출하고 있다. 구지영의 분류법으로 하면 '유

---

68) 부산차이나타운특구 문화축제는 대표적이다(정호균, 「2014-2015 부산차이나타운특구 문화축제 방문객의 정보원천 분석」, 『켄벤션연구』 44, 한국컨벤션학회, 2016, 83~88면 참조). 실제로 차이나타운 축제 역시 해당 지역의 화합과 공동의 이익을 끌어내지 못하는 실정이다(구지영, 「동아시아 해항도시의 이문화 공간 형성과 변용」, 『석당논집』 50, 동아대학교 석당학술원, 2011, 637~640면 참조).

69) 장세훈, 「'부산 속의 아시아', 부산 초량동 중화가의 사회생태학적 연구」, 『경제와사회』, 비판사회학회, 2009, 301~306면 참조.

래형'에서 '관광지형'으로 변모 중이라고 할 수 있는데, 지금으로서는 이러한 변모가 효율적이라고 판단할 근거가 충분하다고는 할 수 없다.[70]

구지영은 이러한 문제들이 차이나타운을 개발하거나 활용하려는 이들의 입장 차이에서 비롯된다고 분석하고 있다. 관광 진흥을 꿈꾸는 시 당국(관련 공무원), 중국인 축제를 수용하기 어려운 외국인 고용주들, 반면 소수민족으로서 자신의 역할을 준비하는 화교나, 이러한 개발을 구경하는 여타의 거주자들은 서로 다른 목표와 이득을 꿈꾸고 있다. 무엇보다 차이나타운을 개발하는 목적 중에 이 문화권에 대한 호기심 못지않게 삶의 터전으로서의 가능성도 고려되어야 한다. 부산 차이나타운에 살고 있는 거주자들의 편의와 욕망을 고려하지 않는 정책이 실시되고 있는 점도 시급히 교정되어야 하며, 관광 콘텐츠의 경우에도 해당 문화권에서 우러나오는 콘텐츠가 아니라 외부에서 간섭하는 콘텐츠라는 문제도 무시할 수 없다.

샌프란시스코처럼 자연스럽고 넉넉한 삶의 공간으로서 차이나타운이 아니라, 빡빡한 일정과 소극적인 목표 하에서 운신의 폭이 좁은 부산의 차이나타운은 비단 그 안의 거주자들에게만 이질적인 공간이 되는 것은 아니다. 부산의 차이나타운은 강제적인 방식으로 관광지로 탈바꿈되는 과정에 놓여 있기 때문에, 관광 요소로 고려되어야 할 고유의 문화유산을 현명하게 활용하고 있지 못하는 상태이다. 그러니 그 해결 방안을 찾아야 하는데, 그 방안을 찾기 위해서는 어쩌면 차이나타운의 정신적 가치뿐만 아니라 주변 인프라와 다수의

---

70) 구지영, 「동아시아 해항도시의 이문화 공간 형성과 변용」, 『석당논집』 50, 동아대학교 석당학술원, 2011, 625~629면 참조.

관심이 필요하다고 하겠다.

　현재 한국(부산)의 차이나타운 개발이나 새로운 조성 정책은 거주 민족의 필요에 의해 진행된다기보다는 도심 재개발이나 관광 명소 개발 혹은 도시 재구조화 등 한국인들의 필요와 요구에 의해 이루어지는 경우가 더욱 우세하다. 박규택은 이를 '관료와 엘리트 중심의 하향식 개발방식'이 적용되고 있다고 비판한 바 있다.'71) 그러니까 이민족, 소수민족으로서의 중국 민족을 존중하고 그들과의 공존을 위한 개발이나 타운 조성이 아니라는 뜻이다. 그로 인해 고유한 문화적 전통을 살리고 특유의 장소성이나 경관 창출 등이 근본적으로 제약을 받게 된다. 거주하는 이들 역시 이러한 정책과 사업에 방관자의 입장으로 임하기 때문에, 정책을 추진하는 측이나 정책을 따르는 측이나 심지어는 이러한 정책의 결과를 수용해야 하는 측(관광객이나 이용객) 모두에게 자발성과 독립성을 휘발시키는 결과를 가져오고 말았다.

　샌프란시스코의 차이나타운 역시 도심 한 가운데 위치하고 도심 재개발과 재구조화의 영향을 받지 않은 것은 아니지만, 시 당국의 지나친 간섭이나 인위적 조정을 넘어서는 고유한 삶과 문화적 특성을 보유하고 있다. 즉 그곳에 사는 이들의 터전이고 주거지이고 생활의 본거지이기 때문에, 그러한 의식주의 문화적 표출 자체가 관광자원이 될 수 있는 것이다. 게다가 부산의 차이나타운은 음식 문화의 거리로 전락하는 추세를 보인다. 삶과 생활의 공간이기보다는 단순 소비, 그것도 특정 손님을 위한 장소로 변모하는 경향을 보인다. 이것은 경관과 주체의 의미 있는 수행성을 일구어내지 못하고 있다.

---

71) 박규택 외, 「이질적 인식과 실천의 장으로서의 로컬, 부산 차이나타운」, 『한국사진지리학회지』 20-3, 한국사진지리학회, 2010, 87면 참조.

7. 결론

부산은 천혜의 관광 자원을 지니고 있는 도시이다. 아름다운 바다와 수려한 산세를 끼고 위치한 부산은 풍부한 문화유산도 아울러 지니고 있어, 개항장으로서의 역사적 배경과 한국 제 2의 도시라는 도시 규모 그리고 고유한 문화적 전통까지 갖춘 해항도시라 할 수 있다. 실제로 부산의 문화, 역사, 도시 경관 등에서 상당한 관광 콘텐츠를 찾아낼 수 있다는 것은 이미 널리 알려진 사실이다.

문제는 이러한 자연문화유산―그것도 바다를 활용한 해양 문화 콘텐츠―를 관광 콘텐츠로 개발하는 과정에서 나타나는 창의성과 효율성일 것이다. 부산의 광안대교는 2000년대에 들어서서 축조된 인공 구조물로, 기본적인 기능은 교통량의 분산과 편리화에 있다. 하지만 광안대교는 광안리와 해운대의 해안 풍경을 바꾸었고, 그것도 야경 자체를 획기적으로 변모시켰다. 이로 인해 부산의 밤바다와 그 인근 풍경은 광안대교와의 경관(적) 조화를 꾀해야 하는 부수적인 임무를 부여받게 된다. 물론 광안대교 자체도 관광 대상으로 조율되어야 할 필요를 간직하고 있다.

문제는 광안대교의 적극적인 감상 방식이 개발되지 않은 점에서 찾을 수 있다. 이를 위해 샌프란시스코의 상징물 골든게이트브릿지와의 비교를 주요하게 참조할 수 있겠다. 골든게이트브릿지는 오래된 역사를 지니고 있고 그에 따른 문화적 배경을 갖춘 보기 드문 관광 명소이지만, 사실 이러한 관광 명소로의 개발은 다양한 관람 방식과 문화적 배경을 덧입히고 개발하는 다층적 모색을 통해서 가능할 수 있었다. 광안대교 역시 이러한 문화콘텐츠의 개발을 통해 보다 의미 있는 관광 대상으로서의 변모를 꾀해야 한다는 시사점을 확보할 수 있다.

그 다음으로 피어와 터미널을 고려할 수 있다. 해항도시는 기본적으로 피어와 터미널을 갖추지 않을 수 없다. 이것은 전 세계적인 공통점일 것이다. 부산 역시 예외가 아니며, 광안리나 해운대 등의 해안가에는 배를 타고 내리는 지점이 마련되어 있고, 부산역 인근에는 부산여객터미널이 이미 상당한 규모로 자리 잡고 있다.

하지만 피어와 터미널의 기능이 문화관광콘텐츠 의미를 적극적으로 담보하지 못하는 점은 명백한 한계가 아닐까 싶다. 부산이 항구로서의 기능을 고집할 수 없는 시점에서의 피어는 배의 접안처를 벗어나 확대된 기능을 수행하지 않으면 안 되는 상황이다. 어촌으로서의 기능이 제약을 받고 있으며, 이를 통해 부산의 문화관광 자원이 될 가능성은 줄어들었기 때문이다. 터미널 역시 비단 교통로만의 기능을 담당한다면, 더 많은 가능성을 스스로 차단하는 결과를 불러올 것이다. 이러한 폐단을 교정하기 위해서는 피어의 다양한 쓰임새와 성공 사례를 참조할 필요가 있고, 터미널의 역사성과 이용 가능성을 개발하고 증대시킬 방안을 궁리해야 할 것이다. 샌프란시스코의 피어 39와 페리 빌딩은 유효한 참조사항이 될 것이다.

이러한 샌프란시스코와의 비교에서 두드러지는 점은 아직은 역사성과 문화적 배경을 고려하는 일에 부산시와 시민들이 익숙하지 않다는 것이다. 이것은 사회적 통념에서 기반을 둔 인식적 공유를 곤란하게 만들기 때문에, 전반적인 문화 관광 콘텐츠의 개발을 지연시키는 심각한 걸림돌이 된다. 비록 자연적인 시설에 몰려드는 인파로도 부산의 관광 사업은 이미 상당한 성세를 누리고 있는 것이 사실이지만, 문화적 콘텐츠를 개발하여 새로운 관광 자원으로 만든다면 방문 가치는 더욱 증대될 것이기 때문에, 이러한 선행 모델을 염두에 둘 필요가 있다.

부산의 문화관광콘텐츠 중에서 또 하나 취약한 지점은 도시 계획에서 찾을 수 있다. 부산의 도시 계획은 전면적인 기획이나 조율 성과를 적극적으로 동반한 상태에서 수행되지 못하고 있다. 부분적으로 설립되는 건축 계획과 교통 상황을 반영하고 이를 임시적으로 수용하는 파편화된 정책에 의존하고 있기 때문이다. 더구나 규제와 원칙이 흔들리거나 지나치게 자주 변경되는 오류도 빈번하게 발생하고 있고, 특혜 의혹을 둘러싼 집중 개발 역시 버젓이 자행되고 있다. 게다가 부산의 동부 지역만을 집중적으로 개발한다거나(지역 개발 불균형), 교통 체제의 개선에 소극적이거나, 차이나타운 등의 특수 이문화 지역권에 대한 개발에서 하향식 개발을 지향한다거나 하는 실책(들)은 총체적인 계획의 부실로 이어지곤 했다.

이러한 측면에서 샌프란시스코 시 당국이 보여주는 노력은 참조할 필요가 있다. 그들은 도시 개발로 인한 도심의 변화나, 차이나타운의 위상에 대해 자율적인 방법과 전체적인 방법을 고루 동원하여 이를 보완하거나 수정 대체하며 결과적으로 난개발의 피해에 대항하고 있다. 즉 도시의 생태학적 공간을 자율적으로 운영할 수 있도록 유도하면서도, 필요한 경우에는 개입하여 이를 교정할 수 있는 준비도 동시에 감행하는 것이다. 교통 편의를 고려하면서도 관광 자원을 남기고 있다. 이러한 노력은 삶의 공간으로서의 도시와 개인(민족)의 개성을 고수하면서도, 보다 나은 경관과 문화 콘텐츠를 형성하고자 하는 도시 전체의 수호의지를 피력하는 셈이다.

흥미로운 점은 관광객을 위한 배려도 있지만, 거주자와 도시민들을 위한 행정 편의도 결코 간과하지 않는다는 점이다. 도시는 관광객의 것이기도 하지만, 기본적으로는 현실에서 삶과 문화를 영위하는 도시민의 것이어야 하기 때문이다. 부산의 정책과 문화관광콘텐츠의 개발 과정에서 종종 이러한 기본적 사실이 무시되곤 한다. '보여주기' 행정 혹은 지나친 상업적 이익 추구 내지는 거주민들에 대한 불평등한 간섭이나 통제가 시행되면서, 부산의 문화관광콘텐츠는 제 역할을 온전하게 수행하고 있지 못하다. 이 점에 대한 보다 심화된 지적이 지속적으로 행해져야 할 것이며, 아울러 이를 수정 보완할 수 있는 대안과 방책 제시도 이루어져야 할 것이다.

제 2 부

영화의 미학

5. 시나리오의 원형
– 시나리오 형식의 변모 과정

1. 시나리오의 과거 형태

한국에서 처음 집필된 시나리오는 어떤 형태였을까. 현재의 시나리오처럼 장면(scene) 번호가 매겨지고, 장면 표기 기호(#)를 갖춘 상태에서, 카메라의 움직임과 화면 효과에 대한 약호가 부가된 형태였을까. 아니면 지금과는 다른, 그 시대만의 시나리오 형식을 구가하고 있었을까.

더욱 궁금한 것은 당시 사람들은 시나리오를 어떤 텍스트로 이해했을까하는 점이다. 1960년대 한국 영화의 전성기라는 '제 1차 르네상스 시기'에도 한국 문단은 시나리오를 정식 문학의 한 갈래로 인정하기를 꺼려했다. 그 당시 학계를 비롯한 문단은 희곡마저 문학의 한 갈래 인정하는 데에 인색했으며, 시나리오는 영화를 만들기 위한 부수적인 자료 정도로 취급하였다. 당연히 문학으로서의 작품성을 간과할 수밖에 없었다.

하지만 북한의 경우만 살펴보아도, 시나리오는 '영화문학'이라는 호칭으로 불리며, 그 자체로 문학의 중요한 장르로 대우 받고 있다. 북한에서 기술된 문학사에는 극 장르와 영화문학이 세부 장르로 수용되어 있고, 그 발달사가 초창기부터 정확하게 기록되어 있다. 평양에서 출간한 『조선문학사』(평양:사회과학출판사)에는 시나리오의 역사와 흐름이 명시되어 있다. 북한에서는 일찍부터 시나리오를 영화 제작을 위한 부수적인 도구가 아니라, 영화의 미적 완성도와 작가의 전언ー비록 그러한 전언이 교조적이고 정책 옹호적인 한계는 내재하지만ー을 완성하는 최종 단계의 예술 작품으로 대우하고 있었다.

조선에서 시나리오가 신문에 활자화되면서, 독자들이 시나리오를 신문 연재 독서물로 접한 시점은 1926년 11월 9일이다. 1926년 11월 9일부터 12월 16일까지 『동아일보』에 심훈의 <탈춤>(무성영화 시나리오)이 수록되었다. 1925년 소원(김춘광) 작 <효녀 심청전>이 발굴되기 전까지 <탈춤>은 현존 최고의 시나리오로 취급되었고, 지금도 신문 매체를 통해 공개된 최초의 시나리오로 남아 있다. 이 시나리오를 효시로, '영화소설'이라는 이전에 존재하지 않았던 문학 형식이 문단에 나타나게 되었다.

조선의 영화계에 시나리오가 현재의 모습으로 등장하기 시작한 시점은 1930년대 중반이다. 많은 관련 학자들은 1930년대 이전에 시나리오의 원형이 존재하고 있었다는 사실을 인정하면서도, 현재 통용되고 있는 시나리오 형식의 1차 완성은 1930년대 중반 발성영화가 개발되고 난 이후로 잠정 규정하고 있다.

그렇다면 1920년대의 시나리오는 어떠한 형태였을까. 1926년 나운규의 <아리랑>이 성공을 거두면서, 각 지면에서는 시나리오에 대한 관심이 증가하였고, 시나리오 계열의 작품들이 실리기 시작했다. 이때 수록된 시나리오(원형)의 명칭은 '영화소설', '검열대본', '촬영대본', '영화각본', 그리고 '시나리오' 등이며, 이밖에도 변형된 명칭이 적지 않게 출몰했다. 이러한 작품들은 소설과 시나리오의 중간쯤되는 형식으로 존재하고 있었다.

당시 유행했던 대중잡지『삼천리』에는 흥미로운 시나리오가 다수수록되어 있다.『삼천리』는 1929년 6월 12일 첫 호를 발간한 이래 1942년 1월 1일 통권 14권 1호를 낼 때까지 총 87호를 발행한 잡지로, 식민지 시대 조선에서 가장 오랫동안 발행된 잡지이다. 더구나『삼천리』는 1930년대를 관통하며 1940년대까지 장수한 잡지이며, 대중과 지식인의 관심과 사랑을 한꺼번에 받은 잡지이기도 하다.『삼천리』에는 다양한 종류의 글들이 실려 있는데, 이 중에는 시나리오류의 글도 포함되어 있다.

여기서는『삼천리』에 실려 있는 시나리오의 초기 형태를 살펴보고, 시나리오 형식의 변모 양상을 살펴보도록 하자. 현재 통용되고 있는 시나리오 형식이 어떠한 과정을 거쳐 정착되었는가를 살펴보면, 시나리오 형식에 대한 이해 역시 그만큼 확대될 것이기 때문이다.

우선,『삼천리』에 수록된 시나리오의 목록을 정리하면 다음과 같다.

일련 번호	발표 시기	작자	제목(기사 제목)
1	1931년 11월 1일 (『삼천리』 3권 11호)	이경원	<가을의 감정, 신부의 명랑성>
2	1932년 7월 1일 (『삼천리』 4권 7호)	나운규	<개화당>
3	1933년 9월 1일 (『삼천리』 5권 9호)	나운규	<지상영화 종로>
4	1937년 1월 1일 (『삼천리』 9권 1호)	글의 작자 표기는 명확하지 않지만, 정황상 나운규로 판단됨	<신작영화 오몽녀>
5	1938년 5월 1일 (『삼천리』 10권 5호)	이광수 원작/ 박기채 각색	<토-키・씨나리오, 무정>
6	1938년 11월 1일 (『삼천리』 10권 11호)	-	<望鄕 PE`PE LE MOKO>
7	1938년 11월 1일 (『삼천리』 10권 11호)	지면에는 표기되어 있지 않지만, 작가는 이규환으로 판단됨	<새출발>
8	1938년 11월 1일 (『삼천리』 10권 11호)	-	<무도회의 수첩>
9	1938년 11월 1일 (『삼천리』 10권 11호)	大阪每日新聞社 제작	<聖戰>
10	1939년 6월 1일 (『삼천리』 11권 7호)	정비석 원작/ 이익 각색	<씨나리오 성황당>

위의 작품 중에는 아직까지 시나리오인지, 아니면 다른 작품의 감상문인지조차 분명하게 구분할 수 없는 작품들이 포함되어 있다. 가령 1 <가을의 감정, 신부의 명랑성>은 창작 시나리오로 보기에 의심스러운 점이 다분하며, 수록된 작품의 형해를 고려할 때 외국 영화의 씬을 임의로 재구성한 각색 시나리오로 여겨지기도 한다. 현재로서는 원작을 확인하지 못하고 있지만, 원작이 확인되면 독창적인 창작물이 아닌 기록된(혹은 변형된) 서사체로 간주될 가능성도 상당하다.

마찬가지로 6~9의 작품들은 외국 작품의 영화 감상문에 가깝다.

그럼에도 일단은 시나리오 형식에 포함시켜 살펴볼 필요가 있다. 형식적 정리가 이루어지지 않은 1930년대 시점에서는, 감상문도 창작 시나리오의 형식과 혼합되는 양상을 보이기 때문이다.

2. 〈가을의 감정, 신부의 명랑성〉에 반영된 초창기 시나리오의 특성

이경원의 〈가을의 감정, 신부의 명랑성〉은 초창기 시나리오의 특성을 일정 부분만 담보한 작품이다. 일단 이 작품에는 씬(scene) 표시가 별도로 표기되어 있지 않고, 지문과 대사의 구별도 명확하지 않다. 이것은 그때까지만 해도 본격적인 발성영화가 나타나지 않았기 때문에, 무성영화의 형식을 기준으로 시나리오를 구상했기 때문이다.

하지만 씬 넘버가 없고 씬 표기(S 혹은 #)가 없다고 해도, 단락을 나누어서 하나의 씬과 다른 씬을 구별할 수는 있다. 예를 들어 이 작품의 오프닝 씬(opening scene)을 보면, 오프닝 씬과 그 다음 씬을 다음 같이 구성·연결하고 있다.

> 항구(港口)의 애수(哀愁)
> − 마듸 길게 늣겨 우는
>   가을 바요링의
>   구슯흔 우름소리
>   나의 넉을
>   찌르누나 찌르누나(벨레엔)
> − 그런 구슯흔 싀를 읇흐시면 제의 마음이 아프고 저려요. −
>   마치 노스탈자에 우는 마드로스의 마음과 가티 아프고 저
>   려요.

- 오리알빗 가튼 마스트 굵은 연돌 흰 갑판 육중한 긔선이 모-든 것이 오늘은 웨 이리도 애닯게만 보이나. 오늘의 출범이 마치 마즈막 리별가티도 생각되는구료.
- 울지마서요. 울지마세요. 아- 그 눈 그 눈물이 항상 제의 간장을 녹이는 것얘요.
- 이 항구에 바람이 과해서 눈물이 나나부외다.
- 제발 눈물 좀 그만 흘리세요. 수건으로 고이고이 씨서 드릴게. 저는 웃는담니다. 보세요. 순이는 이러케 웃슴니다. 웃슴니다.
- 아! 출범의 긔적소리 들니는구료. 자 그럼…
- 부대 안녕히 단여오세요. 이 가을이 지나면 겨울을 기다리지요. 겨울이 오면 봄은 멀지 안 켓지요. 손꼽아 손꼽아 기다리리다.
- 약한 몸 주의하고 배ㅅ속의 어린 것 잘 길너주시오.
- 얼는 배에 오르세요. 배의 그림자 보이지 안을 때까지 흰 갈매기 검어질 때까지 나는 여긔서 수건 흔드리다. 바다 바라보며 수건 흔드리다. 수평선 멀니 꿈을 날니리다.[72]

(강조: 인용자)

오프닝 씬은 '(#)항구의 애수'라는 표제를 달고 있다. 이것은 현대 시나리오에서 각 씬의 소제목에 해당한다. 소제목은 주로 공간적 배경이나 시간적 배경, 혹은 주요 소재나 인물의 동향 내지는 내용 요약을 담고 있다. 이 경우에는 공간적 배경으로 '항구'를 지칭하고 있고, 내용 요약에 해당하는 '애수'의 정조를 지시하고 있다.

오프닝 씬은 주로 인물 간의 대화로 이루어져 있다(시 낭송 포함). 당시 영화가 무성영화인 점을 감안하면, 이러한 구성이 당시 영화 매체의 특성을 적극적으로 고려한 형식이라고는 할 수 없다. 오히려 희곡이나 소설의 대화 장면을 닮았다고 할 수 있다. 따라서 이 작품

---

72) 이경원, <가을의 감정, 신부의 명랑성>, 『삼천리』 3권 11호, 1931년 11월 1일, 113면.

은 영화 매체의 특성을 적극적으로 반영한 시나리오의 완성형이라고는 볼 수 없다.

하지만 두 사람의 대화를 통해 극적 상황을 이해(표현)할 수 있으며, 그러한 이해를 바탕으로 영화 촬영을 기획(준비)할 수 있다. 또한 읽는 묘미를 부각시킨 고의적인 기술 방법으로 이해할 여지도 있다. 그래서 이 작품에서 대화는 독자들에게 '이별 상황'에 대한 상상을 불어넣을 수 있고, 이러한 '이별 상황'을 촬영 현장에서 재구성하면 영화 촬영과 연관 지을 수 있다.

오프닝 씬은 '베를렌느'의 시를 읊는 남자('벨레엔'으로 지칭)와 '순이'라는 여인의 이별 장면이다. 마도로스(외항선 선원) 벨레엔은 석별의 슬픔을 아쉬워하며 율격 있는 대사(시 낭송 포함)를 구사하고 있고, 순이는 애써 웃음을 지어 보이며 떠나는 남자의 마음을 가볍게 해주려고 노력하고 있다. 두 사람의 모습은 '항구에서의 이별'이라는 안타까운 감정(애수)을 한껏 북돋우고 있다.

영상 이미지로 이 장면을 바꿀 경우, 이 작품에서 필요한 정보들을 제법 추출할 수 있다. 첫째, 인물의 신분이 그것이다. 벨레엔은 외항선 선원이며, 순이는 한국 처녀로 보인다. 둘째, 두 인물의 관계이다. 두 사람은 서로 사랑하는 사이이고, 순이는 임신 중이다. 셋째, 두 인물의 심리 상태이다. 두 사람은 이번 출항을 마지막 이별처럼 여기고 있다. 이것은 앞으로 일어날 사건을 암시하는 기능을 수행할 수 있다.

다음 씬((#) 부두의 표정)에는 자살 충동에 휩싸인 여인이 등장하는데, 오프닝 씬의 내용과 상세하게 연계되지는 않았지만, 이러한 자살 충동의 원인은 남자와의 이별에서 기인한 것으로 여겨진다. 이 작품의 두 번째 씬은 고의적으로 그 내용을 비약하고 있다. 따라서 관객(혹은 독자)은 그 관련성을 막연하게 추정한 상태로 관람(독서)에 임해야 한다.

부두(埠頭)의 표정(表情)

안개 속에 어리운 항구(밤-이하 전부 밤)

안개 속에 어리운 가등(街燈).

바람에 흔들니는 나무닙.

안개 자옥한 부두.

검어칙칙한 육중한 선체(船體).

연돌(煙突)과 마스트의 입체(立體).

부두에 갓가운 창고지대.

안개에 흐린 창고와 창고 사이에서 산발한 한 사람의 여인 허둥허둥 뛰여나온다.

수척한 여인의 얼골.(이동. 대사(大寫))

부두로 달녀가는 여인. 옷자락 휘주하고 머리카락 나붓기다.

바람부는 밤 황야.

웃둑 선 여인의 상반신.

(캐메라 서서히 여인의 몸을 아래로 나려훌트니) 여인의 발 밋흔 바로 부두 석벽(石壁) 낭떠러지다.

놉히 치어다 보이는 부두 석벽. 그 우에 섯는 여인의 자태 까맛게 치어다 보이다.

검은 바다.

여인 두 손을 처드다.

(캐메라 접근)

두 손에는 피 흔적이 임리(淋漓)*하다.

여인의 새삼스럽게 놀나는 표정.

(캐메라 후퇴)

여인 두 손을 힘업시 떠러트리고 절망한 듯 눈을 감다.

뱅도는 물의 둥근 파문.

파문 속에 윤곽이 흐리고 분명치 못한 형태만의 얼골이 나타낫다 꺼지다. 다른 얼골이 나타낫다 꺼지고 또 다른 얼골이 나타낫다 꺼지다.

눈을 감엇든 여인 별안간 정신이 앗질하야지며 꼿꼿이 섯든
그의 자세가 압흐로 휘여지다.
(화폭 안에 그득히)
여인을 삼킨 검은 바다 비매(飛沫)**를 날넛다가 다시 늠실하
야지다.
고래의 늠실한 긔세.
안개 자옥한 부두 다시 적막하다.
검어칙칙한 육중한 선체.
안개 깁흔 항구.73) (밑줄: 인용자)

   * 임리(淋漓) : 방울져 떨어져서 스며드는 형상을 표현하기
                    위해서 조합된 한자어로 추정
   ** 비매(飛沫) : 포말(泡沫)의 오기로 추정

   두 번째 씬에 해당하는 '(#)부두의 표정'에는 장면 배경에 대한 정
보가 담겨 있다. '안개 속에 어리운 항구'라는 시간적·공간적 배경
이 다시 설정되고 있고, 화면의 미장센도 상세하게 묘사되어 있다.
안개 속에 가등이 서 있고, 바람에 흔들리는 나뭇잎도 포착된다. '안
개'라는 주변 환경도 물론 제시되고 있다.
   더 주목되는 것은 두 번째 씬에서 카메라의 움직임에 대한 지시문
이 나타나고 있다는 점이다. 인용된 대목에서는 카메라의 이동이 구
체적으로 지시되고 있다. 공간적 배경을 제시하고 난 이후, 카메라
는 항구에 정박한 배를 포착한다. 굴뚝과 마스트를 지나, 카메라가
부두에 가까운 창고 지대로 향하면, 그곳에서 여인이 뛰어나온다.
여인이 카메라에 포착되기 전까지, 이 씬은 여인이 위치한 공간을
소개하는 것에 주력하고 있다. 그러니까, 여기까지는 설정화면에 해

---

73) 이경원, <가을의 감정, 신부의 명랑성>, 『삼천리』 3권 11호, 1931년 11월 1일, 113~114면.

당한다.

설정화면(establishing shot)이란, 시퀀스의 시작 부분에서 향후 진행될 이야기를 위해 장소나 무대, 또는 극적인 분위기를 예시해 주는 화면으로 대개 원사(long shot)로 나타난다. 쉽게 말하자면, 설정화면은 스토리나 배경을 쉽게 인지할 수 있도록 돕는 씬이다. 대개 넓은 각도로 공간적 배경을 포착하여 영화의 전체적인 윤곽을 그려내는 방식으로 제시된다.

단순히 공간적 배경만을 지칭하는 것이 아니라, 서사적 측면을 요약적으로 보여주는 쇼트도 있다. 스테판 샤프는 설정 화면이 대체로 "주어진 상황 전체를 객관적이고 안정된 넓은 시야로 포착하는 모화면으로 시작"한다고 말하면서, 이러한 시작법을 '모화면 촬영(Master Shot Discipline)'이라고 정의한 바 있다.

여인이 본격적으로 카메라에 노출되는 순간, 이 작품은 카메라 촬영 방식을 클로즈 업(大寫)으로 바꾼다. 여인의 모습은 상세하게 카메라에 포착되어야 한다. 옷자락과 머리칼을 휘날리며 그녀는 급하게 뛰어가다, '우뚝 서'게 된다. 그러면 멈춰 선 그녀의 상반신이 먼저 포착되고, 점차 카메라가 그녀를 '아래로 내리 훑으면서'(틸팅하면서) 그녀가 위치한 곳을 보여준다. 그녀가 위치한 곳은 '부두 석벽 낭떠러지' 위이다. 카메라는 멀리서 그녀를 보여주다가, 점차 근접하여 그녀의 행색을 보여주기 시작한다. 두 손에는 피의 흔적이 묻어 있고, 얼굴에는 놀란 표정이 가득하다.

카메라는 그녀의 행색을 자세하게 포착한 이후에는 다시 물러나며(후퇴), 그녀뿐만 아니라 그녀 주변의 상황을 담아내기 시작한다. 우선 눈을 감고 있는 그녀의 모습이 포착된다. 가까이 근접했을 때에는 나타나지 않았던 변화였다. 이후 카메라의 시점이 눈을 감은 자의 시야로 대체되면서, 화면에는 '물의 둥근 파문'이 일어난다. 이러한 효과는 카메라가 눈을 감는 행위에 동화된 결과이다. 눈을 감는 동작에 따라 나타난 파문이 번지면서, 그곳에서 '윤곽이 흐리고 분명치 못한 형태만의 얼굴'이 떠오른다. 이 얼굴을 포착하는 것은, 카메라가 눈을 감은 여인의 내부 시각인 시점 쇼트(Point of view shot)로 변화했기 때문이다.

시점 쇼트란, 사건에 참여하고 있는 사람의 눈에 보이는 주관적인 시점을 가리킨다. 이로 인해 영화(여기서는 시나리오)에서 관객과 인물의 거리가 좁혀지고, 관람자(독서자)가 사건에 참여하는 느낌이 심화된다. 독자(관객)들이 눈을 감은 여인의 어둠 속에 떠오르는 이미지를, 카메라의 힘으로 바라볼 수 있게 된 것이다. 그 얼굴의 주인공은, '헤어진 남자'일 것이다. 두 번째 장면에서 등장한 여인이 오프닝 씬의 '순이'라면, 그녀가 떠올리는 얼굴의 주인공은 '벨레엔'일 것이다.

하지만 화면의 이미지만으로는 그 얼굴의 주인공을 명확하게 확인할 수 없다. 이것은 여인의 절망적인 상황을 배가시키고, 급기야는 여인으로 하여금 투신자살 하도록 종용한다. 이 작품은 그녀가 투신하는 모습을 '그(녀)의 자세가 압흐로 휘여지다'라는 표현으로 묘사하고 있다. 그리고 그 모습을 '화면 안에 그득히' 담으라고 지시하고 있다(Frame In/full shot). 그녀의 투신 모습을 화면 내에 어떻게 포착할 것인가를 구체적으로 지시하여, 인상적인 장면 처리 효과를 제시한 것이다.

그리고 카메라는 아무 일도 없다는 듯이, 바다의 포말을 포착하고, 그 포말 위로 지나가는 고래를 포착하며, 이후 순차적으로 설정 화면의 풍경으로 회귀한다. 부두와 선체가 있는 '안개 깊은 부두'의 풍경인 셈이다.

위의 인용문에서 카메라는 구체적으로 그 역할을 지시받고 있다. '설정화면 → 인물 포착 → 클로즈-업을 통한 세부 묘사 → 틸팅(tilting)을 통한 주변 환경 포착 → 카메라의 전진과 후퇴 → 인물 시각으로 전환하여 관념 속 풍경 제시(시점쇼트) → 멀리서 투신 장면 제시 → 투신 장면의 인상적 처리(Frame In) → 설정화면' 등으로 이어지는 일련의 효과는, 카메라가 어떻게 하면 여주인공과 그 주변 상황 그리고 그녀의 내면 풍경을 보여줄 수 있을 지에 대한 작가의 구상과 고민을 담고 있다.

더구나 이 장면에서는 대화가 일체 배제되어 있다. 대화 없이 여인이 처한 상황을 암시하고자 했고, 구체적 설명을 배제하고 그녀의 행동을 하나의 이미지로 처리하고자 했다. 관객들이 이 씬에서 일련의 쇼트들을 엮어 '부두에서 벌어진 사건'을 짐작할 수 있도록 기술하고자 했다. 설명이나 대화에 의한 묘사가 아니라, 시각적 효과와 카메라 기법으로만 한 씬을 처리하고자 한 점이 특이하다. 또한 카메라의 움직임을 지시하는 과정에서 시나리오만의 특성이 살아난 점도 특기할만하다. 마지막으로, '교폐(絞閉)'라는 촬영기술 관련 용어도 첨부하고 있다.[74]

이 작품은 내용 면에서 애매한 구석이 적지 않다. 첫 번째 장면이 '항구의 애수'였고, 두 번째 장면이 '부두의 표정'이었다면, 세 번째 장면은 '월광(月光)의 성격(性格)'이고, 네 번째 장면이 '독방(獨房)의 비극'이며, 마지막 장면이 '신부의 명랑성'이다.

---

74) '교폐(絞閉)'라는 용어는 한국 현존 최초의 시나리오로 간주되고 있는 <효녀 심청전>에서도 사용된 바 있다(김종욱 소장, 《효녀 심청전》, 김수남, 「현존 최고의 시나리오 <효녀 심청전> 작법 고찰」, 『영화연구』 18, 한국영화학회, 2002, 84면에서 재인용).

월광(月光)의 성격(性格)

달밤의 정원.

풀숲과 나무와 련못의에 찬 월광이 찬연히 쏘다진다. 물을 한 거번에 급히 마시면 목이 메여서 늦기듯이 정원의 모든 것이 너무도 풍요한 월광에 목이 메서 늦기고 잇는 듯.

벤취에 안즌 청년은 오래 동안의 명상과 고민에 자세가 매우 어지럽다.

멀니서 '바라라이카'*의 애조(哀調)가 흘너온다. 그 주인공은 마치 표박(漂泊)하는 망명객이려니 짐작되는 간장을 찌르는 애닯흔 애조(哀調)가 면면히 흘너온다.

이 역시 월광에 목이 메여선지 학실히 늣겨우는 듯한- 마듸마듸 아질아질한 애조(哀調).

청년은 돌연 벤취를 니러섯다. 안광이 결의에 빗난다. 달을 치어다 보는 청년의 손에는 어느결엔지 한 자루의 '쁘로닝'**이 쥐여젓다. 청년은 처연한 무기를 들어 그의 엽니마를 견우엇다.

다음 순간 총성과 함께 청년의 몸은 창랑(蹌踉)히 풀밧헤 쓰러젓다.

차듸찬 월광이- 죄만흔 월광이 찬란히 시체 우에 쏘다질 뿐.

바람에 불닌 낙엽 한 닙 외롭게 날어와서 청년의 피 흘닌 니마를 덥는다.

독방(獨房)의 비극(悲劇)

- 사랑하는 안해여! 나의 가는 길은 패배의 길이 아니외다. 나의 뒤를 닛는 수만흔 동지가 나날이 늘어감을 볼 때에 안심하고 나는 이 길을 것겟나이다. 나 한사람의 패배가 나의 속한 계급의 패배는 아니외다. 이 마즈막 편지를 그대는 그다지 놀내지 말기를 바라며-

이런 혈서를 써도 차하해 내보낼 옷 솜갈피 속에 너흔 것은 어제밤이엿다.

또한 날을 지나고 오늘밤에 니르니 그의 마음은 더욱 어두운 구렁으로 빠저갓다. 결국 그는 오늘밤으로 작정하얏다.

놉흔 창으로 달빗이 빗겨나렷다. 달빗은 어두운 감방을 건너 건너편 벽에까지 냉정한 직선을 거엇다.

창으로 내다보이는 언덕 우 나무닙새의 표정과 그 언덕을 지나는 녀인네들의 복색으로 가을을 짐작하는 그는 밤에는 창에 빗기는 차듸찬 달빗으로 깁허 가는 가을을 늣겟다· 그리고 이 달빗과 언덕 우의 세상이 실로 그를 요사이의 정신 상태에 니르게 하얏다. 시절의 마술이 그의 신경을 가리가리 끈허노코 그의 정서를 포지 포기 찌저버렷든 것이다.

달빗을 피하야 어두운 구석에 웅크리고 안젓든 그는 엉금엉금 기어서 달빗 잇는 곳으로 갓다. 차입하야 들여온 책갈피에서 그는 형색 업는 그 무엇을 집어내서 달빗에 비춰엇다. 그것은 한 오리의 머리카락이엿다. 동시에 그것은 감방 속의 그의 안해엿든 것이다. 이 한 오리의 머리카락으로 그는 오래동안 안해를 생각하고 밧세상을 그리워 하야 왓든 것이다.

달빗에 저즌 머리카락을 그는 입에 너코 먹어버렷다. 이것이 이 세상에 잇서 그의 그가 안해에게 보내는 마즈막의 안타까운 사랑이엿든 것이다.

다음에 그는 달빗을 정면으로 향하얏다. 실눅실눅 찌그러지는 그의 얼골은 웃는 듯도 하고 우는 듯도 하얏스나 우슴소리도 우름소리도 흐르지는 안엇다. 그는 확실히 달빗을 향하야 짓고 잇는 것이다. 그러나 그 짓는 소리는 입밧게 새여나오지는 안엇다· 그의 입은 임의 우슴소리를 닛고 우름소리를 닛고 말을 니저버렷든 것이다.

이 짓는 표정을 오분 십분 이십분 실로 반시간 동안이나 하얏다.

거의 반시간이 지낫슬 무렵에 그의 여윈 몸은 그 자리에 그대로 힘 업시 쓰러저버렷다.

사그러저 폭 주저안즌 재덩어리가티 지극히 고요한 자태엿다.

무감정한 달빗은 여전히 싸늘하게 그의 얼골을 비춰엇다.

이웃방 동지의 꿈자리가 뒤숭숭하얏스리라.

혀를 깨문 자살자의 입에서는 한줄기의 선지피가 넘쳐흘넛다.

엇전지 가을의 감정은 이러한 것 갓다.

그의 표정은 메랑코릭하고 그의 성격은 음산하다.

이 깨끗한 니히리스트는 그 니히리스틱한 감정으로 인간생활까지 율(律)하랴고 드는듯 하다. 그의 감상적 눈초리를 바들 때 애수가 생기고 그의 음산한 성격에 부드칠 때 비극이 탄생된다.

그러나 괴상한 것은 이 니히리스트가 그의 니히리즘의 반면에 그것과는 무릇 멀고 먼 명랑성을 가지고 잇슴이다.

우리는 그에게 이 명랑성을 캐여내야 하고 흡수하여야 하고 그것을 또한 양기(揚棄)하여야할 것이다.

가을의 명랑성. 가량-

신부(新婦)의 명랑성(明朗性)

종루(鍾樓)에 종이 울니다.

해빗 흐르는 마을.

마을 길로 달니는 부녀들.

울니는 종.

결혼식장.

결혼행진곡의 악보와 울니는 피아노의 건반(2중 燒)

주례(主禮) 압흐로 거러가는 신부.(2중)

나란히 선 신랑과 신부.

신랑 신부의 손에 반지를 끼어주엇다.

신부는 엄숙한 표정을 버리고 양괴로운 표정으로 신랑을 처다본다.

신부의 얼골.(대사(大寫))

신랑을 처다보든 신부 돌연히 명랑하게 웃는다. 신랑도 가티 웃는다.

이것은 확실히 예규(例規)를 버서난 일이기 때문에.

주례의 의아하는 얼골.

그러나 그 의아하든 얼골에도 차차 우슴이 떠돌앗다. 나중에는 크게 웃는다.

군중 역시 따라서 웃는다. 웃는다.

명랑히 웃는 신부.(교폐(絞閉))

* 바라라이카(Balalaika) : 러시아, 중동, 북아프리카에서 사용되는 현악기의 일종, 류트(lutes).
** 쁘로닝 : 단신연발총(單身連發銃), 이 총을 만든 벨기에의 제작사 이름.

'항구의 애수'에서는 남녀의 이별이 나타났고, '부두의 표정'에서는 여인의 자살이 제시되었다. 그렇지만 이 과정에서 자살한 여자가 '항구의 애수'에서 남자를 떠나보낸 '순이'라고 확정할 수는 없다. 이 작품에서 자살한 여자의 신분이 모호하게 처리되었기 때문이다.

세 번째 장면(#월광의 성격)에서도 월광이 찬연한 정원에서 자살하는 청년이 등장한다. 정황으로 판단하건대, 그 청년은 첫 번째 장면에서 순이와 이별했던 마도로스(벨레엔)일 가능성을 전면 배제할 수는 없다. 하지만 이 청년을 벨레엔이라고 확정할 근거까지는 발견할 수 없었으며, 마찬가지로 청년의 자살 이유도 구체적으로 제시되지 않았다.

네 번째 장면인 '(#)독방의 비극'도 한 남자의 자살을 다루고 있다. 이 남자는 독방 속에 감금되어 있는데, 그 이유 역시 명확하지 않다. 다만 '나의 뒤를 닛는 수만흔 동지가 나날이 늘어감'을 본다는 표현에서, 모종의 활동을 하다가 체포된 사상범이거나 억울한 수감자로 짐작될 따름이다. 그는 달빛이 찬연한 감방 독방에서 혀를 깨물어 자살한다. 자살하기 전에 아내를 생각하고, 독방에 있는 아내의 머리카락을 삼킨다. 극중 정황으로 판단하면, 자살한 수감자에게는 아내가 있고, 자살의 이유 중 하나가 아내와 관련이 있다는 짐작은 할 수 있을 것이다.

만일 첫 번째 장면에서 이별한 남자(벨레엔)가 독방의 수감자였고, 독방의 수감자는 아내의 죽음('두 번째 장면)을 알고 난 이후 생의 희망을 포기하였다고 가정한다면, 네 번째 장면은 떠나갔던 마도로스 벨레엔의 절망과 자살로 볼 수 있다. 따라서 네 번째 장면에서 자살하는 남자는 첫 장면의 남자가 될 수도 있다.

하지만 이렇게 가정하면 세 번째 장면에서 자살한 사람의 정체가 의문으로 남게 된다. 의문을 해결하기 위해서는 다섯 번째 장면을 살펴보아야 하는데, 다섯 번째 장면은 앞의 네 장면과 달리 '명랑'한 분위기로 변모되어 있다.

마지막 장면의 공간적 배경은 달빛이 비추는 밤이 아니라 햇빛이 비추는 마을이다. 그 마을에는 결혼식이 진행되고 있다. 작품에서는 '결혼행진곡의 악보와 울리는 피아노의 건반'을 이중 효과로 처리하라고 지시하고 있다. 결혼식장 쇼트를 지나면(일종의 설정화면), '나란히 선 신랑과 신부'가 포착되고, 점차 카메라가 '신부의 얼굴'을 클로즈-업하게 된다.75)

하지만 이 신부가 누구인지에 대해서는 명확하게 설명되지 않는다. 작품의 구성 효과를 감안할 때, 이 신부는 첫 번째 장면에서 마도로스와 헤어졌던 여인이거나, 혹은 두 번째 장면에서 자살한 여인일 수밖에 없다. 물론 두 명 모두와 동일인일 수도 있다.

한편 신랑의 신분 역시 확실하지 않다. 신랑은 신부의 시선에 의해 화면에 드러난다. 작품에 '신부는 엄숙한 표정을 버리고 양긔로운 표정으로 신랑을 처다본다'라고 지시되기 때문이다. 두 사람의 결혼을 지켜보던 관객들은 이때 신랑을 확인할 수 있을 것이다. 다만 시나리오에서 이 신랑이 앞 장면에서 등장했던 세 명의 남자 중 누구인지, 혹은 앞 세 명의 남자 중 몇 명과 일치하는지 정확하게 기술하고 있지 않다.

결론적으로 이 작품의 시나리오 작법에는 적지 않은 한계가 발견되고 있다(그래서 이 작품은 외국 영화의 발췌 초록 대본일 가능성도 증가한다). 구체적으로 말하면, 시나리오가 갖추어야 할 정보 전

---

75) 이경원, <가을의 감정, 신부의 명랑성>, 『삼천리』 3권 11호, 1931년 11월 1일, 116면.

달과 기술 방법에서 적지 않은 한계를 노출하고 있다. 인물 설정이 명확하지 않고, 사건 전개 역시 비약적이며, 인과 관계가 뚜렷하지 않아서 장면의 연계를 여러 가지 측면에서 가정하여 이해해야 한다. 이것은 분명 초기 시나리오가 드러내는 내용상 혹은 극작술 측면에서의 한계와 단점이라 할 것이다.

다만 이러한 작품 내용의 불충분함을 '의도된 애매성'으로 가정하고, 각 장면의 비약을 '의도된 느슨함'으로 간주할 가능성을 완전히 배제할 수는 없다. 이 작품을 고도의 상징성을 함축한 시나리오로 재해석할 수 있는 것이다. 그렇다면 각 장면에 제시되는 인물을, 특정 인물이 아니라, 추상화된 상징으로 파악할 수 있다.

하지만 지금으로서는, 이러한 해석이 본래 텍스트에서 정교하게 의도된 것이라기보다는, 극작 과정에서 예기치 못하게 생겨난 우연을 과대 해석했다는 혐의에서 자유로울 수는 없다(다만 이러한 가능성과 해석이 이 작품 <신부의 명랑성>이 외국 작품 혹은 상영 영화의 자의적인 기록일 수 있다는 변수와 위험 가능성을 염두에 두고 잠정적으로 내린 결론이라는 점을 밝혀둔다).

3. 나운규 시나리오의 다양한 개성

〈개화당〉의 음성 전달력과 반전 효과

영화 <개화당이문>의 대본인 <개화당>에는 씬 넘버나 씬 표기가 없다. 또한 단락도 나누어져 있지 않고 줄글로 연결되어 있어, 마치 소설을 읽는 인상을 전해주고 있다. 정제된 시나리오 형식과는 거리가 있고, 시놉시스에 더 가깝다고 할 수 있다. 하지만 이 작품에는 영화 매체의 시각성과 청각성을 고려한 기술이 곳곳에 발견되고 있다.

일단 오프닝 씬에 해당하는 장면은 시간적, 공간적 배경을 제공하는 역할을 하고 있으며, 인물 소개와 사건 도입을 자연스럽게 이끌어내는 기능을 하고 있다. 또한 조선의 운명을 암시하고 작가의 전언을 상징적으로 형상화하고 있다.

> 아직도 이 땅의 백성들이 깁흔 잠을 깨이기도 전! 고종(高宗)21년(甲申) 검푸른 제물포(濟物浦) 바다 우으로 開化의 사도들을 실은 문명의 배 한 척이 떠 드러온다.
> 머리를 깍고 양복을 입고 열 네 사람의 젊은이들은 차차로 갓가워지는 조국의 산천을 바라보며 희망에 타오르는 마음을 겟잡을 수가 업서서 배ㅅ전을 두다리며 노래를 부른다.
>
> 가갸거겨
> 가지가지로 것치럽다. 고불상투 구든 갓신
> 꿈을 깨여라 이 백성들아.
> 나냐너녀
> 나 죽는 날 너 죽을 걸. 노론소론이 누구누구냐.
> 꿈을 깨여라 이 백성들아
> 다댜더뎌
> 다첫든 문 더럭 열고 도포 벗고 두루막이
> 꿈을 깨여라 이 백성들아
> 마먀머며
> 마건충의 명정한 꾀 모르느냐
> 무지동포
> 꿈을 깨여라 이 백성들아[76]

---

76) 나운규, <개화당>, 『삼천리』 4권 7호, 1932년 7월 1일, 52면.

시간적 배경은 고종 21년 '갑신년(1884년)'이고, 공간적 배경은 조선의 '제물포'이다. 오프닝 시퀀스는 제물포 항구로 돌아오는 개화당 인사들을 포착하고 있다. 그들이 타고 있는 배는 '문명의 배'로 지칭되고 있다.

이 배에는 양복을 입고 머리를 깎은 열 네 명의 젊은이가 타고 있었고, 그들은 개화의 뜻을 이 땅에 실현하려는 의지로 불타오르는 청년들이었다(김옥균(윤봉춘 분), 박영효(임운학 분) 등). 화면은 뱃전에 서서 조국 산천에 접근해가는 그들의 모습을 포착하면서, 주요 인물을 소개하고 있다. 또한 이 대목에는 노래가 삽입되어 있다. 본래 이 작품은 무성영화로 만들어졌기 때문에, 이들이 부르는 노래 가사는 음성으로 전달되지는 못했다. 그럼에도 이 작품은 노래뿐만 아니라, 대사 역시 상당 부분 차용하고 있다.

노래 내용은 한글의 음성 자모 변화를 활용하여, 첫 소리 음가의 유사성을 적용하고 있다. 예를 들면 '가갸거겨고교구규'에서 '**가**'는 '**가**지가지로'에, '**거**'는 '**것**치롭다'에, '**고**'는 '**고**불상투'에, '**구**'는 '**구**든 갓신'에 해당하면, 나아가서 '**꾸**'는 '**꿈**을'에, '**깨**'는 '**깨**여라'에 적용되고 있다.

이러한 음성적 동일성(유사성)을 이용한 가사(혹은 대사)는 발성영화에서나 그 효과를 제대로 발휘할 수 있을 것으로 여겨진다. 하지만 당시에는 변사의 해설이나 자막을 통해서만 관객에게 전달될 수 있었을 것이기 때문에, 그 효과가 반감되었을 것으로 여겨진다. 다만 당시 시나리오가 발성(영화)에 대한 강렬한 열망을 지니고 있었고, 발성영화 상태의 시나리오를 가정한 흔적을 찾을 수 있다고 하겠다. 이것은 영상과 음성을 모두 구현하려는 영화의 오래된 꿈이자, 현실의 재현 과정에서 총체적 조화를 이룰 수 있는 시나리오에 대한 열망이었다고 할 수 있겠다.

　　규완(圭完)이가 집으로 도라왓슬 때에 옥균(玉均)이집 청직이
가 차저 와서 규완이를 부른다.
　　"우리 집 대감께서 부르섯스니 곳 가세"
　　규완이는 무슨 까닭을 모르고 김길(金吉)이와 갓치 옥균이 집
까지 왓다. 김길이는 규완이를 대문까지 다리고 와서는 규완이
만 듸려 보내고 문을 꼭꼭 닷어바렷다. 규완이가 옥균이 방으로
드러오니 옥균이는 침착한 태도로 그러나 반가히 대햇다.
　　"이리로 좀 더 갓가히 와서 내 말을 듯게. 오늘은 내가 죠용
히 꼭 할 말이 잇네. 이런 말은 자네가 드르면 깜작 놀날 일이네"
　　규완이는 옥균이의 말을 도모지 알 수 업섯다. 의심이 나면서
자리를 갓가히 하엿다. 옥균이는 무섭게 긴장한 얼골노
　　"마음을 진정하고 듯게. 우리가 하려는 일이 아모리 올흔 일
이라고 해도 성사할 도리가 업는 것을 엇더케 하나. 큰 힘에는
눌닐 수 밧게 업지 안나. 공연히 우리만 어리석엇지"
　　규완이는 이 말을 듯고 넘으나 의심이 낫다.
　　"그러니 이것저것 다 버리고 수구당(守舊黨) 편에 붓허서" 圭
完이는 아니 놀날 수가 업다.
　　"네?" 외마듸 소리를 지르고 뒤로 물너 안젓다.
　　"그럿케 놀날 일이 아니네. 낸들 좀 만히 생색인들 햇겟나"
　　옥균이는 정색으로 규완이에게 여러 가지 말을 들녀 주고
　　"그런데 지금 자네가 내 말을 듯고 놀나듯이 별안간 그 편으
로 간다면 누가 밋어줄 것인가. 그러니 저편에서 밋을 만한 무
슨 일을 해야 할텐데"
　　말을 끗내지 못하고 규완이의 얼골을 한참 듸려다 보앗다. 규
완이는 꼼작도 하지 안코 옥균이만 바라보고 잇다.
　　"자네만 드러준다면 될 수 잇는 일이지만?… 이왕 나라를 못
구할 바에야 제 몸이라도 구해야지… 신중히 생각해가지고 대답
하게…"
　　이럿케 말하는 옥균이의 얼골에는 피가 거두어젓다. 그것을
보는 규완이의 얼골에도 피가 거두엇다.

"옥균은 말을 이어 저 편을 밋게 하는 방법으로는… 수구당에서 제일 실혀하는 박영효(朴泳孝)의 목을 베여 밧치면"

옥균이는 여기까지 말하고 규완이에 태도를 유심히 살폇다. 규완이는 한참 동안 무엇을 생각하드니

"버히지요… 그러나 빈 손으로야 엇더케 함닛가?"

하고 옥균이를 보앗다. 옥균이는 미리부터 준비해 두엇든 장검(長釖)을 내여주엇다. 규완이는 칼을 밧엇다. 벌덕 니러서서 그 칼을 빼여 옥균이를 겨우윗다.

"인제는 다— 틀녓다. 나라도 망햇다. 너 한 놈만은 밋엇더니 일본서 우리를 다려온 것도 우리를 파라먹을 작정이엿구나"

규완이는 달녀들며

"겁쟁이 옥균아 네 목부터 밧처라"

고함을 질느고 옥균이의 목을 버히려고 덤벼든다. 옥균이는 깜짝 놀나 몸을 피한다. 그 때에 의외에 병풍이 넘어지며 뒤로부터 박영효가 낫하낫다. 덤벼드는 규완이를 향하야 노기가 가득찬 말로

"이놈— 썩 물너가라"

규완이는 엇지된 까닭을 모르고 주저 안저서 사연을 말하려고 하나 영효는

"듯기 실타. 얼는 물너가거라"

벽력 갓흔 호령에 규완이는 말 한 마대 못하고 쫏겨낫다. 나가는 규완이를 멀니 바라보며 옥균이는 영효를 바라보앗다.

"선봉(先峯)으로 훌늉하지만 성미가 넘우 급해서 일을 망치기가 쉬운 걸"

이러케 이규완의 시험은 끗이 낫다.[77]

위의 인용 대목은 『삼천리』에 게재된 시나리오(혹은 시놉시스)의 일부이다. 우선 주목할 점은 소설의 형식에 가깝다는 점이다. 현재의 시나리오처럼 인물과 대사를 구분하여 기록하는 형식을 갖추고 있지 않으며, 지문과 대사를 구분할 수 있는 장치도 마련되어 있지 않다.

---

77) 나운규, <개화당>, 『삼천리』 4권 7호, 1932년 7월 1일, 52~53면.

<개화당>을 내용적인 측면에서 살펴보면, '반전 효과'를 구사·삽입·활용하려 했음을 확인할 수 있다. 작품의 주요 인물인 이규완(나운규 분)은 용맹하고 적극적이나 지적인 능력이 다소 떨어지는 인물이다. 개화당의 취지에 동감하고 개화운동에 동참하고 있으나, 앞뒤 가리지 않는 성격과 성급한 판단(력)으로 인해 김옥균과 박영호의 절대적인 신임을 얻지 못하는 상태이다.

　그러던 차에 김옥균은 이규완을 은밀하게 불러, 박영효를 죽이고 그 수급을 수습해 수구당에 잠입하라는 지령을 내린다. 이 지령에 반발한 이규완이 도리어 김옥균을 죽이려 하자, 이때 숨어 있던 박영효가 나타나 이규완을 만류한다. 하지만 이규완은 자신을 죽이라는 밀령을 내린 김옥균을 도리어 감싸고도는 박영효를 이해하지 못한다. 자신에 대한 '테스트'라는 점을 눈치 채지 못한 것이다.

　　일본서 귀국한지도 발서 3개월이 지나도 아무 일이라고는 업섯다. 장긔와 바둑으로 날을 보내는 그들은 갑갑하엿다. 외출하는 옥균에게 무러보앗다.
　　"선생님(先生任) 언제까지나 기다리랍닛가"
　　참다 참다 못해서 이럿케 무러보앗다. 그러나 옥균이는 별 생각이 업는 대답으로
　　"때가 오겟지"
　　이 말 한 마듸 던지고 나가 바린다. 날이 지나고 사람들의 열이 식어저갈 때 수구당에서는 이 기회를 엿보앗다. 임명은(林命恩)이는 벌서 수구당에 매입되엿다. 아무도 모르게... 그래서 임명은의 전달로 여러 사람은 탑골 승방(僧房)에 모히게 되엿다. 임명은이는 그 자리에서 역설한다.
　　"세상을 보아라. 무익한 죽엄은 개죽엄이다. 우리 단 열 네 사람이 무엇을 한단 말이냐. 일본병대(日本兵隊) 400명을 준대야 청군(淸兵) 2000명을 엇더케 이긴단 말이냐.

나는 수구당 편으로 가겟다. 너희들 의향이 엇더냐 "
기다리기에 지루한 사람들은 이때에 아무 말도 업섯다.
"후한 녹(祿)과 상당한 벼슬을 약조햇다. 자- 보아라. 게란으
로 돌을 치면 천 번을 치나 만 번을 치나 게란이 부서질 뿐이
아이냐."
규완이는 이것을 반대하엿다.
"게란에서 나온 닭이 돌을 쪼아 먹드라"
이럿케 의견이 합하지 못하고 임명은이는 가 버렷다. <u>미구(未</u>
<u>久)에 임명은이가 이 모든 사실을 수구당에 고할 것을 안 규완</u>
<u>이는 칼을 품고 쫏차 가서 임명은이를 한 칼에 버허버렷다.</u>
그리고 명은이를 붓잡고 슯히 울엇다.
이 일을 옥균이는 멀니서 일일히 엿보고 잇섯다. 규완이가 옥
균에게
"선생님 명은이를 죽엿습니다" 마음으로는 동정을 비럿스나
의외에도 옥균이는
"배반한 놈"
이라고 발길노 차 버렷다.
맛당히 잘한 일에 욕을 먹고 규완이는 옥균이가 또 끗업시
미웟다. 규완이는 박영효 압헤 꿀어 안저서 사정을 말햇다.
"광주(廣州)에 가서 숨어 잇스면서 때를 기다려. 뒤일은 내가
담당할 테니"
하면서 영효는 돈 백냥을 내 주엇다. 그날 밤 규완이는 울면
서 광주로 떠낫다. 이러는 동안에 가을은 깁허 갓다.[78](밑줄:인
용자)

개화당은 수구당에 눌려 그 힘을 잃어가던 중, 개화당원 임명은이
변절하여 수구당에 가입하는 사건이 발생한다. 의기에 가득 찬 이규
완은 임명은을 처단했으나, 오히려 김옥균에 의해 광주로 내침을 당
한다. 광주에 내려가 있던 이규완은 자신이 좋아하던 춘외춘에게 김

---

78) 나운규, <개화당>, 『삼천리』 4권 7호, 1932년 7월 1일, 53면.

옥균이 접근했다는 소문을 듣자, 분노하여 경성으로 올라온다. 하지만 이규완은 이 소문이 자신을 때맞추어 불러들이기 위한 위장 전술이었음을 알게 되자, 선봉이 되어 개화당의 거사에 나서기로 결심한다.

이때 이규완 앞에 등장하는 이가 임명은이다. 작품의 전후 사정으로 보았을 때, 임명은은 김옥균의 밀명을 받아 수구파에 위장 잠입한 것이고, 이규완이 이 사실을 모르고 임명은을 응징하려 하자, 김옥균이 이를 무마하기 위해서 이규완을 광주로 보냈다가 필요한 시점에 불러들인 것이라고 판단할 수 있겠다. 이것은 죽었다고 알려진 임명은이 살아 있는 모습으로 등장하는 대목에서 설명된다. 따라서 임명은으로 하여금 죽은 척 하도록 하고 이규완을 속여 내치는 행위가 김옥균의 계산된 행동이었음을 알게 된다.

　　한나절이나 지나서 옥균이가 춘외춘(春外春)의 집으로 왔다. 크다란 상에 검은 보를 덥고 두 사람이 들고 들어온다. 여러 사람은 모다 먹을 것을 기다리고 섯다. 두 사람은 옥균의 명령에 따라서 덥흔 보를 벗것다. 기다리는 여러 사람들은 놀낫다. 그 상에는 장일이 가득 담겨 잇섯다. <u>그러나 그것보다도 더 놀나운 것은 탓골 승방(僧房)에서 죽은 줄 알엇든 임명은(林命恩)이가 살어온 것이다.</u> 옥균이는
　　"다들 나려와 마음을 진정해라. 때가 왔다"
　　옥균이는 황건과 칼 한 벌식 논아 주엇다. 한 벌이 남엇다.
　　"선생님 한 벌이 남엇습니다"
　　"지금 님자가 오겟지" 광주 규완이는 서울 다녀온 사람이 말을 듯고 춘외춘이와 옥균을 한 칼노 죽여 버리려고 말을 타고 서울노 달녓다. 옥균은 주의사항을 늙엇다.
　　"암호는 천(天)"
　　"별궁 불길이 신호"
　　"수령 이외에는 반항하지 안으며 닷치지 말 일"
　　"모힐 곳은 경우궁(景祐宮)"

"모르는 얼골이 마조칠 때는 몬저 암호부터 부를 일"

"닷친 사람은 구원을 바라지 말고 몬저 제 몸을 피할 일"

일일히 주의를 식혀주고 거사를 말할 때에 규완이가 화가 나서 대문을 차고 드러서 보니 동무들은 전부 무장을 하엿다.

옥균이가 우스면서

"시간 맛처 잘 왓네"

하며 황건을 내 주엇다.

"물론 칼은 가지고 왓슬테지"

<u>규완이 그제야 옥균이의 모든 참마음을 잘 알엇다.</u>[79] (밑줄: 인용자)

위의 대목에서 임명은의 등장은 김옥균의 사전 계획을 설명하는 단서가 된다. 하지만 중대한 의문이 남는다. 만일 이규완과 김옥균이 사전에 모의하여 거사를 준비한 것이 아니라면, 임명은이 멀쩡하게 살아 있는 이유를 설명할 수 없다. 김옥균의 계획을 몰랐다면, 이규완은 전력을 다해 임명은을 죽이려 했을 것이고, 그렇다면 임명은이 멀쩡하게 살아 돌아 올 이유가 별도로 설정되어야 했다.

만일 김옥균과 이규완이 사전에 계획을 세워, 이규완이 거짓으로 임명은을 죽인 척하고, 그래서 이규완이 광주로 거짓 내침을 당했다면, 그리고 이규완이 시기에 맞추어 상경할 수 있는 구실을 마련하기 위해서 춘외춘을 이용했다면, '그제야 옥균이의 모든 참마음을 잘 알엇다'라는 규환의 내면 심리는 성립될 수 없었을 것이다.

정황으로 판단할 때, 김옥균은 이규완을 시험하여 이규완의 충정을 믿을 수 있다고 결론 내리고, 이규완으로 하여금 임명은을 죽이는 척하고 내침을 당하는 척하며 광주로 내려가라고 밀령을 내린 이후, 교묘하게 갑신정변에 합류시키는 전략을 구사했다고 볼 수 있다.

---

79) 나운규, <개화당>, 『삼천리』 4권 7호, 1932년 7월 1일, 53~54면.

그렇다면 규완은 응당 모든 계획이 차질 없이 진행되었다는 것을 알고 있어야 하며, 그로 인해 새로운 사실을 알게 되었다는 연기를 펼칠 필요가 없어져야 한다. 따라서 위의 인용문에서 '그제야 옥균이의 모든 참마음을 잘 알'게 되었다는 지시문은, 이규완의 반응이 아닌 관객들의 반응이 되어야 마땅할 것이다.

나운규의 <개화당>은 '반전'이라는 영화의 구성 미학을 작품 내에 수용하여 관극의 흥미를 제고시키고 사건 진행을 윤기 있게 유도하려고 한 흔적이 농후한 시나리오이다. 하지만 반전에 따르는 무리를 충분히 제어하지 못하고, 플롯을 인과적으로 구성하지 못해, 다소 모호한 반전 효과를 불러 온 것은 명백한 한계라 할 것이다.

한편 위의 작품에는 시나리오의 형식적 특징도 발견되고 있다. 춘외춘의 집에 모인 개화당 사람들은 거사를 위해 준비한 장검 한 자루가 남았을 때 의아스럽게 생각하지 않을 수 없었다. 김옥균은 의아스러워하는 이들의 의문에 직접적으로 답하지 않는다. 다만 "지금 님자가 오겟지"라며 우회적으로 얼버무릴 따름이다. 개화당 사람들은 그 '님자'가 누구인지 알 수 없다.

하지만 극중 광경을 지켜보는 관객들은 그 임자를 알 수 있다. 왜냐하면 그 다음 씬에서 말을 타고 달리는 이규완이 등장하기 때문이다. 화면에서는 그 임자에 해당하는 인물을 곧바로 포착하여, 그 인물이 누구인지에 대한 암시하고자 했다.

뿐만 아니라 이 대목은 교차편집(cross cutting) 효과를 구현하고 있다. "경성에 운집해 있는 김옥균과 개화당 → 말을 타고 달리는 이규완 → 본격적인 숙의에 들어가는 개화당 → 도착한 이규완 → 두 진영의 합류"의 구조로 씬이 진행하고 있기 때문이다. 김옥균 일행과 이규완의 장면이 교차하면서 플롯이 진행되는 구조로, 상황의 긴박

감과 의문의 증폭이라는 미학적 효과를 거둘 수 있었다. 무엇보다 소설적 줄거리가 아니라, 시각적 영상미를 강조하고 있다는 점에서, 초창기 시나리오의 특징을 확인시킨다고 하겠다.

나운규의 시나리오 〈지상영화 종로〉

나운규의 시나리오 <지상영화 종로> (나운규 원작·각색·편집, 양철 감독[80])역시 시놉시스에 가까운 시나리오로 게재되었다. 씬 넘버나 씬 표시가 없고, 카메라의 움직임이나 광학적 효과를 지칭하는 약호도 없으며, 소설과 변별되는 시나리오만의 특징도 찾기 힘들다. 전반적으로 서사의 개요를 옮겨 놓은 형태이며, 매우 간략한 메모 형태의 시놉시스에 해당한다고 하겠다.

> 춘사(春史)……원작각색(原作脚色)
> 양철(梁哲)……감독작품(監督作品)
> 이신웅(李信雄)……촬영
>
> 주연
> 나운규(羅雲奎) 김연실(金蓮實) 임성철(林聖哲) 박아지(朴雅智)
> 기타수명(其他數名)
>
> 영화극(映畵劇) <종로(鐘路)>이야기
> 종로(鐘路)……
> 천구백 X십 X년도 어느 날 종로 네거리.
> 나는 이 거리에서 나를 일엇읍니다. 동으로 갓는지 서으로 갓
> 는지 남으로 가야 올을지 북으로 뛰여가야 맞날지 도모지 아지
> 못하게 날을 일어버렷습니다. 누두든지 붓잡고 내가 어데로 갓

80) 김갑의 편저, 『춘산 나운규 전집』, 집문당, 2001, 349면 참조.

느냐고 웃고도 싶엇읍니다만……

　지나가는 사람들의 얼골을 보니 그 사람들도 다 나와 같이 나를 일어버린 사람같이 보이니 누구를 붓잡고 무러볼까. 나는 이 거리에 서서 지금 일어버린 나를 차어내려고 지나간 어린애 때 나로붙어 뒤푸리해서 찾어 봅니다.

　내 고향은 남쪽나라. 물 맑고 녀름이면 꾀꼬리 우는 적은 동리(洞里)엿읍니다. 학교는 읍내(邑內)에 잇는 서양 사람이 예수 선전하기 위해서 만드러 노은 소학교(小學校)에 단엿읍니다. 그럼으로 일요일이면 예배당(禮拜堂)에 가야되는데 우리 동리에서 읍내회당에 가치 단이는 동무는 나와 정순(貞順)이라는 강목사(姜牧師)의 딸밖에 없엇읍니다. 그애는 나보다 한 살이 어리고 찬송가 부르는데는 회당에서 제일갈 만치 목소리가 고앗읍니다. 둘이는 남매같이 다정하게 지내다가 내가 열 여섯 살 되는 해에 강목사가 서울로 이사가면서 정순이를 다리고 가 버렷읍니다. 그날 내가 참 만히 울엇읍니다. 그 후에 내가 공부하려고 서울 왓을 때에는 정순이도 서울 XX여학교에 단이든 때입니다.

　일요일 오후면 늘 둘이 같이 시외로 놀너 나가는 것이 2, 3년 동안 거이 하로도 빠지지 안엇읍니다. 그런데 어느 일요일인가 한강으로 뽀―드 타러가기로 약속해 논 날 나는 돈을 구하려고 사방으로 쫓어다니다가 시간을 넘겨 버렷읍니다. 맞나자는 장소에 쫓어가보니 기다리다 못해서 화를 내고 도라간 후이니 무슨 소용이 잇읍니까. 그 후에 며츨을 두고 맞나려고 애를 썻지만 맞날 수 없엇읍니다. 그러자 학교에서 원정(遠征)을 가게되는데 나도 할 수 없이 떠나가면서 동창 중에 제일 친한 친구, 박세창(朴世昌)이에게 편지 한 장을 써서 맛기고 음악회 날에 전해 달나고 부탁햇습니다. 세창 군이 피아노를 잘 치기 때문에 음악회 때면 정순이와는 늘 맞나게 됩니다. 그래서 세창 군에게 신신부탁을 하고 떠낫드니 이런 기막힌 일이 또 어데 잇겟읍니까. 세창 군이 전(前)붙어 정순이를 사랑하든 것을 귀신이 아닌 내가 엇더케 알엇겟읍니가. 세창 군의 여동생과 정순이가 친한 관게로 정순이가 피아노 치러 여러 번 단엿는데 그러는 사이에 세창

군이 혼자서 퍽 사랑햇든 모양입니다. 그러다가 나와의 관계를 알고 마음속으로는 퍽 놀낫든 게지요. 그래서 내가 맛기고 간 편지를 전하기는커녕 원정간 동안에 부자 집 장자(長子)이니까 돈으로 강목사를 꼬여 가지고 정혼(定婚) 해 버렷읍니다. 목사도 돈에는 별수 없든 게지요. 그런다고 정순이가 그러게 함부로 너머 갓을 리(理)가 없지만 거기는 이런 이유가 잇습니다. 세창 군이 정순이에게 "도성(道成) 군이 장가든 줄 몰낫읍니까"하고 정통으로 일넛읍니다. 정순이가 상경한 후에 아버지 고집 못 견대여 내가 형식적 결혼을 햇지만 첫날밤에 도망을 햇으니 결혼 안이한 거나 마찬가지 세음이지요.

그러나 듯는 사람이야 그럿타 하겟습니까. 원정에서 도라온 날 두 사람이 결혼한다는 말을 드르니 살고 싶지 안엇습니다. 세창이를 끄러내서 때려도 보앗고 정순이에게 파혼 권고도 해 보앗습니다만 때가 벌서 늦엇습니다. 정순이는 처녀를 일어버린 지가 오랫담니다. 엇던 일을 해서라도 돈을 버러야겟다. 그래서 돈 때문에 연인을 빼앗긴 원수를 갚어야겟다고 니를 갈면서 북행차(北行車)를 타고 서울을 떠나든 날이 그 두 사람이 결혼식하는 날이엿습니다. 마음만 독하게 먹으면 안 되는 일이 없지요. 멋 해 만에 돈을 많이 버러가지고 서울로 도라와 보니 세상이 이러케 변할 줄은 꿈에도 몰낫습니다. 강목사는 죽고 박세창이는 한 푼 없는 거지가 되엿고 정순이는 카페 껄이 되엿습니다.

10년 갓가히 니를 갈든 원수들이 내 손 하나 대지 많고 여지업이 몰락된 것을 볼 때에 다소 낙망(落望)도 햇습니다만 그래도 카페 껄 정순이에게 함부로 돈을 썻습니다. 드라이부 한 번 하고 백 원도 주고 칵텔 한 잔 먹고 50원 팁도 주엇습니다. 그런데 한 가지 이상한 것은 정순이가 도모지 내 말을 듯지 하니 함니다.

언제든지

"당신 가지고 잇는 돈이 미워요"

이 말 뿐입니다. 내가 매일 정순이에게 단이는 것을 본 세창이는 정순이를 빼앗길가바 나를 붓잡고 애원 햇습니다만 그럴 때마다 "돈으로 삿다. 돈으로" 이러케 무서운 괴로움을 주어서 실연의 상처 받엇든 내 마음을 위로햇습니다. 그러나 그래도 없어질 때까지 내가 가지고 잇는 돈도 한정잇는 돈이니 써 버리는 수만 없어서 나는 주식에다 손을 댓담니다. 고집도 셀 때가 따로 잇지 중개점(仲介店) 주인(主人)이 기어히 팔나는 것을 듯지 안고 잇는 돈 전부를 드려서 삿다가 XX통상(通商)이 파산되는 바람에 한 푼도 없는 거지가 되여버리고 말엇습니다. 이날 나는 편지 한 장을 정순이에게 보냇습니다.

'다시 녯날과 같은 거지가 되엿으니 다시는 당신 차저갈 리(理)도 없습니다. 행복되소서' 이날 우리 집 대문으로 마주막 이사 짐이 나오는 때 정순이가 쫓어왓다가 내 아들 영복(永福)이를 맞나서 집안 일을 듯고 영복이에게 편지 한 장을 써 막기고 가버렷습니다. 편지에는 이러케 써 잇습니다.

'내가 무서워하든 돈이 업어젓다는 말을 듯고 달녀왓드니 어린애에게 역시 아버지가 필요합니다. 이것은 당신이 내게 준 돈 전부올시다.' 나는 미친 사람처럼 거리로 달녀 나와 정순이 잇는 카페로 달어가니 역으로 나간 후이엿습니다.

자동차로 역으로 쫓어가니 차가 떠난 후이엿고 다□□□□까지 차를 달녓스나 무슨 소용이 잇겟습니까. 나 홀로 다시 이 종로 네거리에 섯습니다. 정순이가 주고 간 돈은 수해동정금(水害同情金) 밧는 사람의 상자 속에 너 버렷지만 내 몸만은 역시 갈 곳이 없습니다.

세창이는 억지로 돈을 벌냐고 광산사기(鑛山詐欺)를 하여서 2만 원과 기생을 싯고 문 박으로 내달니다가 잡히고 나중에 알았지만 정순이가 滿洲로 팔녀가는 몸값 천원을 던저 준 마라손 선수는 그날 세계기록(世界記錄)을 지은 날이랍니다.

나는 종각 밋에서 하로 밤을 새엿습니다.

어데로 가야할지 무엇을 해야할지.

어 거리에는 다시 나를 일은 사람들이 쏘다저 나오려고 웅성거립니다. 나는 아직도 이 종로 네거리에서 나를 찾습니다.

나를 일어버린 종로 네거리

나를 찾는 종로.

19XX년도 어느 날 종로.[81]

---

81) 나운규, <지상영화 종로>, 『삼천리』 5권 9호, 1933년 9월 1일, 10~11면.

1933년 6월 5일에 개봉된 영화 <종로>에서 나운규는 '정순'을 사랑한 '도성' 역할로 출연했고, 김연실은 '잃어버린 애인'인 '정순' 역할을 맡았다. 이 작품은 도성이 친구 세창(임운학 분)에게 사랑하는 연인 정순을 부탁했다가, 도리어 세창에 빼앗기고 방황하는 이야기를 그리고 있다. 줄거리를 정리하면 다음과 같다.

정순은 처음에는 도성을 사랑했으나, 세창의 거짓말에 넘어가 도성을 배신하고 세창과 결혼을 한다. 도성이 나타나 세창의 음모를 밝히고 자신에게 돌아올 것을 제의하지만, 정순은 세창과 육체적 관계를 맺었기 때문에 어쩔 수 없다며, 세창과 결혼하고 만다. 정순은 1930년대 정조 관념에 충실한 여인이었지만, 그 만큼 닫힌 세계관에 입각한 여인이기도 했다.

하지만 그녀의 결혼 생활은 실패했고, 그녀는 카페 여급으로 전락하여 남편 세창을 부양해야 할 처지에 처했다. 한편 도성은 '북행차'를 타고 서울을 떠났다가 돈을 많이 벌어 서울로 돌아왔다. 그는 자신을 배신한 세창과 정순에게 복수를 하려고 하지만, 그들은 이미 몰락한 후였다. 오히려 그들의 처지를 동정하게 된 도성은 손님으로 가장하여 정순에게 접근하지만, 정순은 이러한 도성을 부담스러워하며 마음을 열지 않는다.

도성 역시 투자를 잘못하여 전 재산을 날리게 되자, 정순은 도성에게 받았던 돈을 도성의 아들에게 돌려준다. 하지만 정순을 잃은 도성은 그 돈을 수재의연금으로 기부하고 갈 곳 몰라 하며 종로 네거리에서 방황한다. 사랑하는 정순을 잃은 슬픔에, 도성은 자신마저 잃고 만 것이다.

이 작품은 『삼천리』 5권 9호(1933년 9월 1일 발행)의 첫 머리에 실려 있는 두 개의 부제를 달고 있다. 하나는 '지상영화(誌上映畵)'이

고, 다른 하나는 '영화극(映畵劇) <종로> 이야기'이다. 잡지 기사가
독자들의 흥미를 끌기 위해서 다양한 부제를 붙이는 것은 과거에도
마찬가지 관례였다.

여기서 주목되는 것은 '지상영화'라는 타이틀이다. '지상영화'란
영화의 내용을 미리 소개하여 독자들로 하여금 해당 영화에 관심을
갖도록 유도하려는 수식 어구로, 당시 시나리오의 한 갈래에 해당한
다고 할 수 있다. 그러한 측면에서 '지상영화'라는 타이틀은 관객들
이 한 편의 영화를 보듯, 지면을 통해 그 내용을 읽고 영상을 머리에
떠올리도록 유도하는 형식을 지칭하는, 1930년대 장르 명칭이라고
정리할 수 있다.

또 하나의 제목인 '영화극'은 '영화'라는 장르와 '극'이라는 장르
가 결합된 제명이다. 양자 모두 '극 장르'라는 점에서 공통점이 있지
만, 영화가 촬영을 통해 만들어진 필름을 바탕으로 한다면, 연극은
실제 연기를 바탕으로 무대에서 시행된다는 점에서 적지 않은 차이
도 지니고 있다. 따라서 두 장르의 이질성에도 불구하고, 잡지의 편
집자는 한 편의 영화가 지상에 펼쳐지는 것을 마치 '종이'라는 무대
위에 활자로 꾸며진 '연극'이 진행되는 형식으로 표현하고자 했다.
이러한 관점은 영화가 연행 예술이고, 그 대본이 되는 시나리오가
연행 예술의 토대가 되어야 한다는 통념을 보여준다.

따라서 <지상영화 종로>는 소설이나 잡문과는 달리 연행을 염두
에 구성·기획·집필된 글임을 확인할 수 있다. 비록 현대 시나리오
가 요구하는 형식적 특징이나 미학적 장치를 대거 결여하고 있지만,
그 의도만큼은 연행 예술의 대본임을 전제한 상태에서 선별·게재·
수록되었다고 할 수 있겠다.

발성 영화 시나리오 〈신작영화 오몽녀〉

영화 <오몽녀>(이태준 원작, 나운규 각색·감독, 이명우 촬영)의
대본 <신작영화 오몽녀>는 1937년 1월 1일 간행된 『삼천리』 9권
1호에 게재되어 있다. 시놉시스 형태로 수록되었고, 필자가 구체적
으로 표기되지 않았으며, 수록 당시 제목은 '신작영화 오몽녀'였다.[82]
하지만 전후 관계를 참조할 때, 이태준 원작 소설 <오몽녀>를 나
운규가 각색하여 시나리오로 변화시켰고, 이렇게 변화된 시나리오를
잡지의 체제에 맞추어 수록한 것으로 보인다. 실제로 나운규가 영화
촬영에 이용한 대본과, 『삼천리』에 수록된 대본이 얼마나 유사한가
에 대해서 현재로서는 확인할 수 없다. 그러므로 나운규가 이 시나
리오를 바탕으로 영화를 촬영했는지는 확정할 수 없다. 경우에 따라
서는 일반 기자가 영화의 내용을 정리한 요약본 형태의 글일 수도
있다.[83]
사실 이러한 문제는 필자 표시가 정확하게 되어 있지 않은 <지상
영화 종로>에서도 나타난 바 있다. 하지만 일단 여기서는 당대 사람
들이 통상적으로 인정하는 시나리오의 한 유형이라고 간주하도록
하겠다. 설령 수록된 작품이 촬영 대본으로서의 시나리오와 상당한
차이를 지닌다고 해도, 잡지에 수록되는 순간, 이미 그 대본은 '읽는
시나리오로서의' 혹은 '문학적 형태로 기록된 시나리오로서의' 위상
을 자연스럽게 획득하기 때문이다.

---

82) 나운규, <신작영화 오몽녀>, 『삼천리』 9권 1호, 1937년 1월 1일, 178면 참조.

83) 현재 나운규의 유작 대본인 <황무지>가 남아 있다. <황무지>는 1936년 작품으로, 나운규가 '장소'
헌팅까지 하며 촬영 준비를 했지만, 건강 악화로 인해 그 제작을 중단했던 시나리오이다. 이 대본
을 보면 장면 분할, 행동 지시문, 대사 등이 각기 독립적으로 기술되어 있다. 따라서 나운규가 인물
의 대사를 시나리오에 포함시키지 않는다고 단정하기는 어렵다(영화진흥공사 편, 『한국 시나리오
선집』 1, 집문당, 1982, 116~132면 참조).

<지상영화 종로>는 주인공 '나'의 입장에서 집필되었기 때문에 등장인물의 독백(모노로그)에 가까웠다고 할 수 있다. 하지만 <신작영화 오몽녀>는 객관적인 입장에서 기술되기 때문에 '오몽녀'와 그녀의 주변 인물들의 동향이 3인칭 시점으로 기술되고 있다. 전자가 배우의 대사나 심리 분석에 가까웠다면, 후자는 인물의 동향과 서사의 흐름을 파악할 수 있는 대본에 접근한 형태였다고 할 수 있겠다.

그리고 두 작품의 차이는 무성/발성 영화라는 측면에서도 살펴볼 수 있다. <종로>는 무성영화이고, <오몽녀>는 발성영화이다. <신작영화 오몽녀>의 결미에도 이러한 사실이 첨부되어 있다. '조선발성(朝鮮發聲) 경성촬영소(京城撮影所) 작품(作品) 오몽극녀(五夢劇女) 전(全) 7권(卷)'라고 표기되어 있는 것이다.

그럼에도 <신작영화 오몽녀>는 무성영화의 대본인 <지상영화 종로>에 비해, 토키영화 대본으로서의 특징이 더 잘 살아났다고는 단정할 수 없다. 오히려 <지상영화 종로>에 비해 대사의 사용 빈도가 낮다고 해야 한다. <지상영화 종로>에서는 모두 3차례 대사 표기가 나타나고 있다.

> 1) "도성(道成) 군(君)이 장가든 줄 몰낫읍니까"
> 2) "당신 가지고 잇는 돈이 미워요"
> 3) "돈으로 삿다. 돈으로"[84]

그리고 두 번에 걸쳐 편지 글의 문장이 인용되고 있다.

> 4) '다시 녯날과 같은 거지가 되엿으니 다시는 당신 차저갈

---

84) 나운규, <지상영화 종로>, 『삼천리』 5권 9호, 1933년 9월 1일, 10~11면.

리(理)도 없습니다. 행복되소서'

5) '내가 무서워하든 돈이 업어젓다는 말을 듯고 달녀왓드니 어린애에게 역시 아버지가 필요합니다. 이것은 당신이 내게 준 돈 전부올시다.'[85]

반면 <신작영화 오몽녀>에서는 대사 자체를 구사하지 않았다.

신작영화(新作映畵) 오몽녀(五夢女)

동해안에서 적은 포구

그래도 면사무소가 있고 우편소(郵便所)가 잇는 해안시장으로 장(市)날이면 근읍(近邑)에서 사람이 꽤 많이 몽이는 동리다.

이 동리에 명물노 누구가 모르는 사람이 업는 지참봉(池僉奉)네 집은 이 동리 북편 좀 떠러진 곳에 있다.

그는 점 잘치기로도 유명했지만 더구나 그가 여러 사람 입에 오르나리기는 동리(洞里)에서 제일 어엽뿐 계집애 오몽녀와 단두 식구가 살기 때문이다. 열 두 살 될 때에 백냥(百兩)주고 사다가 길렀다하지만 그 내용을 확실히 아는 사람은 없었다. 참봉본처가 사라 있을 때는 수양딸노만 역였던 것이 요새 와서는 둘이 같이 산다고 하는 풍설까지 들닌다. 이 풍설의 내용이야 언더케 되었든 오몽녀는 지참봉 엉석 속에 함부로 자라서 어렸을 때부터 과자갓튼 군것질을 조아하다가 요새 와서는 도적질에도 선수가 되었다.

장님 주머니 털기는 여사지만 근래에는 해변에 매어는 주인업는 배를 차저 가 생선을 훔쳐다가 팔어서 군것질 미천 맨들기가 시작되었다. 이 피해를 제일 많이 받은 사람이 동리 총각 금(金)돌이다.

금돌이는 매번 당하는 피해에 화가 나서 하롯 밤은 해변에서 직혓다. 의외(意外)에도 적이 어엽뿐 처녀 오몽녀인 것을 볼 때에 젊문 총각인 그는 잡을 힘조차 없었다. 그날부터 금(金)의 이

---

85) 나운규, <지상영화 종로>, 『삼천리』 5권 9호, 1933년 9월 1일, 11면.

평화하든 머리는 이 일로 얼크러지기 시작하였다.86)

물론 초창기 시나리오에서 대사의 존재 유무가 무성영화와 발성
영화를 나누는 절대적 기준은 될 수 없다(대사는 영화 시나리오의
서사를 진행하기 위한 장치로 사용될 수 있다). 하지만 발성영화가
발명·보급되면서 대본의 비중이 커졌고, 그로 인해 완성도 높은 시
나리오를 요구하게 되었기 때문에, 현대의 시나리오 형식에 한층 접
근하는 텍스트가 출연하는 계기가 형성되었다.

특히 대사의 가치를 새롭게 인정하는 풍조가 늘었다. 1930년대
시나리오 이론가 레인은 발성영화 이후의 시나리오를 세 가지로 구
분했다. 대사 중심으로 꾸려지는 '드라마적 서사 형태', 내면상태의
세세한 묘사를 중심으로 꾸려지는 '문학적 서사 형태', 그리고 '중간
자적인 서사 형태'가 그것이다. 이 중에서 레인은 발성영화의 새로
운 시나리오 형식은 '시각'과 '청각'을 아우르는 종합적 형식의 '중
간자적 서사 형태'가 적당하다고 정리한 바 있다.

<신작영화 오몽녀>에 국한하여 살펴본다면, 이 시나리오의 집필
단계에서 대사(청각성)를 중요 구성 요소로 간주하지 않았음을 확인
할 수 있다. <신작영화 오몽녀>는 철저하게 소설적인 형태를 취하고
있다. 인물을 소개하고 사건을 전개하는 기술 위주로 짜여 있다. 다
만 오몽녀가 마을을 떠나는 마지막 장면은 소설과 다른 구성을 취하
고 있다.

ⓐ 오몽녀(五夢女) 때문에 마음 홀닌 사람은 이 금(金)돌이 뿐
이 안니다. 과자상(菓子商)하는 남민구(南民九)와 자전거포(自轉

---

86) <신작영화 오몽녀>, 『삼천리』 9권 1호, 1937년 1월 1일, 178면.

車舖) 주인 박(朴)서방이 기중에도 제일(第一) 많이 오몽녀(五夢女) 때문에 애 태는 사람들이다.

　박(朴)서방은 생각다 못해서 자전거포(自轉車舖)를 팔아 가지고 오몽녀(五夢女)와 같이 도망하려고 했다. 이 눈치를 안 남민구(南民九)는 이 일을 지참봉(池參奉)에게 일넜다. 박(朴)서방 때문에 아조 잃어버리는 것보다는 지참봉(池參奉)에게 멧껴두는 편이 낫기 때문이다. ⓑ 남가(南哥)에게서 이 말을 들은 지참봉(池參奉)은 그날 밤 잠을쇠 다섯 개를 사다가 문이란 문은 다 잠궈노코 오몽녀(五夢女)가 드러올만지(부엌) 문만 여러노코 오몽녀(五夢女) 도라오기를 기다렸다. 드리만오면 문을 잠궈버리고 3년 전부터 준비해 두었던 비녀를 끼여 머리를 언꼬 제 게집을 맨들녀는 것이다. ⓒ 밤이 깁헛다. 발자죽 소리가 들닌다. 지참봉(池參奉)은 숨을 죽이고 기다린다. 발자죽 소리는 문안으로 드러왔다. 문은 잠것다. 인제 오몽녀(五夢女)는 내 것이라고 안심했으나 문 안에 드러선 사람은 오몽녀(五夢女)가 아니요 마음을 드리든 남가(南哥)다. 성이 날때로 난 지참봉(池參奉)은 남가(南哥)의 멱살을 잡고 오몽녀(五夢女)를 내노라고 소리를 진느니 ⓓ (남) (자전거포를 오늘 팔엇는데 박서방과 같이 도망한 게로군요)

　ⓔ 그러나 그것도 아니다.

　ⓕ 자전차포를 팔어가지고 행장(行裝)을 꾸려 가지고 五夢女 빼내러 온 박서방이 지참봉(池參奉) 집 문전까지 왔을 때다. 닭 우는 소리가 들닌다. ⓖ 그 때 오몽녀는 총각의 배로 생선 훔치러 드러간 때다. ⓗ 그 빈 배는 움즉인나 오몽녀가 놀나서 뛰여나리랴고 보니 금돌이가 배를 젓는다. 배는 벌서 멀니 나왔다. 인제야 발악을 한들 무슨 소용이 있으랴. 총각 처녀 단 둘만 실은 이 배는 무인도를 향하고 떠간다.(끗)

　조선발성(朝鮮發聲) 경성촬영소(京城撮影所) 작품(作品) 오몽극녀(五夢劇女) 전(全) 7권(卷)[87] (밑줄: 인용자)

　이 작품은 ⓐ를 통해 오몽녀를 노리는 남자들로 '금(金)돌이', '과

87) <신작영화 오몽녀>, 『삼천리』 9권 1호, 1937년 1월 1일, 178~179면.

자상(菓子商) 남민구', 그리고 '자전거포 주인 박서방' 등을 제시하고 있다(인물 정보 제공). 여기에 ⓑ를 통해 '지참봉'도 포함된다.

그리고 ⓒ를 통해 오몽녀를 기다리는 남자들(지참봉과 남민구)의 시선과 행적을 설명한다. 하지만 집으로 침입한 발자국 소리는 오몽녀의 것이 아니었다. 여기서 관객(독자)을 현혹시키는 위장된 정보를 고의로 제공하여, 그들을 혼란에 빠트리려는 의도를 드러내고 있다. 그렇다면 의문이 생길 수밖에 없다. 오몽녀가 어디에 있는지 궁금해지지 않을 수 없기 때문이다.

이 글의 작자는 ⓓ를 통해 이러한 의문에 답하는 듯 했다. ⓓ에서 '남'의 내면 심리를 드러내어, 오몽녀의 행적에 대한 어렴풋한 추측을 전달하고자 했다. 괄호 안에 담겨 있는 목소리는 '남(민구)'의 것으로 보인다. 3인칭 어법을 쓰다가, 갑자기 1인칭을 시점을 드러내는 형국이기 때문에 마치 내면 독백처럼 들린다.

하지만 곧 이것이 잘못된 추측임이 밝혀진다. ⓔ를 통해 텍스트의 지배권을 가진 이의 목소리가 드러난다. 작품의 내용을 3인칭 어법으로 서술하고 있던 내포 화자가 직접 문면에 등장하여, '남'의 추정이 잘못된 것이라고 단정한다.

내포 화자의 설명은 ⓕ를 통해 하나의 씬으로 구성된다. ⓕ에서 자전거포 주인 박서방은 오몽녀를 만나기 위해서 오히려 지참봉 집으로 접근하고 있다. 박은 오몽녀의 동행자가 아니었던 것이다.

그렇다면 오몽녀는 어디에 있을까. ⓖ는 그 해답에 해당한다. 오몽녀는 지참봉, 남민구, 박서방과 떨어져 독자적으로 움직이고 있다. 그녀가 위치한 곳은 배였다. 배에 탔던 오몽녀가 배가 움직이는 기척에 놀라고 있는 사이에, ⓗ를 통해 오몽녀를 데리고 떠나는 최종 인물이 금돌(이)임이 확인된다.

비록 ⓐ를 통해 금돌(이)도 구애자의 한 사람으로 제시되었지만, 막상 ⓗ에 도달하기 전까지는 금돌이가 오몽녀의 동행자가 될 것이라고 확신하기 힘들었는데, ⓗ를 통해 최종 동행자로 확인되는 것이다.

그것은 이 작품에서 금돌이의 '최종 동행'을 미리 알아차리지 못하도록, 관객들에게 제공되는 정보를 고의적으로 교란했기 때문이다. 이러한 기법은 정보를 조금씩 제시하여 최종적인 결과를 지연하여 인지하도록 유도하는 영화 문법에 해당한다. 이러한 영화 문법을 '점진노출'(slow disclosure)이라고 하는데 점진노출은 카메라 테크닉이나 쇼트의 점진적인 편집 방식처럼 '그 자신의 법칙에 따라 영상 정보를 제공하는 영화적 구조 요소'를 가리키는 것으로, 작품 전체에 걸쳐 사용되기도 한다.

또한 점진노출은 관객이 원하는 정보를 분할하여 제시하여, 지켜보는 이들로 하여금 긴장감과 궁금함을 유지하도록 유도한 방법이라 할 것이다. 이것은 다른 서사 장르에서 실현 불가능한 기법은 아니지만, 카메라라는 시각적 전달 방식에 크게 의존하는 영화에서 그 효과가 크게 발휘되는 기법이라고 할 수 있겠다. 따라서 <신작영화 오몽녀>가 형식적으로는 현대적 시나리오에 근접하지는 못했을지라도, 내용상으로는 시나리오가 지향해야 할 바를 갖추어 가고 있는 과도기적 텍스트라 할 것이다.

4. 이광수 원작 소설의 각색 시나리오
〈토-키·씨나리오 무정〉

영화 <무정>(이광수 원작, 박기채 각색)의 시나리오는 『삼천리』

10권 5호에 수록되었다. 수록 당시 제목은 <토-키·씨나리오 무정>
이었다. 이 작품에는 원작과 각색자가 소개되었고, 등장인물이 나열
되었다. 무엇보다 이 시나리오에서 주목되는 점은 씬 넘버와 씬 표
기를 사용했다는 점이다. 광학적 효과를 지시하는 기호도 사용되었
고, 카메라의 움직임과 효과에 대한 지시도 활발하게 사용되었다.

토 - 키·씨나리오, 無情

이광수(李光洙) (원작), 박기채(朴基采) (각색)
인물

박영채(朴英采)
이형식(李亨植)
동(同) 소년 시절
신우선(申友善)
김선형(金善馨)
조병욱(趙炳旭)
그의 옵바
계월향(桂月花)
김현수(金賢洙)
김광진(金光鎭)
소년 다수
소녀 다수
촌부 A, B
차부
기생
김 장로
동(同) 부인
요정 뽀이
군중

등 다수
이상

S(1) 병욱이의 집 농원(農園) 오후(午后)(황주(黃州)) (F·I)

개인 가을 하늘 오후
황주의 풍경 몇 CUT,
－월파루(月波樓) 적벽강(赤壁江) 등,

강을 거슬너 올나가는 배 한 척 돗을 올닌다. 바람길은 내리치기다. 배는 도리혀 내려간다. 선부 갑자기 분주하다.

뽕나무 밭 지금 병욱이와 영채가 뽕을 따고 있다. 병욱은 뽕을 따는 뜸뜸이 오-두를 따선 입술에 연지 찍는 흥,
그리고 콧노래,
참으로 아름다운 전원의 풍경

병욱 "영채, 내 입술?"
영채 "어쩌문!"
병욱 "영채두 해봐요"
영채 "흥- (코우슴)"
병욱 "다 잊어버리구 기분 고치래두"
영채 "……"
　　　 "병욱이 게 있늬?"

그의 옵바의 소리 카메라 소리난 편에 급히 판하면 그의 옵바 이편으로 온다. 병욱 반가 히 영채에게

병욱 "네- (대답하고) 우리 옵바야"

영채 고개만 끄덕여 보인다.
그의 옵바 두 사람에게 각가히 온다.

영채 가벼히 인사하고 바구니를 든 채 이 자리를 사양한다.
병욱과 그의 옵바 두 사람은 걷는다.

옵바 "넌 방학에 와두 옵반 도무지 구경할 수 없구나"
병욱 "가치 온 동무가 있으니깐 그러쵸 뭐!"
옵바 "참 어찌된 학생이냐?"
병욱 "얌전허죠?"
옵바 "꽤 상냥해 뵌다"
병욱 "그러찬어두 옵바께 말슴 들이려든 차얘요. 개가 작구 부
끄럽대서"
옵바 "그래?"
병욱 "이름은 영채래요, 박영채. 사실은 차에서 친한 동무얘요"
옵바 "뭐? 그럼 학교 동무가 아니냐?"
병욱 "학생 아녀요. 여간 딱한 사정이 있는게 안예요"
옵바 "딱한 사정? 허! 네가 인전 남의 딱한 사정을 다 알구"
병욱 "옵바 그러케만 듯지 말고 영채가 여간 불상하지 안어요.
내 얘기할게 들어 요 응!"

S(2) 정주의 칠석날(I · I)
(…중략…)
아이 A "형식이 오늘은 유달내- 칠석 고기 혼자만 잡을나는
게로군!"

형식이 대답 대신 벙싯거리며 따라치에 쓸어넛는다. 따라치,
(벌서 네 댓마리 들어있다)

O · L
처녀들의 세발(洗髮) 광경, 여전히 민요의 합창!
노래가 하반절을 잠시 넘어설 쯤하야 곱분이 나타난다.
머리를 삼단같이 허쳐서 누가 눈지를 몰은다. 각 급한 모양.

곱분이 "아가씨 영채 아가씨 예 있우?"

영채　얼골을 처들고 머리를 갈는다.

영채　"?"

곱분이　(한층 초초히 서둘며)

　　　　"아가씨, 아가씨, 집에선 시방 야단이예요, 저 - 저 - 경관
　　　　들이 와서 왼통 아버지를 대려가구-"

영채 놀낸다. 얼는 조고리를 주서 입으면서 곱분이와 함께 뛰여간다.

S(3) 영채(英采)의 집 대문께

　　많은 사람들이 어수성스럽게 모여서 수군수군, 영채와 곱분
이가 안으로 뛰여 들어간다. 이윽고 뭇과 따라치를 든 형식이도
달여 들어간다. 카메라, 대문 앞 군중들 속을 끼어 단번에 내정
(內庭)으로 이동.

　　텅 - 비인 마루, 형식이가 잡어 온 잉어 따라치, 도적 고양이 한
마리 이 따라치에서 고기 하나를 채여 물고 쏜살같이 달아난다.

　　(뜻 아니한 재화의 뒷터, 지금 영채의 집은 한없이 쓸쓸타)

　　카메라 눈물 먹으며 (F·O)[88] (밑줄: 인용자)

　　위의 인용 대목은 <토-키·씨나리오 무정>의 도입 부분과 #1, 그
리고 #2에서 #3으로의 전환 대목이다. 일단 이 작품은 '#'표시를 사
용하고 있지는 않지만, 'S'라는 기호를 통해 장면을 구분(표기)하고
있다. 그리고 장면에는 일련번호(괄호 안 숫자)가 붙어 있으며, 광학
적 효과에 해당하는 O.L. 이나 카메라의 이동에 대한 지시가 명기되
어 있다. 발성 영화의 시나리오답게, 무대 지시문과 함께 인물의 대
사도 적시되어 있다. 이러한 대사에는 인물의 심리와 사건 전개 그

---

88) 이광수 원작, 박기채 각색, <토-키·씨나리오 무정>, 『삼천리』 10권 5호, 1938년 5월 1일, 276~
　　279면.

리고 주변 상황을 이해하는데 필요한 정보가 담겨 있다.

도입 부분에는 원작자와 각색자가 표기되고, 등장인물이 나열되어 있다. #S1은 병욱의 농원에서 병욱과 그의 오빠가, 영채를 만나는 장면을 그리고 있다. #S1을 통해 관객들은 영채를 소개받을 수 있고, 영채와 다른 인물들의 관계를 확인할 수 있다. 그러니 #S1는 설정화면에 해당한다.

#S1의 공간적 배경은, #S2에서 달라진다. 다시 말해서 #S1과 #S2는 서로 다른 공간을 배경으로 하는 다른 장면인 셈이다. 그 다음은 #S2에서 S#3으로의 전환대목이다. #S2에서 곱분이의 두 번째 대사("아가씨, 아가씨, 집에선 시방 야단이예요, 저 - 저 - 경관들이 와서 왼통 아버지를 대려가구-")는 장면 이동의 표지이자 씬 전환 근거를 마련하고 있다. 시나리오에서 한 씬은 독립된 시간과 공간적 배경을 바탕으로 구성된다.

#S2는 '개울가'라는 공간에서 소년과 처녀들이 놀고 있는 광경을 보여주고 있다. 하지만 곱분이가 등장하여 위기감을 고조시키고, 두 번째 대사를 통해 위기가 고조되고 있는 공간으로의 이동을 암시한다. '집에선 시방 야단이에요'라는 대사는 다음 씬이 '집'을 배경으로 하는 형식적 근거가 된다.

이러한 근거를 바탕으로 #3에서 영채와 형식이 집으로 향하고, 카메라 이동을 통해 내정으로 향하는 시선이 도입된다. 내정에서 텅 빈 집 안 풍경과, 고아가 된 형식과 영채가 포착된다. 시나리오는 이러한 장면의 분위기를 암시하는 카메라 효과를 지시하고 있다.

위의 인용 대목은 현대의 시나리오와 거의 흡사한 구성을 보이고 있다. 장면 표기 방식, 인물에 대한 설명과 행동 지시문, 인물의 대사와 대사 조직법, 카메라 이동과 효과, 장면 전환 방식 등이 그러하다. 특히 이 시나리오에는 '장면 사이의 매개 요소'를 통해 장면을 전환하는 방식 역시 이미 활용되고 있다.

S(24) 교외의 요정(夕)

(…중략…)

현수　(언성을 높이며)

　　　"조흔 말로 할 때 들어가지 웨 이래"

월향이 팔을 끄잡는다.
월향, 저항한다. 현수, 강제로 껴잡는다. 월향이 쓰러질 듯 끌닌다. 등탁자에 놓엿든 물병, 마루창에 떨어지면서 <u>산산히 부서진다.</u>

S(25) 月香의 집 門前 (밤)

우선의 단장에 후려갈김을 받어 산산히 부서지는 장명등(長明燈),
형식　"이 사람, 이게 무슨 짓인가?"
우선　"그 놈 김현수 한 놈이 살림을 채린다구"
형식　"글세, 이 사람아. 정주 출생이라는 것과 나이만 같으달 뿐이지 그 여자가 박영채란 건 몰을게 아닌가?"
우선　"좌우간 가 보세"
(O · L)[89] (밑줄: 인용자)

　#24는 교외의 요정(술집)을 공간적 배경으로 삼고 있고, #25는 월향의 방을 공간적 배경으로 삼고 있어, 두 씬은 공간적으로 분리된 상태이다. #24에서 김현수는 월향(영채)을 강제로 유혹하고자 하지만, 영채는 이에 대해 강력하게 반항한다. 그러다가 물병이 떨어지면서 산산히 부서지는 광경이 카메라에 포착된다(#24의 말미).

　#25는 #24와 비슷한 시간대에 월향을 찾아온 형식과 우선이 영채

---

89) 이광수 원작, 박기채 각색, <토-키·씨나리오 무정>, 『삼천리』 10권 5호, 1938년 5월 1일, 291면.

에 대해 대화를 나누는 장면이다. 하지만 #25의 최초 도입부는 '산산히 부서지는 장명등'으로 시작된다. 왜냐하면 #24에서 물병이 부서지는 것과 같은 이미지, 즉 '유리가 부서진다'는 공통된 표상으로 #25를 연결했기 때문이다.

로버트 맥기는 시나리오의 구성을 '장면의 배치와 연결'로 파악했고, 이러한 구성을 원활하게 하는 요건 중에 '이동의 원칙'이 있다고 주장했다. 이동의 원칙은 장면과 장면을 연결하는 제 3의 요소를 마련하는 방법이다. 한 장면에서 다음 장면으로 넘어갈 때 두 장면을 매개하는 요소가 없거나 명확하지 않다면, 즉 사건들을 연결하는 고리가 없다면 이야기의 전개는 위태롭게 된다. 그래서 장면의 전환에는 어떤 내적 필연성이 마련되어야 한다. 가령, 해안을 찰랑이는 파도 장면에서 잠자는 사람의 숨소리 장면으로 이동하거나, 앞 장면과 뒤 장면에서 반복적으로 등장하는 어구가 배치되는 것 등이 그것이다.

전(前) 장면의 마지막 대목과 후(後) 장면의 도입 대목의 형태적 유사성을 이용하여 장면을 전환하는 수법이, 매개요소를 활용하는 장면 전환 수법으로 현대 시나리오에서 선호되는 장면 전환 방식 중 하나이다. 이른바 장면의 편집을 용이하게 만드는 기법인 셈이다. 1930년대 후반에 이미 이러한 기법이 시나리오에 반영되어 있다. 이러한 기법은 시나리오의 형식적 분화가 상당 부분 진척되었고, 구조적 틀이 상당 부분 안정되기 시작했음을 증거 한다고 하겠다.

이 시나리오는 기법상 그 수준이 진척되고 형태상으로 현대 시나리오의 형식에 근접했을 뿐만 아니라, 시나리오가 영화의 기본 도구라는 사실을 인지한 상태에서 집필·수록되었다. 이 작품의 말미에 보면, "이 씨나리오는 영화화되기 전에 발표하게 되므로 영화의 완전한 설계도라고는 말할 수 없습니다"[90]라는 부가 문구를 첨부하고 있다. 이러한 문구는 시나리오가 촬영 현장과 편집 과정에서 얼마든지 변형될 수 있고, 또 변형되어야 한다는 것을, 창작자가 인지하고 있음을 보여주는 반증이라 하겠다. 시나리오의 가변적인 속성을 인정하고 있는 반응이다.

반면 이 작품에는 "원작과 씨나리오와의 상차(相差)에 있어서는 집필 당시와 현재와의 사회적 정세의 변화와 기타 여러 가지의 사정으로 시대를 현대로 곤쳤을 뿐 아니라 일반적으로 압축을 가하였읍니다"[91]는 문구도 삽입되어 있다. 이것은 각색 과정에서 시나리오와 원작의 차이를 염두에 두고 각색 작업을 수행했다는 증거에 해당한다. 특히 시나리오는 소설과 변별되는 미학적 구성 원리가 별도로 존재한다는 사실을 인지하고, 이를 대본의 각색 과정에 반영했음을 밝히고 있다. 이것은 넓은 의미에서 시나리오와 다른 문학(작품)의 변별성, 즉 시나리오의 독자적 완결성을 인정하는 발언이라 할 것이다.

5. 네 편의 시놉시스 형식이 가미된 영화 소개(글)

『삼천리』 10권 11호에는 네 편의 시나리오(시놉시스)가 실려 있다. 하나는 11월 상순에 경성 시내에서 봉절(개봉)될 예정인 듀비베 감독·베벨모코 주연의 프랑스 영화 <望鄕>(수록 제목은 <望鄕 PE`PE LE MOKO>, 이하 <망향>)의 시나리오이고, 다른 하나는 이규한 감독 <새출발>의 시나리오이며, 또 다른 하나는 大阪每日新聞社 제작 영화 <성전>의 시나리오(수록 제목은 <聖戰 大阪每日新聞社 제

---

90) 이광수 원작, 박기채 각색, <토-키·씨나리오 무정>, 『삼천리』 10권 5호, 1938년 5월 1일, 295면.
91) 이광수 원작, 박기채 각색, <토-키·씨나리오 무정>, 『삼천리』 10권 5호, 1938년 5월 1일, 295면.

작>, 이하 <성전>)이며, 마지막 하나는 해외 영화 <무도회의 수첩>의 시나리오(수록 제목은 <舞踏會의 手帖>, 이하 <무도회의 수첩>)이다.[92]

네 편의 글은 모두 간단한 줄거리를 수록하고 있고, 해당 영화에 대해 광고 겸 소개를 덧붙이고 있다. 시놉시스 형식을 가미한 영화 소개문(프리뷰)이라고 볼 수 있기 때문에, 공히 나운규의 시나리오 <지상영화 종로>와 흡사한 형식을 고수하고 있다고 할 수 있다. 하지만 1938년이라는 시점은 발성영화가 보편화되기 시작한 시점이었고, 시나리오 형식도 자체적으로 어느 정도 발전되어 그 형식이 정착되고 있는 시점이기 때문에, 1930년대 전반기에 발표된 <지상영화 종로>와 동일한 위상이나 가치로 이 네 작품을 파악할 수는 없다.

1933년경에 발표된 시나리오 <지상영화 종로>는 시놉시스라는 시나리오의 세부 형태로 인정받을 수 있으므로, 그 작품을 통해서는 시나리오로서의 형식과 발전 가능성을 살필 수 있었다. 하지만 1930년대 후반에 들어서면서 이미 <토-키·씨나리오 무정> 같은 시나리오의 형태가 나타나고 있으므로, <토-키·씨나리오 무정> 이후에 발견되는 시놉시스마저 본격적인 시나리오로 간주하기는 어렵다고 해야 한다.

따라서 이 네 편의 텍스트에, 과거 <지상영화 종로>처럼 시나리오로서의 폭넓은 해석 가능성을 적용해서는 곤란할 것이다. 따라서 <망향>과 <새출발>과 <성전> 그리고 <무도회의 수첩>은 대체로 시놉시스 형식에 충실한 텍스트로 이해되어야 하며, 나아가서는 시놉시스 형식을 가미한 영화 소개문으로 규정되는 것이 마땅

---

92) 『삼천리』 10권 11호, 1938년 11월 1일, 95~108면.

하다.

　<망향>의 시나리오는 영화의 줄거리를 대략적으로 압축해 놓은 형태이다. 특별히 시나리오만의 독자적 특징은 그다지 발견되지 않는다. 반면 <새출발>은 배역표와 배역을 맡은 배우의 이름, 그리고 제작진의 명단이 공개되어 있다. 하지만 나머지 본문은 대강의 줄거리를 소개하는 줄글로 채워져 있다.

새출발

배역
리봉수 ···································· 서월영
정난순 ···································· 문예봉
이세득 ···································· 독은기
이세민 ···································· 김한
최만석 ···································· 김일해
연홍 ······································ 이백희
박태진 ···································· 이송천
봉수의 처 ································· 정춘희
김성신 ···································· 박종오
기(其)의 처 ································ 허희순
낭점순 ···································· 이예란
감독 ······································ 이규환
촬영 ······································ 양세웅
조선영화주식회사제작

　사람의 일생은 즐거운 것뿐이 아니다. 다시 말하면 사람은 한 평생 사는 사이에 희비애락이 교착하는 길을 거러 가며 항상 새로운 출발을 해보려고 한다. 이것이 사람의 일생이다. 이제 여기 이 얘기 하려는 내용은 굿세게 살여고 애쓰는 어떤 사람의 일생을 그린 것이다.

이 얘기의 실마리는 지금부터 20년 전에 옛날로 도라 간다.

그는 원래 농부로 매우 즐거운 생활을 할 수 있다. 마는 점점 급박해오는 농촌의 불경기로 말미암아 하는 수 없이 오래 살든 - 정든 고향을 떠나려 했다.

그는 안해와 두 자식을 대리고 잡대(雜貨) 행상인으로서 정처 없는 유랑 생활을 계속하며 몇 해의 세월을 보낸다.

그의 안해는 때때로 안정하고 사는 사람들의 생활을 부러워하며 그 남편더러 우리도 빨니 돈을 뭉아가지고 전과 같이 생활자고했다. 그럴 때마다 남편은 웃는 얼골로 안해를 위로 하는 것이다.

어떤 날 그들은 마을 앞 시냇가에 짐을 내리우고 저녁밥을 먹고 있을 때 우연히 근처 어떤 노인이 급병으로 졸도한 것을 구해준 것이 인연이 되어 그 노인은 그들에게 자기 재산 얼마는 주었든 까닭에 그들은 원하든 농촌 생활을 다시 하게 된다.

어느 날 그들 부부는 자기 집 비료 적치장을 쌓으며 굿게 약속하는 것이다.

"인제부터 우리는 비료와 같은 농토적 양심과 돌과 같은 구든 의지로 한 푼일지라도 낭비 말고 의식을 절약해서 부자가 됩시다! 그래서 아이들을 행복하게 합시다"

이리하여 그들은 20년 간 침식을 잇고 땀을 흘니며 일을 한 결과 현재는 상당한 부자가 되었다마는 그 아들들은 부모와 달나서 둘재 아들은 일즉부터 읍내로 출입하며 어느 술집 게집과 좋아지내며 분에 넘치는 돈 쓰기를 항상 하는 까닭에 빗을 어더 쓰고는 그 부모에게 돌여 노아서 그들의 재산은 날마다 줄어갈 뿐 이였다.

이것이 원인이 되여 집안의 분쟁이 끝이지 않는다. 그들 부부는 자기들이 옛날 고생할 때 돈만 있으면 집안 걱정이 없을 것 같이 생각했으나…… 지금 돈이 있고 보매 도모지 그렇지 못하고 오히려 돈 없는 것만 같이 못한 일이 많음으로 늘 한탄하는 것이다.

또 한 편 맞아들도 역시 어떤 광산 푸로커—에게 속히워서 아버지의 인장을 훔처 내여 토지 저당을 하여 10,000원 갓가운 차금(借金)을 질머지게 되였는데 광산에선 금이라군 조곰도 안나고 해서 아버지에게 그 사실조차 고백 못하고 혼자 고통하고 있는 형편이다.

어느 날 어머니는 둘재 아들과 사는 술집 계집을 차저 가서 자기의 아들과 갈나질 것을 타일너 주고 오든 어둔 밤길에 실족하여 언덕에서 굴너 떠러진 것이 의외의 중상 상태에 이르러 드디여 죽고 만다.

남편은 울었다. 사랑하는 안해가 20년간 고생만 하다가 결국 악(樂) 한 번 못보고 죽은 것이 가슴이 앞어서 울고 또 울은다.

슲은 가운데 장남의 차금(借金) 문제가 기한이 되여 그 아버지 앞으로 도라왔다. 아버지는 한참 엇찔 줄 몰났다. 아들을 징역 식힐 것인가? 자기가 히생할 것인가?…… 생각하고 생각한다. 생각한 결과 그는 아들의 장래를 위해서 차남이 방탕한 생활에 쓰고 남은 얼마의 남은 재산 전부를 다 내여 장남의 빗을 갚어 준다.

그는 이렇게 아들에게 타일느고 힌 머리카락을 휘날니며 새 출발의 길에 나서는 것이다.

그리고 그는 다시 여생을 개척하려고 결심한다. 또 그 아들들에게

"너이들이 없센 재산은 너이가 모은 돈이 아니고 내가 뫃은 것이니 너이들은 누구를 붓그러워 할 것도 무서워 할 것도 없다. 슲어하지 말고 실망하지 말고 지금부터 정신을 차려서 너이 자신으로 앞길을 개척해 나가길 바란다. 그리고 형제가 화목하여라. 이것이 아비의 최후의 원이다……"[93]

<새출발>은 조선영화주식회사 산하 성봉영화원에서 제작되었다. 조선영화주식회사가 <새출발>의 제작을 공식 발표한 시점은 1938년 9월 15일이었다. 조선영화주식회사는 제 2회 작품으로 <새출발>을 공고했고, 이를 위해 '낭독회'를 개최했다. 위의 시나리오가 『삼천리』에 수록된 시점은 그 직후이다. 이규환의 시나리오가 별도로 존재했는지

---

93) 이규환, <새출발>, 『삼천리』 10권 11호, 1938년 11월 1일, 98~100면.

는 확인되지 않지만, 대중들에게 <새출발>은 위의 형태로 공개되었다.

조선영화주식회사는 1939년 10월 <새출발>을 제작 완료하고, 10월 30일(~11월 6일) 명치좌와 대륙극장에서 개봉하였다.[94] 이것은 제작 공식 발표 시점인 1938년 9월로부터 약 1년 정도 소요된 시점에 해당한다.

<무도회의 수첩>은 장면 별로 하나의 묶음을 짓고 있고, 묶음과 묶음 사이에는 물리적 간격을 두고 있다. 이러한 물리적 묶음은 시퀀스(sequence)의 단위와 대략 일치한다. 남편을 잃은 그리스치이누는 유품을 정리하다가 처녀 시절 자신의 수첩을 발견하고 옛날 애인들을 찾아 나서기로 한다. 그녀가 방문하는 애인별로 서사가 단락 지어지며, 이러한 서사 단락이 이야기의 묶음(시퀀스)으로 가시화된다. 그러니까 이 작품은 시퀀스 별로 화제를 연결하여, 과거를 찾아 다니는 그리스치이누의 삶과 이력을 재구성하려는 의도를 드러내고 있다.

네 편의 작품 가운데 가장 시나리오에 근접한 형식을 보이는 작품이 <성전>이다. 이 작품의 시놉시스는 서두에 카메라에 대한 언급을 내비치면서, 시나리오로서의 특징을 일정 부분 담아내고자 했다.

카메라는 용맹 과감한 우리 황군이 완강한 장개석(蔣介石) 군(軍)과 쌓와 격멸한 뒤를 쪼차서 진포선(津浦線) 남쪽-차창(軍窓) 밖, 격전의 자취 운하, 평야, 산-등을 거쳐서 서주(徐州)의 시가를 향한다. 이번 사변에 있어서 서주(徐州) 공략전이 얼마나 훌융했던 것은 임이 세인이 아는 바지만 이제 서주(徐州)의 위치와 진가를 역사적으로 해부하고 다시 그 외랑(外廊)의 근대전

---

94) 「<새출발> 봉절 30일 명치좌 대륙극장에서」, 『조선일보』, 1939년 10월 22일, 4면 참조 ; 「조영(朝映) 제 2회 작품 <새출발>」, 『동아일보』, 1939년 10월 26일, 5면 참조.

적 방비 시설이 어떻게 형성되어있었든 것은 이 영화만이 이야
기할 수 있다.[95]

　위의 인용문에는 카메라의 시야와 그 이동 방식이 기술되어 있다.
하지만 <성전>을 냉정하게 살펴보면, 인용문 외의 진술에서 시나리
오의 특성을 찾을 수 없다. 오히려 국책영화의 주제를 옹호하고 그
효과를 과장해서 전달하려는 의도를 발견할 수 있다. 이른바 국책·
어용·친일·목적 영화 시놉시스의 전형적인 형식을 제시한 셈이다.

6. 시나리오 형식의 완성형 〈씨나리오 성황당〉

　정비석 원작·이익 각색 <씨나리오 성황당>은 현대 시나리오와
거의 흡사한 형식을 취하고 있다. 따라서 『삼천리』 내에서 작품 계
보를 따져 보면, 시나리오 <토-키·씨나리오 무정>과 잇닿아 있다고
할 수 있겠다. 따라서 시나리오 형식의 기원과 발전 과정을 '이경원
의 <가을의 감정, 신부의 명랑성> → 나운규의 <신작영화 오몽녀> →
이광수 원작·박기채 각색 <토-키·시나리오, 무정>'로 상정할 수
있다.

　<씨나리오 성황당>에는 배역표, 씬 표시(S), 씬 넘버, 카메라 지시
문, 광학 효과 표지가 모두 구사되고 있다. 또한 제작진의 역할도 정
확하게 표기되어 있다. 시나리오로서의 자의식도 충분하고, 영화 문
법도 충실하게 반영되어 있다. 따라서 현대의 시나리오와 거의 유사
한 형식을 갖춘, 1930년대 초창기 시나리오의 일차 완성형이라고 잠
정 결론지을 수 있다.

---

95) <성전 대판매일신문사 제작>, 『삼천리』 10권 11호, 1938년 11월 1일, 107면.

『삼천리』에서 1939년에 이러한 시나리오를 잡지에 실어 일반인들에게 공개했다는 점은 시사 하는 바가 적지 않다.『삼천리』는 당대의 인기 잡지였고, 대중 잡지였다. 그럼에도 시와 소설을 수록하여 일반인들에게 읽히는 것은 당시 대중들의 정서나 출판 관습에 부합할 수 있었지만, 시나리오를 수록하여 소개하는 것은 생소한 일이 아닐 수 없었다.

비록 1938년에 <무정>의 시나리오가 공개된 바 있지만, 이것은 당대의 인기 작품인 소설 <무정>을 각색했다는 점에서 당대인들에게는 내용상 친숙한 경우에 해당한다. 하지만 소설 <성황당>을 각색했다는 점에서는 이견을 구할 수 있을 것이다. <씨나리오 성황당>도 문예영화 시나리오에 속하지만, 그 인지도에서 한참 뒤진다는 점에서 <씨나리오 성황당>의 수록은 파격적인 결정이 아닐 수 없다. 그 분량도 <토-키・씨나리오 무정>에 비해 월등이 많았다.

더구나 <씨나리오 성황당>은 시나리오에 사용되는 촬영・편집・광학 효과 관련 기호를 대거 반영하고 있을 뿐만 아니라, 씬과 씬의 전환 및 결합에서 간략한 문장을 사용하고 있다. 따라서 시나리오 독법에 익숙하지 않은 이들에게는 독서물로서의 감상이 용이하지 않은 텍스트이다.

그럼에도『삼천리』는 이 작품을 전면 수록했고, 대중들의 독서물로 제공한 바 있다. 이것은 그만큼 시나리오에 대한 대중적 인지도가 상승했고 그 감상법이 확산되기 시작했음을 의미한다. 또한 시나리오라는 장르에 대한 대중적 인식이 맹아를 드러내기 시작했다는 간접 증거로도 파악될 수 있다. 아쉬운 것은 이러한 맹아가 1940년대에 들어서면 더욱 심화되지는 못한 점이다.

다음은 #1~#9까지의 장면 흐름을 옮겨온 대목이다.

S1F1 장산(長山)의 연봉連峯(원경)

'해뜰 무렵' O · L

좌(左)로 팡*-하면서

S2 울창한 나무 있는 산맥(山脈) 수(數)

CUT O · L

S3 현보가(賢輔家)의 원경(遠景)

산봉(山峯) 밑에 외로이 보이는 초가(草家) 일간(一間). 아츰 연기가 소사오르고 있다.

도로-팡-하면

S4 성황당(城隍堂)

X 고개에 있는 성황당(城隍堂) (전경(全景))

성황(城隍)나무 사이로 아침 햇발이 반사(頒射) 되었다.ー한동안ー

X 성황당(城隍堂) 옆에 놓여 있는 숫지개. (숫세섬)

현보(賢輔), 숫지개를 지고 S·N하야지고오 숫지개를 내려노코 먼저 놓여 있는 지개의 끈을 풀러매는 동작

X 현보(賢輔), (BUST**) 굳세게 지개 끈을 붓직 자버매고 흐르는 땀을 씿고 다시 지개를 지는 동작

X 현보(賢輔), 지개를 지고 고개 마루턱을 넘어간다. (성황당을 느어서)

S5 고개길 (성황당 부근)

일직선으로 된 고개를 내려오는 현보(賢輔)ー아래로 팡ー

S6 산봉 길 (성황당 있는 곳)

X 구름 사이로 성황나무가 보이는 산봉 길에서 아래로 팡하면 현보. S·-N하야 산가 개울에 와서 지개를 버서노코 개울물을 마신다.

X 현보, 캅븐 숨을 휙 쉬고 땀을 씨스며 내려온 고개를 다시, 처다 보고 올라갈 동작.

S7 성황당이 보이는 고개 (전경)

S8 성황당

X 순이(順伊), 숫섬을 이고 S·-N하야 노여 있는 숫지게에다 내려놋는다.

뙈리로 썼든 자루를 풀어서 활활 털어 지개 우에다 언저 노코 지개 꼬리를 다려 맨 다음 고개 쪽을 바라볼여는 동작

X 순이(順伊) (BUST) 고개 쪽을, 바라본다.

X 순이 옆에 있는 돌을 몇 개 지버서 한편에 모아놋는다.

X 순이 지벗든 돌을 옆에 노코 현보의 오는 곳을 보고 반긴다.

X 현보, S·-N하야 지개고리를 붓적 졸라매고 자루를 허리 뒤에 차면서

현보　"이번엔 보리쌀이나 두 말 사구 남는 돈은 술이나 한 잔 사먹어야지."

X 순이　"내 고무신은 어떠커구? -흥- 그래만 봐. 내 다러나 버리구 말테니"

하고 웃는다.

현보　"다라나면 누가 겁나나"하고 웃는다.

X 현보　"이번에야 설마 안 사올야구. 염여마러"하고 지개를 지고 이러슨다.

순이 가는 현보를 쪼차가며

　　　"댕기두 사다 줘야허우"

X 현보, 순이를 도라보며

　　　"댕기는 뭐? 추석이 아즉두 머럿는대"

하면서 고개 쪽으로 SUOT

X 순이, 현보의 내려가는 것을 한동안 바라보다가

　"댕기두 잊지 말구 꼭 사가지구 와요?"

S9 성황당 고개

현보, 그 소리에 멈츳서서 도라보며 빙그래 웃고 다시 걸어간다.[96]

　　* 팡 : 패닝쇼트, panning shot, 카메라가 고정된 상태에서

　　　　　　　수평 방향으로 이동하는 쇼트.

　　** bust : bust shot, 흉촬영장면(胸撮影場面),

　　　　　　　머리에서 가슴까지 촬영한 장면.

<씨나리오 성황당>의 도입부이다. 원경부터 시작하여 두 사람(현보와 순이)이 위치한 있는 공간을 제시하는 방식은 전형적인 설정 화면에 해당한다. 특히 씬 별로 상세하게 카메라의 위치와 범위를 지정하고 있고(화면 사이즈), 화면의 연계와 광학적 효과를 결부시킬 방법을 비교적 자세하게 지시하고 있다.

'장산의 연봉' → '산맥' → '현보가의 원경' → '성황당'으로 이어지는 일련의 흐름은 공간적 배경을 설명하는, 동시에 현보와 순이가 처해 있는 상황을 알려주는 기능을 하고 있다. 최종적으로 제시된 공간으로서의 성황당은 사건 전개에 필요한 오브제이자 상징적 비유물로 기능하게 된다. 이 작품은 성황당을 둘러싼 일련의 애욕을 그린 작품이기 때문에, 이 공간은 소재나 주제의 측면과 긴밀하게 연관된다.

전경 제시가 끝나면 그 안에 위치한 인물이 차례로 소개된다. 먼저 지게를 메고 등장하는 현보가 소개되고, 이어 현보의 처 순이가 소개된다. 이 과정에서 카메라가 인물과 인물 사이의 공간과 시간,

---

96) 정비석 원작, 이익 각색, <씨나리오 성황당>, 『삼천리』 11권 7호, 1939년 6월 1일, 272~273면.

그리고 장면의 전환과 연계 방법이 시나리오에 세심하게 기록되어 있다. 바꿔 말하면, 각색자는 카메라의 움직임과 이동 방향을 지시하여, 현보와 순이의 관계, 그들의 현재 처지, 그리고 앞으로 일어날 사건의 이유 등을 보여주려 한다.

이를 위해 구체적인 지시가 기술되고 있다. 이러한 지시는 대단히 기교적이어서, 단순히 인물 제시만을 목표로 하기보다는, 전체적인 영상 이미지를 그려내는 것을 함께 의도하고 있다고 보아야 한다. 이것은 영화 문법에 익숙한 이들에게도 상당히 사려 깊은 기술 방식이 아닐 수 없다.

두 인물이 제시되면, 곧이어 두 사람의 대화가 전개된다. 두 사람은 부부이고, 가난하게 살고 있다는 정황이 드러나기 시작한다. 그리고 현보가 장에 가는 사건을 예시하고, 그때 순이가 고무신과 댕기를 사올 것을 요구하는 설정을 삽입한다. 현보가 장에 가고 순이의 물품을 사게 되면서, 이 작품의 서사는 갈등을 비축하게 된다.

<씨나리오 성황당>은『삼천리』에 실린 시나리오 중에서 현대적인 형식에 가장 접근한 텍스트이고, 현대의 시나리오가 요구하는 각종 조건을 가장 충실하게 충족시킨 작품이다. 따라서 1930년대를 거치면서『삼천리』가 게재·수록한 시나리오의 정제된 결과물로 볼 수도 있다.

당시는 시나리오에 포함되는 각종 세부 장르가 혼재되었던 시기였다.『삼천리』만 해도 간단한 시놉시스에서, 영화 프리뷰, 무성영화 대본에 가까운 시나리오, <토-키·씨나리오 무정> 같은 발성영화 시나리오 등이 혼재되어 있다(어느 정도는 시간적 흐름에 따라 시나리오의 형식도 변화 발전하기도 한다).『삼천리』의 외적 상황까지 감안하면, 더욱 혼란스러운 상황이었다. 이러한 인식적 혼란을 극복하

고 <씨나리오 성황당>이 출현했다는 사실은, 당대인의 시나리오에
대한 인식적 혼란이 완전히 종식되지는 못했을지라도, 정제된 형식
에 대한 합의가 어느 정도는 이루어졌다고 판단할 수 있겠다.

7. 『삼천리』에 게재된 시나리오의 변모 과정

위에서 살펴 본 시나리오의 특성을 표로 정리하면 다음과 같다.

발표 시기	작자	제목 (기사 제목)	배 역 표	씬 구분	씬 넘버	카메라 지시문	광학 효과	영화 문법	시나리오 형식에 대한 자각	의의
1931년 11월	이경원	<가을의 감정, 신부의 명랑성>	–	미약	–	○	–	약간 반영	강함	초기 시나리오 형식을 보여줌
1932년 5월	나운규	<개화당>	○	약간 (서두)	–	–	–		약하게 드러남	시놉시스 형태에 가까운 시나리오
1933년 9월	나운규	<지상 영화 종로>	○	–	–	–	–		약하게 드러남	시놉시스 형태에 가까운 시나리오
1937년 1월	나운규	<신작 영화 오몽녀>	○	–	–	–	–	부분적 으로 나타남 (점진 노출)	약하게 드러남	시놉시스 형태에 가까운 시나리오

시기	원작/각색	작품							형식적 강도	성격
1938년 5월	이광수 원작/박기채 각색	<토-키·씨나리오, 무정>	○	○	○	○	○	○	대단히 강함	현대 시나리오 형식에 근접한 시나리오
1938년 11월	–	<望鄕 PE`PE LE MOKO>	○	미약	–	–	–	–	거의 없음	해외 영화 소개(글)
1938년 11월	–	<새출발>	○	–	–	매우 미약	○	–	거의 없음	시놉시스 형태가 가미된 영화 소개(글) 혹은 시놉시스
1938년 11월	–	<무도회의 수첩>	○	미약	–	–	–	–	거의 없음	시놉시스 형태가 가미된 해외 영화 소개(글)
1938년 11월	大阪每日新聞社 제작	<聖戰>	–	–	○	–	–		거의 없음	국내(일본) 제작 영화 소개(글)
1939년 6월	정비석 원작/이익 각색	<씨나리오 성황당>	○	○	○	○	○	○	대단히 강함	정제된 형식의 시나리오로 현대 시나리오의 원형

위의 표를 참조할 때, 시나리오의 형식적 특징에 관련된 모든 항목을 충족시키는 작품은 <토-키·씨나리오, 무정>과 <씨나리오 성황당> 두 작품이다. 두 텍스트는 현대 시나리오와 거의 차이가 없으므로, 1930년대 시나리오 형식의 최종 정리 형태이자 현대 시나리오의 원형으로 간주할 수 있다.

1935년 발성영화가 제작·보급된 이후 시나리오의 발전은 계속되었다. 비록 검열대본으로 현재 존재하고 있지만 최애조 각본의 <국경>(1939년 제작) 이나 이영춘 원작·리정호(里靜湖) 각색 <귀착지>(1939년 제작), 혹은 1937년 『동아일보』 제1회 시나리오 현상모집에 당선했다가 이후 각색된 촬영용 대본으로 각색된 작품 <애련송>(1939년 제작) 등은 모두 <씨나리오 성황당>과 유사한 수준의 정제된 형식미를 갖춘 경우이다. 따라서 1939년 시점에서 조선의 시나리오는 완성된 형식을 갖추기 시작했다고 볼 수 있다.

위의 표에서 그 다음에 주목되는 작품은 <가을의 감정, 신부의 명랑성>이다. 이 작품은 씬 구분도 나타나고 있고, 카메라에 대한 지시문도 존재하고 있다. 비록 씬 넘버와 씬 기호는 별도로 설정되지 않았지만, 고의로 단락을 띄어 쓰고 소제목을 붙여 씬을 구획하고자 한 의도는 분명하다. 또한 영화의 시각성을 어느 정도 반영하고 있고, 시나리오 형식에 대한 자각도 강한 편이다. 따라서 1931년 경 <가을의 감정, 신부의 명랑성>은, 1938년과 1939년에 <토-키·씨나리오, 무정>과 <씨나리오 성황당>으로 연계되면서 시나리오의 형식적 특징이 수정·보완·정착·발전·정교화 되는 기원이 되었다고 할 수 있겠다(다만 이 작품이 한국의 창작물이 아니라 서구 영화의 기록물일 가능성은 여전히 배제할 수 없다. 여기서는 형식적 특징만을 일단 살펴보기로 한다)

하지만 그 사이에 존재하는 나운규의 작품들은, 이러한 발전적 연계성을 다소 부인하는 형태를 취하고 있다. <개화당>에 비해 <지상영화 종로>나, <신작영화 오몽녀>가 더욱 현대적 시나리오 형식에 근접했다고 판단되지 않기 때문이다. 세 작품은 모두 완성된 시나리오로서의 특징도 일부 드러내고 있지만, 동시에 통상적인 시놉시스로서 특징도 여전히 지니고 있다. 이때의 시놉시스 역시 시나리오의 하위 장르이기는 하지만, 형식적으로 판단할 때 시나리오의 형식적 완성과는 거리가 있다는 점을 부인하기는 힘들다고 해야 할 것이다.

8. 1930년대 시나리오 형식

앞에서 살펴 본 작품(들)은 『삼천리』에 실려 있는 시나리오들이다. 이러한 시나리오 형식에는 줄거리를 간략하게 압축한 시놉시스로부터, 특정 영화를 선전하려는 목적이 더욱 강하게 나타난 텍스트(혹은 프리뷰), 그리고 현대적인 시나리오 형식을 갖추어 가는 작품에 이르기까지 다양한 형태가 포함될 수 있다. 여기서는 이러한 다양한 형식의 글들을 통칭하여 '시나리오'라고 칭했다. 그 결과 1930년대 시나리오의 존재 양상과 그 특장 그리고 한계를 함께 비교할 수 있었다.

> 그러나 현재 우리에게 보여주고 있는 거진 희곡 같은 거라든지 거진 소설에 가까운 거라든지 심한 것은 영화해설이라든지 또 한편으로는 카메라의 위치까지 지정한 콘티뉴티에 가까운 것 등등 각인각색의 여러 가지 씨나리오 중에서 대체 씨나리오 문학의 새로운 경지를 자부하고 나아갈 형식이 과연 어느 형식의 씨나리오야만 될 것인가 하는 문제에 대해서는 아직 아모런 규정도 짓지 못한채 그저 단순한 독물(讀物) 이상의 씨나리오에도 독자적인 문학성이 있다는 것만을 막연하게 알고 있는데 끈차있는 듯하다

1930년대 이운곡의 견해(「씨나리오론」, 『조광』, 1939년 11월)에

따르면, 1930년대에는 독서물로서 시나리오가 다양하게 존재하고 있었다. 그러나 그 어떤 형식이 미래의 시나리오 형식으로 정착되어야 하는지에 대해서 완결된 합의가 이루어진 바 없었다. 다만 시나리오가 문학성을 갖춘 독자적인 양식으로 존재할 수 있다는 점에 대해서만 막연하게 동의하고 있는 상황이었다.

당시 어떠한 시나리오이든, 영화라는 매체와 그 특성을 활자로 바꾸어 독자로 하여금 독서의 대상으로 삼도록 한다는 점에서 문학적 특성을 어느 정도 담지하고 있었다. 그러면서도 영화의 대본 혹은 촬영의 기본 설계도로서의 기능도 갖추고 있다.

그러나 대체적으로 무성영화 시절의 시나리오는 간략한 시놉시스의 형태를 면하지 못하고 있었다. 비록 이경원의 작품이 초기 시나리오로서의 특징을 다량 함축하고 있었지만, 그 이후 등장한 나운규의 작품은 그러한 현상이 보편적인 것이 아님을 입증하는 사례가 되기도 했다.

한편 이경원의 <가을의 감정, 신부의 명랑성>은 소설 형식과 다른 시나리오만의 특성을 일정 부분 함축하고 있지만, 내용상의 혼란이나 형식적인 애매함도 또한 간직하고 있었다. 반면 나운규의 시나리오는 무성·발성 영화 시절을 포함해도, 이러한 차별성을 발견하기란 쉽지 않다. 다시 말해서 나운규가 『삼천리』에 수록하기 위해서 정리한 시나리오는, 전문적인 시나리오의 형식적 특징도 드러내고 있지만 동시에 일반적인 독서물로서의 기능도 다분히 장착하고 있다.

하지만 나운규의 시나리오에는 영화적 특성을 반영하려는 그의 관념이 담겨 있다. <신작영화 오몽녀>에는 오몽녀의 동행자에 대한 정보를 거짓으로 흘리고, 이를 화면으로 구현하여 관객을 속이는 방식을 권유하고 있다. 시나리오 집필 과정에 텍스트의 지배권을 지닌 작가의 목소리(일종의 내포 화자)를 투여해서, 관객이 거짓 정보에 현혹되도록 유도하고, 이를 통해 인식적 혼란과 서사상의 긴장을 성취하고자 하는 의도를 드러낸다.

『삼천리』에서 현재 시나리오와 흡사한 형식의 시나리오가 나타난 시점은 1938년 5월이다. 이광수 원작·박기채 각색 시나리오 <토-키·씨나리오, 무정>은 씬 넘버, 씬 표시, 카메라 기법, 광학적 효과, 행동 지시문과 인물의 대사 등을 고루 갖추고 있다. 이러한 조건들은 현대 시나리오가 공통적으로 추구하는 조건들이기도 하다.

여기에 각종 영화 기법을 이해하고 이를 적용한 흔적도 다분하다. 가령 장면 전환 시 시공간적 비약을 상쇄하기 위해서 사용되는 장면 전환 방식이라든가, 첫 장면의 마지막 대목과 후 장면의 도입 대목의 공통점을 이용하여 씬을 이동하는 이동의 원칙 등이 작품 내에서 발견되고 있다. 이러한 장면 전환법은 현대 시나리오의 근간을 이루는 중요 문법 중 하나이다.

물론 1930년대 후반에도 정제된 형식의 시나리오를 거부하고 시놉시스 형태를 구가하는 시나리오가 존재했다. 1938년 11월에 발표된 네 편의 시나리오가 그러하다. 이 네 편의 시나리오는 실제로는 영화 소개 글(일종의 프리뷰)의 성격도 지니고 있어, 시나리오로서의 진위 여부를 의심하게 만들지만, 여기서는 넓은 의미의 시나리오 범주에 일단 포함시키고, 그 의의와 위상을 살펴보았다.

네 편의 시나리오는 그 당시 독자들이 요구하는 정보 제공(새로운 영화 소개)과 독서물로서의 작품의 특징을 모두 고려한 결과로 여겨진다. 그래서 이경원의 <가을의 감정, 신부의 명랑성> → 나운규의 <신작영화 오몽녀> → 이광수 원작·박기채 각색 <토-키·시나리오, 무정> → 정비석 원작·이익 각색 <씨나리오 성황당>으로 이어지는 시나리오 형식의 발전 과정에서 오히려 퇴보하는 인상을 주는 것도 사실이다.

하지만 1930년대 후반 독자들 중에는, 1933년 나운규의 <지상영화 종로>와 같은 형식을 갖춘 독서물로서의 시나리오를 기대하는 수요도 존재했다. 그러한 수요는 1938년 시점에서 네 편의 시나리오로 충족되기에 이른 것으로 보인다. 일반 독자들을 위해, 전문적인 시나리오의 형식이 아니라 독서물로서의 시놉시스 형식 시나리오가 제공된 것이다. 물론 이러한 수요를 예측하고 이를 충족시킨 측은 『삼천리』 편집·기획자이다. 이러한 추정은 이후 정밀한 논구를 통해 보완되어야 할 사항이지만, 형식적으로 완성된 시나리오와 간략한 시놉시스가 공존하고 있었다는 점은 특기할만한 사항이라고 할 수 있겠다.

마지막으로 <씨나리오 성황당>은 1930년대 시나리오 발전사의 최종적인 결과물 중 중요한 하나에 해당하는 작품이다. 씬 넘버, 씬 표시, 배역표, 카메라 지시문, 광학 효과를 모두 완비하고 있으며, 시나리오로서의 자의식도 충분히 갖춘 텍스트이다. 씬과 씬의 연결이나, 특정 장면을 형상화하는 방식, 그리고 영화 문법이 반영된 사물 묘사 등은 현대 시나리오의 그것과 다를 바 없다. 이것은 이익이라는 각색자의 공로이기도 하지만, 1920년대부터 시작하여 1930년대를 거쳐 오면서 시도된 다양한 형식 실험과 모색의 결과물이라고 할 수 있겠다. 그래서 이 작품을 현대의 시나리오의 원형 중 하나로 간주해도 무방할 것이다.

6. 영화에서의 거리

1. 다문화 가정과 다문화 사회

1) '완득'과 등장인물들 사이의 거리

영화 <완득이>의 '완득'(유아인 분)은 이 작품의 주인공이면서 동시에, 다른 등장인물과의 관계를 측정하는 기준이기도 하다. 작품의 서두에서 카메라는 완득과 다른 등장인물의 관계를, '물리적 거리감'을 활용하여 설정하고 있다. 대표적인 경우가 담임선생님 '동주'(김윤석 분)와, 완득의 가족, 그리고 이웃의 외국인들이다.

ⅰ) 완득과 동주의 거리	ⅱ) 완득과 이주외국인(핫산)의 거리	ⅲ) 완득과 민구의 거리

ⅰ)은 아버지에게 꾸중을 들은 완득과, 이 광경을 지켜보는 담임선생님 동주를 포착한 장면이다. 이 장면의 전경에는 완득이 위치하고, 후경에는 동주가 위치하고 있다. 두 사람의 집은 비교적 가까운 거리에 위치하지만, 두 집은 허공을 격하여 떨어져 있어 손쉽게 넘나들 수 없는 거리이다. 직접적인 상호 왕래가 불가능하다는 점에서, ⅰ)의 거리(감)는 완득과 동주 사이에 놓여있는 심리적 거리감을 일차적으로 대변한다.

특히 ⅰ)의 시점(時點)에서 완득은 동주에게 강한 거부감을 품고 있는 상태이다. 완득은 동주를 자신을 괴롭히는 존재로 규정하고 있으며, 규칙을 강제하고 신체적 형벌을 부과하는 심리적 적대자로 판단하고 있다. 그래서 완득은 동네 교회에 가서 동주를 죽여 달라고 기도하기에 이른다(ⅱ). ⅰ)~ⅱ)에서 동주에 대한 완득의 기피감은 비교적 가까운 거리에 위치하지만, 허공을 격한 물리적 거리로 쉽게 접근할 수 없는 상황에 부합된다.

하지만 작품의 서사가 진행되면서, 이러한 거리감은 단축된다. 완득은 처음에는 자신의 일상과 가족의 상황을 지켜보는 동주를 부담스러워하지만, 이로 인해 동주에게 더 이상 무언가를 애써 감출 필요가 없다는 사실에 편안함을 느끼기도 한다. 더구나 완득과 동주는 허공을 격하고 대화를 나누거나, 물건을 주고받으면서(주로 완득이 구호 물품을 동주에게 전해주면서), 물리적 거리감을 넘어서는 외적 교류를 이어간다. 이러한 교류는 '좁힐 수 없는 거리'로 생각되던 두 사람 사이의 격절감(隔絶感)을 단축시키는 효과를 유발한다.

ⅱ)는 동주의 죽음을 기도하기 위해, 완득이 방문한 교회 내부의 풍경이다. 완득은 이곳에서 이주외국인(인도인 핫산)을 만나게 된다. 이곳에 거주하는 이주외국인들은 부자 나라 백인들이 아니라, 가난한 나라 동남아시아인들이다. 이들은 한국 사회 내에서 차별 받고 소외된 계층을 형성하고 있고, 부유한 한국 사회 계층으로부터 착취되는 일종의 내부 식민지인[97]로 전락해 있다.

인도인 핫산은 대한민국의 시민권(citizenship)을 획득한 국민이 아니다. 핫산은 대한민국의 노동자로 온 일꾼에 불과하며, 그나마 체

---

97) 바트 무어·길버트, 이경원 옮김, 『탈식민주의! 저항에서 유희로』, 한길사, 2001, 55~60면 참조.

류 기간이 법적으로 허용된 동안은 외국 손님으로 대우받지만 그 체류기간을 지체하면 범법자로 전락할 신세이다. 전지구화로 요약되는 정치·사회·경제 분야에서의 교류는, 국가와 국가 간의 이주와 상호 작용을 가중시켰고, 초국가적 경제 거래를 활성화시켰으며, 교통과 통신의 발달과 함께 거주와 이동의 제한을 대거 완화시켰다. 그 결과 한국 내에는 소위 남반구 빈국(貧國)에서 이주한 노동자들이 대거 유입되었고, 이들에 대한 국가적 차원의 처우가 문제가 되기 시작했다.

기본적으로 국민국가의 기존 인식 하에서는 외국인 노동자들에게 쉽게 시민권이 허락되지 않는다. 대한민국 역시 이주노동자에게 시민권을 허락하지 않을 뿐만 아니라, 그들의 입국과 거주 역시 엄격하게 제한하고 있다. 또한 시민권을 허락하지 않은 이주자들이 대한민국 국민으로서 동등한 권리를 누리는 것을 묵인하지 않고 있으며, 불법 이민과 거주를 막는다는 명목으로 강압적 행정력까지 동원하며 한국 내의 거주를 제지하고 있다.

이러한 처사와 조치는 국민국가 체제 하에서 불가피한 선택으로 여겨지지만, 의외로 많은 이들이 이러한 조치에 대해 회의와 반론을 제기하기도 한다. 기본적으로 이의 제기자들은 국가가 국민을 선별할 권리가 있는가에 대해 의문을 제기하고, 국민국가의 주권이 전지구적 질서를 오히려 저해하고 있다는 혐의를 제기하며, 궁극에는 영토에 기반을 둔 국민국가가 과연 존속할 필요가 있는가 라는 심각한 회의를 제기하기도 한다.[98]

<완득이>에서 이러한 입장을 발견할 수 있다. 담임선생님 이동주

98) 조동기, 「이주자에 대한 사회적 거리와 시민권에 대한 태도」, 『한국인구학』 33권 3호, 한국인구학회, 2010, 57~59면 참조.

는 국민국가(한국 정부)의 이주노동자 탄압 정책에 심각한 회의와 노골적인 반대를 표명하는 회의론자이다. 그래서 이동주는 ii)의 교회를 중심으로 이주노동자의 인권 보호와 거주 정착을 돕는 활동을 펴나가고 있다. 반면 이러한 이동주를 감금하고 탄압하는 힘은 공권력이다. 그러한 측면에서 이 작품은 국가의 이주노동자 혹은 소수자에 대한 정책에 대해 불신과 회의감을 앞세우고 있다고 할 수 있다. 국가가 '강요된 동질성과 타자로서의 소수자에 대한 합법적인 배제와 차별'[99)을 일으키는 근원이자 거점일 수 있음을 은근히 암시하는 셈이다.

그렇다면 ii)의 교회는 이러한 국가와 공권력에 대항하는 세계 시민권자의 활동공간인 셈이다. 하지만 이러한 전후 사정과 이동주의 의도를 알 길 없는 완득에게, ii)의 시점에서 만난 핫산은 '낯선 이방인'일 따름이다. 이러한 인식 상의 거리는, 물리적으로 상당한 거리감을 가진 두 물체를 하나의 화면에 담아내는 오버 쇼울드 쇼트(over shoulder shot)로 표현되고 있다.

완득과 이주외국인 사이에는 교회 의자(장의자) 한두 칸만큼의 거리가 유지되고 있다. 신자 석의 좌우편을 관통하는 중앙 통로는 대화를 방해하지 않는 한도 내에서 그들 사이의 존재해야 하는 최소한의 거리를 유지하는 역할을 한다. 이 장면에서 한국인 완득(이 시점까지 완득은 단일혈통을 가진 한국인으로 믿고 있다)과 불법 이주노동자 핫산 사이의 사회적 거리는 5~7미터 정도로 표현되는데, 이러한 정도의 거리를 에드워드 홀의 개념으로 정리하면 '공적 거리(public distance)'에 해당한다.[100)

---

99) 오경석, 「한국의 다문화주의」, 『Homo Migrans』 1, 이민인종연구회, 2009, 13면 참조
100) 에드워드 홀의 거리 개념은 이 논문의 4장에서 본격적으로 논구하고자 한다.

공적 거리를 확보하고 있는 두 사람은 서로의 면면이 제대로 드러나지 않을 정도로 떨어져 위치하게 된다. 이렇게 거리감을 확보한 경우, ii)의 오버 쇼울드 쇼트는 필연적으로 가까운 완득을 크고 정확하게, 멀리 있는 핫산을 작고 불분명하게 포착할 수밖에 없다. 이러한 물리적 시야와 카메라의 거리는 궁극적으로 내국인과 외국인 사이에 존재하는 '사회적 거리(social distance)'를 상징한다고 하겠다.

여기서의 사회적 거리는 사회학자 파크(Park)가 짐멜(Gimmel)의 견해에서 이끌어 낸 개념으로, 개인과 집단 사이에 널리 퍼져 있는 친밀감(intimacy)의 정도이자 '우리'와 '그들'을 나누는 심리적 경계(선)를 지칭한다. 이러한 개념을 사회학 연구에 활용한 이가 '보가더스(Emory Bogardus)'인데, 보가더스는 친밀감을 '한 개인이 특정한 지위나 특성을 가진 다른 개인을 대하는 태도'라고 규정하고 있다. 개인에 따라 타인에 대해 느끼는 심리적 거리감이 다를 수밖에 없듯(주로 멀고 가까움으로 인식), 친밀감의 정도 역시 다를 수밖에 없다는 것이다. 보가더스는 이러한 친밀감의 정도를 측정하기 위해서 7가지 척도를 갖춘 연구 방법을 고안했고, 이 연구방법은 사회적 거리를 측정하는 기본적인 연구 방법으로 인식되어 사회과학연구에서 활발하게 활용된 바 있다.[101]

이러한 연구 중 한 예로 영상과 관련된 사회적 거리감을 살필 수 있다. 영상매체(텔레비전과 영화)를 통해 소개된(프로그램에 등장한) 외국인(모습)에 대해 청소년이 인식하는 사회적 거리감을 측정하는 한 연구에서, 우리나라 청소년이 사회적 거리감을 느끼는 순서는,

---

101) 이명진 외, 「다문화 사회와 외국인에 대한 사회적 거리」, 『조사연구』 11권 1호, 한국조사연구학회, 2010, 68~69면 참조.

"미국 백인 < 미국 흑인 < 중국인 < 중남미인 < 동남아시아인 < 아프리카 흑인 < 중동인 < 일본인"의 순서로 나타났다.102) 미국의 백인에 대해 느끼는 심리적 거리감이 가장 적고, 뒤로 갈수록 심리적 거리가 먼 것을 확인할 수 있다. 다른 연구에서도 동남아시아인은 8개의 이민족 집단(조선족과 새터민 포함) 가운데에서 역시 5위 정도의 심리적 거리감을 보이는 것으로 나타났다.103) 이러한 연구에서 한국의 청소년들은 미국 백인을 가장 가깝게 느끼고 있다는 공통점을 보이고 있고, 동남아시아인의 경우에는 표본 집단 중 중간 정도의 심리적 거리감을 느끼는 집단으로 파악하고 있다는 공통점도 드러내고 있다.

따라서 완득이 교회에서 만나는 낯선 외국인으로 핫산이 설정된 것은 이러한 사회적 거리감을 반영한 것으로 볼 수 있다. 특히 동남아시아인은 한국에서 하층 노동자층으로 인식되고 있으므로, 이러한 이질감은 더욱 크다고 하겠다. 결국 완득과 핫산이 한 화면에 포착되면서(two shot) 드러내는 물리적 거리감은, 두 계층 사이의 사회적 거리감을 의미한다고 하겠다.

한편 이러한 거리감(작품 초입에서 제시한 거리감)은 완득이 자신의 정체성을 인식하는 과정에서 변화하게 되는 심리적 거리감을 계산하여 설정된 결과이기도 하다. 완득은 자신이 필리핀 어머니에서 태어난 혼혈인이라는 사실을 알게 되는데, 이때 완득이 한국인과 필리핀(동남아시아인) 사이의 거리감을 내적 거리감으로 인식하게 된다. 핫산의 등장은 일반적인 한국의 청소년들이 느끼는 심리적 거리감을 대변할 뿐만 아니라, 혼혈인이라는 특수 계층 청소년들이 겪게

---

102) 김희자, 「영상매체를 통해 지각된 청소년의 외국인 인식과 사회적 거리감」, 『동서언론』 12집, 동서언론연구소, 2009, 148~151면 참조.

103) 이명진 외, 「다문화 사회와 외국인에 대한 사회적 거리」, 『조사연구』 11권 1호, 한국조사연구학회, 2010, 71~73면 참조.

되는 심리적 충격을 형상화하기 위한 사전 설정이라고 할 수 있겠다.

iii)은 '민구'가 완득 일가로 편입되는 장면이다. 민구는 완득과 '완득 부(父)' 사이에 위치한다. 세상에 혼자였던 민구를 받아들이는 완득 부는, 타자에 대한 이질감과 적대감을 드러내지 않고 있으며, 다소 모자란 지능을 지닌 민구를 일반인과 동일한 위상으로 대우하고 있다. 민구는 완득 부의 친화적 태도와 포용적 시선으로 인해 완득 일가의 일부로 편입될 수 있었다.

완득 일가로 편입된 민구의 밀착 거리는 장애인의 정신적 회복 (recovery)과 사회적 수용의 관계를 암시한다. 회복은 정신 장애인이 증상의 여부와 관계없이 시민으로서의 자유를 느끼고 완전한 사회 통합을 경험하는 상태를 의미한다. 장애인에 대한 사회적 편견과 차별에 관한 기존 연구들은, 정신 장애인에 대한 대중의 부정적 인식과 사회적 거리감이 정신 장애인의 회복을 방해한다고 알려주고 있다.[104] 따라서 정신 장애인의 회복을 돕기 위해서는 대중의 부정적 인식을 일축하고 사회적 거리감을 해소해야 한다. iii)의 거리감(밀착 관계)은 완득 일가가 견지하고 있는 편견 해소와 차별 철폐의 태도를 보여준다. 특히 완득의 부친은 민구에 대해서 심리적 거리를 상정하고 있지 않으며, 완득 역시 이러한 부친의 태도를 이어받아 거리낌 없이 민구를 '민구삼촌'으로 칭하고 있다.

주로 정신 장애인에 대한 일반인들의 정서적 반응은 '두려움 (fear)', '동정(pity)', '분노(anger)'로 요약되며, 행동적 반응은 '돕는 행위(help)', '사회적 거리감(social distance)', '친숙함(familiarity)'로 분류된다.[105] 완득 일가는 민구에 대해 두려움이나 분노를 드러내지

---

104) 박근우·서미경, 「정신 장애인의 사회적 거리감에 대한 수정된 귀인정서모형 적용」, 『사회복지학』 64권 4호, 사회복지학회, 2012, 210~213면 참조.

않고 있으며, 동정심 역시 표하고 있지도 않다. 장애인에 대한 두려움은 분노로 이어지기 쉽고, 동정은 약자로의 대접을 유발하기 마련이지만, 완득은 민구를 '삼촌'이라고 부르며(혈연관계 부여), 그 차별적 시각 자체를 해소해 버린다. 대신 행동 반응으로 친숙함을 드러내며 사회적 거리감을 좁히는 반응을 취하고 있다. 이러한 관계는 정신 장애인의 자율성을 최대한 존중하는 의사 표현에 속하기 때문에, 사회적 편견으로부터 유래하는 무능력(incompetence) 상태에 빠져드는 것을 억제하는 효과를 거둔다. 그래서 민구는 완득 일가의 중요하고 평등한 일원이 될 수 있었다.

따라서 iii)의 시점(완득의 유년시절)에서 완득 일가는 가족의 응집성(cohesion)이 높은 상태였다. 가족의 응집성은 가족성원들이 그들 가족과 분리되거나 연관되는 정도를 가리키는 개념으로, Olson에 의해 가족 체계를 나누는 중요한 기준으로 고안되었다.[106] 비록 어머니가 부재하고 아버지가 신체장애를 겪고 있지만, 유년의 완득에게 이러한 결핍 요소는 문제가 되지 않는다.

하지만 <완득이>의 현재 시점(완득의 청소년시절)에서, 완득 일가는 유년의 응집성을 상당 부분 상실한 상태이다. 고등학생이 된 완득은 부친이나 삼촌에게 과거와 같은 정서적 유대를 드러내지 않고 있다. 완득 역시 소위 말하는 '문제아' 대열에 속한 것처럼 보이기 때문이다. 그럼에도 완득 일가가 상호 간 정서적 유대를 완전히 잃어버린 상태도 아니다. 민구는 변함없이 완득의 가족이며, 가족 구성원 중 누구도 여기에 이의를 제기하지 않고 있다. 완득 역시 유

---

105) 박근우·서미경, 「정신 장애인에 대한 대학생의 편견과 차별」, 『사회과학연구』 28집 4호, 경성대학교 사회과학연구소, 2012, 388~390면 참조.

106) 최연실, 「청소년기 자녀가 지각한 가족 체계 유형과 가족 내 심리적 거리」, 『한국가정관리학회지』, 한국가정관리학회, 1993, 161~162면 참조.

년시절과는 달리 가족 구성원과 일정한 거리감을 유지하고 있지만, 이것은 '나이 든 청소년들이 나이가 어린 청소년들보다 가족으로부터 더 큰 자율성과 분리를 추구하기 때문'이라는 Larson과 Lowe의 의견107)에 근거할 때 이러한 거리감을 어느 정도는 자연스러운 현상으로 받아들일 여지도 있다.

무엇보다 완득은 여전히 가족으로서의 소속감을 유지하고 있으며 가족 구성원으로서의 위치도 포기하지 않고 있다. 따라서 민구와 완득, 그리고 완득의 부친이 형성하는 iii)에서의 거리감은 시점에 따라 다소의 차이는 보일지라도 완득 일가가 서로를 포용하는 자세를 상징한다고 할 수 있다. 이러한 완득 일가의 심리적 거리와 포용적 자세는 물리적 거리가 제거된 화면 iii)의 인물 배치로 구현되고 있다. 이 장면에서 민구는 한 치의 틈도 없이 완득 부자 사이에 정위한다. 따라서 완득 부와 민구, 그리고 민구와 완득 사이에는 물리적 격절감이 전혀 나타나지 않는다. 그들은 나란히 붙어 앉아, 가족으로서의 친밀도를 과시하고 있다. 민구는 이러한 물리적 거리를 통해, 완득 일가의 심리적 경계 안쪽으로 편입할 수 있었다.

2) '완득'과 '어머니의 생존' 사이의 심리적 거리

완득은 동주로부터 '부재하던 어머니'에 대해 숨겨져 있던 사연을 전해 듣게 된다. 이 대목에서 완득에게 어머니의 존재를 설명하는 동주의 위치는 자못 상징적이다.

---

107) 조은경, 「부모·청소년 간의 대인거리·심리적 거리·의사소통이 가족의 응집성과 적응력에 미치는 영향」, 『한국가정관리학회지』 23, 한국가정관리학회, 1994, 105면.

iv) 동주에게 어머니의 존재를 전해 듣는 완득	v) 동주로부터 도망가는 완득	vi) 완득의 집을 찾은 동주

iv)는 완득과 동주가 대화를 나누는 장면으로, 대화의 내용은 완득 어머니(생존 여부와 국내 거주)에 대한 정보 전달이다. 동주는 완득의 어머니가 필리핀 사람이며 현재 한국에서 살고 있다는 비밀을 전해주지만, 어머니가 죽었다고 믿어왔던 완득은 이러한 사연을 좀처럼 수용하지 못한다.

이때 대화를 나누는 두 사람 사이에는 다른 사람이 앉을 만한 공간이 존재하는데, 이러한 공간은 동주와 완득의 심리적 거리를 의미하면서, 동시에 갑작스러운 사실을 대하는 완득의 인식 상의 거리를 보여준다. 완득은 예기치 못한 사실에 충격을 받는데, 이러한 심리적 충격은 당황하는 시선과 어정쩡한 거리로 표현되고 있다.

이 장면에서 주목되는 또 한 가지 특징이 동주의 두 팔(손)이다. 몸의 너비보다 더 벌어진 동주의 두 팔은 시간적·공간적·심리적·인식적 거리(감)를 표현하기 위해, 배우 김윤석이 사용한 제스처이다. 동주는 이 제스처를 취하면서, 완득 부와 완득 모가 17년이라는 세월동안 서로 떨어져 살았다는 정보를 완득에게 전한다. 완득의 가족이 '떨어져 산 시간적 거리'를 '두 팔의 거리'로 표현하고자 했던 것이다. 따라서 그가 벌리고 있는 두 팔의 거리는 완득 부와 완득 모의 별거 기간이면서, 이 사실을 받아들여야 하는 완득의 인식 상 거리, 즉 정서 상 혼란 정도를 가리키게 된다.

'두 팔의 거리'가 함축하는 의미를 파고들면, 한국 사회에서 다문화 가정의 아이로 성장해야 할 완득의 처지를 발견할 수도 있다. 동주가 상정한 두 팔의 거리는 실제로는 얼마 안 되는 것처럼 보이지만, 그 안에 담긴 심리적 장벽·인식적 편견·사회적 차별은 만만한 것이 아니다. 몸의 너비보다 더 큰 거리로, 몸의 너비만큼만 수용할 수 있는 인간에게는 상당한 거리라고 할 수 있겠다. 배우 김윤석은 간결한 제스처를 통해 이러한 개념을 형상화했고, 이 제스처 상의 간격은 인물의 미묘한 심리적 거리로 환원되어 화면 위에 표착되었다.

v)는 iv)의 직후 장면이다. 감당하기 어려운 사실에 직면한 완득은 동주로부터 도망쳐서, 운동장을 가로질러 두 사람이 형성했던 공간(iv)에서 탈출한다. 완득의 질주는 동주로부터 멀어지고자 하는 심리적 선택의 결과이다. 또한 동주가 전달하고자 했던 '외면하고 싶은 진실'로부터, 자신을 이격하고자 하는 회피의 욕망이기도 하다 (이러한 회피는 가출로 이어진다). '필리핀 어머니'라는 존재는, '꼽추 아버지'나, '지능이 모자란 삼촌', 그리고 가난한 집안 사정처럼 완득에게 좀처럼 넘기 어려운 역경에 해당한다. 어떤 의미에서는 후자의 세 조건을 넘어서는 가장 해결하기 어려운 고민이기도 하다.

한국 사회는 다문화 가정의 구성을 좀처럼 용인하지 않는 사회적 생태를 보이고 있다. 국가정책으로는 다문화 사회를 인정하고 혼혈인의 존재를 수용하려 하지만, 사회의 일반적 인식은 이러한 정책 기조를 따르지 못하는 실정이다. 완득은 이러한 한국적 통념적 사고와 전통적 교육 방식으로 인해, 어머니의 생존이 가져오는 기쁨보다 어머니의 출현이 가져올 곤란함에 당혹스러워한다. v)에서 완득이 도망치고 싶어 하는 대상은 표면적으로는 동주이겠지만, 이면적으로는 내면의 진실이며, 확장해서 살펴본다면 사회적 편견이라고 할 수 있다.

한편, iv)와 v)에서 나타난 거리감은 완득 가정이 지닌 현재 도달해 있는 가족 응집성이 매우 낮은 상태임을 알려주는 지표이다. 완득의 부친과 삼촌은 시골 장터를 돌며 장사를 하는 상황이므로, 완득과 물리적·환경적으로 분리된 상태이다. 또한 완득의 어머니는 10년이 넘도록 완득의 가정과 떨어져 지내고 있었다. 이러한 상태는 Olson이 주장한 가족 응집성의 네 가지 단계인 매몰(enmeshed)/연결(connected)/분리(separated)/과잉분리(engaged) 중, '분리' 혹은 '과잉분리' 단계에 해당한다.[108]

유년시절 민구와 완득의 가족 관계가 '매몰'이나 '연결'에 해당했다면, 청소년 시절에 나타나는 '분리'나 '과잉분리'의 관계는 가족 응집성이 크게 떨어진 상태를 가리킨다고 하겠다. 이것은 완득이 처한 사회적 위기의 일면을 보여준다. 완득은 가족 응집력을 잃고 자신과 가족 사이의 심리적 거리를 이격시키고 있는 중이었다고 할 수 있다. 결국 <완득이>는 완득이 이러한 거리감을 좁히면서, 가족 응집성이 과잉분리에서 다시 연결 혹은 매몰의 수준으로 나아가는 과정을 그린 작품이라고 할 수 있다. 이러한 과정에서 중간 촉매제 역할을 하는 이가 동주이다.

동주는 완득의 혼란과 방황을 진정시키기 위해 vi)에서 완득을 찾아간다. vi)은 iv) → v)에 연속되는 장면이다. 상영 시간으로 볼 때

---

108) 최연실, 「청소년기 자녀가 지각한 가족 체계 유형과 가족 내 심리적 거리」, 『한국가정관리학회지』, 한국가정관리학회, 1993, 162~165면; 조은경, 「부모·청소년 간의 대인거리·심리적 거리·의사소통이 가족의 응집성과 적응력에 미치는 영향」, 『한국가정관리학회지』 23, 한국가정관리학회, 1994, 106~107면 참조.

iv)와 v)는 시간상으로 연접하고 있고, iv)에서 vi)에 이르는 시간은 대략 4분 여 이다. 이 4분여의 상영 시간은 서사적 시간으로 따지면 한나절 정도의 시간에 해당한다. 그래서 v)에서 vi)으로 이전할 때, 완득이 가출을 공표하고 밤거리를 헤매다가 돌아오는 장면들로 채워진다.

이 중에는 '점프 컷(jump cut)'에 해당하는 화면들도 있는데, 흥미로운 것은 이러한 점프 컷까지 도입하여 완득의 가출을 표현했지만, 막상 완득의 가출은 무산되고 만다는 사실이다. 가족의 응집력이 낮은 상태인 완득의 가정에서, 완득의 가출조차 인지되지 않기 때문이다. iv)~vi)의 시점은 가족 구성원이 부재하는 상황이므로 완득의 가출은 성립될 수 없다. 완득의 가족은 모두 흩어진 상태이고, 결과적으로 완득 역시 이미 가족에서 분리된 상태이기 때문이다. 따라서 동주의 방문은 일시적이지만 가정의 범위를 영상으로 가시화하는 효과를 거둔다. 방문한 동주로 인해 완득의 가정 범위가 설정될 수 있다. vi)에서 만들어지는 형성된 물리적 공간감은 시간적 거리감을 거쳐, v)에서 좁혀진 심리적 거리감의 결과라 할 수 있겠다.

vi)에서 동주는 완득의 비좁은 집을 방문한다. 비좁은 공간은 공간적 거리를 단축시킨다. 동주는 거침없이 완득을 앉히는데, 이때 동주와 완득의 거리는 상당히 좁혀진다. 또한 동주는 '소주'를 완득에게 권하면서, 심리적 거리를 더욱 좁히고자 한다. '동주가 뻗은 손'은 술잔으로 인해 '완득의 손'과 연결되고 있다. 이러한 권주(勸酒)는 두 사람 사이의 거리를 좁히는 기능을 한다.

iv)의 일정한 거리감 → v)의 확장된 거리감 → vi)의 좁혀든 거리감은, 물리적 거리감이 줄어드는 과정을 보여주면서 동시에 완득이 진실에 접근하는 과정을 그리고 있다. 물론 이러한 과정은 완득과 동주의 심리적 격차가 해소되는 과정이기도 하다. 완득과 진실(어머니) 그리고 완득과 동주 사이의 거리 단축은, 완득과 사회가 길항하고 있는 긴장감의 해소를 가리키며, 또한 가족의 임시 구성원으로서 동주가 틈입하여 가족 응집력을 높이고 가족의 범위를 제시하는 표현 방법에 해당한다.

3) '완득'의 심리적 긴장감 해소

완득과 한국 사회 사이에 조성된 긴장감은 점차 해소되어 가는데, 이 과정은 주변 인물들과의 관계 개선을 통해 이루어진다.

vii) 완득에게 접근하는 윤하	viii) 완득을 처음 찾아온 어머니	ix) 킥복싱과의 만남

vii)은 완득에게 접근하여 말을 거는 윤하의 모습이다. 완득은 반에서 가장 공부를 못하는(말등) 학생이고, 반대로 윤하는 최고 우등생(일등)이다. 두 사람은 상식적으로는 친해지기 어려운 사이이다. 더구나 완득은 반에서 '외톨이'로 지내는 처지이고, 윤하는 뛰어난 미모로 남학생들의 관심을 끄는 존재이다. 따라서 두 사람이 한 자리에 앉거나 대화를 나누는 일은 이례적이라고 할 수 있다.

이 이례적인 일이 일어났고, 이를 통해 완득은 사회와 긴장감을 이완하고 상호 관계를 재조정할 수 있는 심리적 여유를 확보하게 된다. 그리고 그 생존 여부를 확인한 어머니를 만나 볼 심리적 안정감도 확보하게 된다. 따라서 완득과 윤하의 만남은 완득과 사회의 거리감 이완(해소)의 계기라고 할 수 있다. 윤하는 완득에게 사회로 나가는 일종의 통로 구실을 수행하기 때문이다.

vii)에서 완득과 윤하는 한 사람이 앉을만한 거리만큼 떨어져서 앉아 있다. vii)의 거리는, 동일 교회라는 점에서 ii)의 거리의 비교될 수 있으며, 동일 학교 관련 인물이라는 점에서 iv)와 비교될 수 있다. 비교 결과, vii)의 거리는 iv)의 거리와 흡사하고, ii)의 거리보다는 가깝다. 아직은 iii)의 거리보다는 멀지만, 이 정도 거리라면 상당한 친분을 보여주는 거리라 할 것이다. 따라서 완득에게 윤하(30분경)는 비록 가족(유년시절)보다는 멀지만, 일반인보다는 가깝고, 동주와 비슷한 상태의 심리적 친근감을 지닌 인물이라고 정리할 수 있겠다.

vii)에서 심리적 안정감을 요구한 인물은 본래 윤하였다. 그녀는 급우에게 당한 수모를 완득에게 이야기하면서, 상당한 심리적 안정을 얻게 된다. 하지만 이러한 안정은 윤하만 얻는 것은 아니었다. 완득 역시 윤하를 만나면서 자신을 압박하던 심리적 긴장감(외국인 어머니)에서 풀려나는 계기를 마련한다.

결과적으로 두 사람은 만남과 사귐(연애)을 통해 각자의 심리적 안정을 얻게 된다. 특히 완득은 외톨이 신세에서 벗어나, 가족이 아닌 사람으로는 처음으로 윤하와 '친밀관계(intimate relations)'를 형성한다. 친밀관계란 현대 도시인이 '역할'이 아닌 '본래의 자신'으로 타인과 맺는 관계 설정을 뜻한다. 도시인은 라이프스타일로 인해 일상의 대부분을 자신의 역할로 규정된 채 살아가야 한다. 상점에 가서는 고객이 되어야 하고, 직장에 가서는 직업인이 되어야 하며, 관

공서에서는 민원인이 되어야 한다.109)

　마찬가지로 윤하를 만나기 이전까지 완득 역시 형식적인 역할만을 강요당했다. 그는 학교에서는 외톨이 학생이었고, 반에서는 꼴등이었으며, 경찰서에서는 이웃에게 폭력을 휘두른 문제아였다. 하지만 완득은 윤하를 만나면서, 이러한 제약과 선입견에서 벗어나 본래 '완득'(개체적 인격)으로 윤하와 관계를 맺게 된다. 윤하에게 완득은 외톨이도 아니었고, 꼴등도 아니었고, 문제아도 아니었다. 윤하에게 완득은 자신의 어려움을 들어주고, 자신에게 관심을 가져주는 남자친구였다.

　정성훈은 루만의 견해를 빌어 "개인들이 서로를 역할로서 인정하는 관계가 아니라 비교 불가능하고 대체 불가능한 유일무이한 세계를 가진 자로 확인하는 관계"를 필요로 하기 때문에 현대 사회에서 친밀관계(친밀성)가 형성된다고 설명하고 있다.110) 기든스는 '사랑(합류적 사랑, confluent love)'을 사회적·신분적·경제적·관습적 제약으로부터 벗어나 친밀성을 형성하는 주요 동인이자 치유의 근거로 꼽고 있다.111) 따라서 vii)에서 노정된 거리(감)는 친밀관계로 들어서기 직전의 거리(감)이며, 친밀관계에 접어들 것을 예비하는 거리(감)였다고 정리할 수 있다.

　완득이 윤하를 통해 사랑의 감정을 알아가고 친밀관계를 형성하는 것과 병행해서, 완득은 어머니의 사랑을 수용하고 어머니와도 친

---

109) 정성훈, 「현대 도시의 삶에서 친밀공동체의 의의」, 『철학사상』 41호, 서울대학교 철학사상연구소, 2011, 355면 참조.

110) 정성훈, 「현대 도시의 삶에서 친밀공동체의 의의」, 『철학사상』 41호, 서울대학교 철학사상연구소, 2011, 356~362면 참조.

111) A. 기든스, 황정미 외 옮김, 『현대 사회의 성 사랑 에로티시즘(친밀성의 구조 변동)』, 새물결, 2003, 99~124면 참조.

밀관계를 쌓을 토대를 마련한다. viii)은 완득과 어머니의 실제 만남을 포착한 장면이다. 완득의 모친은 완득을 만나기 위해서 완득의 집을 방문한다. 어머니를 만난 완득은 일순 당황하지만, 곧 그녀를 집으로 초대하고, 두 사람은 어색하게 서 있게 된다.

완득의 집안이라는 공통점을 바탕으로, viii)의 장면과 vi)의 장면을 비교할 수 있다. 실제로 더욱 친밀해야 할 완득과 모친은, 완득과 동주의 관계보다 훨씬 거리감을 두고 있다. vi)에서 두 사람이 좁은 방 안에서 격의 없이 앉아 있었다면 viii)에서 두 사람은 문간에 어색하게 서 있기 때문이며, vi)의 장면이 서로를 바라보며 이야기를 나누고 있다면 viii)의 장면은 서로를 외면하고 고개를 숙인 채 시선을 피하고 있기 때문이다.

특히 주목되는 바는 viii)에서 완득의 모친이 완득에게 높임말을 쓰고 있다는 점이다(<완득이>에서 핫산 역시 완득에게 존댓말을 쓴다). 높임말은 둘 사이의 심리적 격차를 강화한다. 그만큼 완득의 모친은 완득과 심리적 거리감을 해소하고 있지 못하다는 뜻이다. 그리고 완득의 모친이 염두에 두고 있는 거리감은, 이주노동자들이 한국인에게 품게 되는 심리적 거리감에서 비롯된다. 그들은 이 땅에서 동등한 인권을 지닌 시민이나 동료로 대우받지 못하고 있고, 이러한 일상의 상황은 어머니가 아들에게 높임말을 쓰는 상황으로 발현되었다.

한국 사회는 이주노동자와 결혼 이주여성에 대해 서로 다른 정책을 취해왔다. 저임금 노동자의 경우에는 정주를 원천적으로 차단하는 정책을 추진했고, 결혼 이주여성의 경우에는 동화주의 패러다임에 바탕을 둔 정책을 강요했다. 완득의 모친은 결혼 이주여성이므로 한국 사회에 민족주의적 동화정책의 대상자에 해당하고 핫산의 경우 정주의 기회를 봉쇄하는 정책 대상자에 해당한다. 하지만 완득의 모친은 완득의 입양을 포기하면서 동화주의 정책에 따르지 않았고, 핫산은 불법체류를 통해 한국의 기조 정책을 위반하고 말았다. 그래서 두 경우 모두 한국사회로부터 심리적 압박을 받게 된다. 두 사람의 높임말, 특히 한국인을 향한 존대어는 이러한 사회적 압박을 대변한다. 바꾸어 말하면, 한국 사회는 동화정책의 대상자가 아닌 외국인들에게 사회적 처벌과 압박을 가하여 그들로 하여금 스스로 하위 계층에 자신들을 위치시키도록 만들고, 그 상위 계층에 한국인을 올려놓도록 종용하고 있다.

ix)은 완득이 킥복싱 장에서 관장을 만나는 장면이다. 완득은 교회에서 만난 핫산을 통해 킥복싱을 접하게 되고, 킥복싱 장에서 연습 경기에 참여하게 된다. 관장은 완득의 파괴력 넘치는 '펀치'에 매료되지만 동시에 그의 내면에 도사린 위험스러운 폭력성을 알아채고 완득의 폭력성을 면밀히 관찰하고자 한다.

ix)에서 드러나는 거리감과 냉랭함은 이러한 관찰에서 비롯된다. 두 사람의 거리는 완득의 내면에 고여 있는 분노와 적대감을 눈치채고 멀리서 지켜보기 위해 관장이 고의적으로 확보한 거리이다. 이러한 거리감은 완득에 대한 객관적 평가를 유도하여, 관객들로 하여금 완득의 문제를 바라볼 수 있는 시각도 제공한다. 따라서 관장의 거리감은 곧 완득이 지닌 폭력성에 대한 객관적 평가에 해당한다. 관장은 이 거리감을 통해, 완득에게서 폭력성을 제거하고 그의 잠재력을 캐낼 방안을 찾으려 한다.

한편 완득은 ix)에서 킥복싱이라는 낯선 세계에 끌리는 자신을 발견한다. 관장을 바라보는 그의 눈빛은 열망으로 빛나고 있다. ix)의 화면에서 두 사람 사이에는 '링'의 모서리가 틈입해 있다. 거꾸로 말하면 두 사람은 링이라는 매력적인 공간을 사이에 두고, 서로를 향해 탐색전을 벌이고 있다고 하겠다. 이러한 측면에서 ix)은 완득과 링, 완득과 관장, 완득과 격투기, 완득과 분노의 만남이자 그 만남에 내재하는 객관적 거리감을 보여주고 있다고 해야 한다.

vii)~ix)는 모두 완득에게 다가오는 '어떤 것'을 포착하고 있는 장면이다. 처음에는 윤하가 완득을 방문했고(다가왔고), 그 다음에는 어머니가 완득을 방문했다(다가왔다). ix)에서는 표면적으로 완득이 킥복싱장을 방문한 형세이지만, 내적으로는 완득이 내면에 도사린 분노와의 조우를 이룬 형국이다. 그런 면에서 내면의 분노가 찾아온 장면이라고 할 수 있다. 이러한 분노와의 조우는 완득에게 자신의 목표를 가르쳐주었고, 이러한 목표는 완득에게 다가온 킥복싱으로 인해 가능했다.

영화 <완득이>는 수동적이고 고립적이고 폐쇄적인 주인공 '완득'에서 시작된다. 영화 초반부에서 완득은 이웃, 학교, 심지어는 가정에서도 자신과 타인(집단)을 가르는 단절감과 심리적 거리감을 체험하고 있었다. 하지만 이러한 거리감은 누군가 혹은 무언가의 방문으로 인해 무화되기 시작한다. vii)~ix)는 이러한 방문(자)의 형상을 카메라로 포착한 장면들이다. 빌고 vii)~ix)에서도 거리감이 완전히 해소된 것은 아니지만, vii)~ix)의 거리감은 영화 초반부의 거리감을 해소할 수 있는 단초를 마련하고 있다는 점에서 차이를 보이는 거리감이다.

4) 세상과 소통을 위한 완득의 선택

타인과의 거리(감)와 세상과의 단절(경계)을 인식한 완득은 세상으로 나갈 수 있는 방안을 스스로 마련해야 했다. 그것은 윤하와 사귀는 용기였고, 어머니를 받아들이는 선택이었으며, 킥복싱을 배우는 감내였다.

x) 아버지의 승낙	xi) 동주를 면회 간 완득과 윤하	xii) 다른 사람 앞에서 어머니를 인정하는 완득

x)은 완득이 술에 취한 아버지를 업고 귀가하는 장면이다. 완득의 부친은 킥복싱을 하겠다는 완득의 의사를 반대하고, 완득은 세상과 소통하려는 일에 반대하는 아버지에게 반항한다. 완득은 불완전한 춤을 추면서 세상과 교류하는 아버지를 사례로 들면서, 자신의 킥복싱과 완득 부친의 춤이 궁극적으로 동일하다고 주장한다. 완득의 부친은 '춤'에 대한 완득의 비판을 듣고 당황하지만, 곧 '자신의 춤'처럼 '완득의 킥복싱'도 세상과 소통하는 하나의 가능성이 될 수 있음을 인정하게 된다.

x)은 완득의 킥복싱을 허락하고, 완득의 등에 업혀 집으로 향하는 완득 부친의 모습을 담고 있다. x)에서 완득과 완득 부친은 한 치의 틈도 없이 밀착한 상태로, 두 인물 간 물리적 거리감은 완전히 사라진 상태이다. 이렇게 형성된 친밀감은 완득의 부친이 평소 가지고 있던 '격투기(폭력)'에 대한 오해를 풀고, 완득으로 하여금 '스포츠'로서의 킥복싱을 배울 수 있는 정당한 계기를 마련한다. 물리적 거리감 해소는 심리적 거리감의 해소로 나타나고, 이것은 완득이 세

상에 나가는 첫 번째 통로를 마련한다.

완득이 세상에 나가는 두 번째 통로는 윤하로부터 발견된다. 동주는 외국인 노동자 혹은 불법 체류자들을 도왔다는 이유로 경찰의 조사를 받게 되고, 완득은 이를 핑계로 윤하에게 동주의 면회를 제안하기에 이른다. 완득의 숨겨진 목적은 윤하와의 관계 진전(데이트)이었지만, 윤하는 이를 눈치 채고도 동주의 면회에 동행한다.

xi)은 세 사람이 면회실에서 만나는 장면이다. 좁은 공간 내부에 세 사람이 위치하게 되고, 동주와 학생들 사이에는 유리벽마저 놓인 상태이지만, 이러한 물리적 단절감에도 불구하고, 세 사람의 관계는 그 어느 때보다 친밀한 상태이다. 완득은 평소의 적대감을 풀고 동주의 안부를 걱정하고 있고, 윤하도 버릇없던 자세를 풀고 동주에게 친근감을 표현하고 있다. 학생들은 어느새 동주에게 마음의 문을 열고 있었던 것이다. 넓은 교실에서도 제대로 해소할 수 없었던 심리적 거리감이, 좁은 면회실에서 어느 정도 해소된다는 사실은 대인거리의 미묘한 특성을 보여준다고 하겠다.

동주는 완득과 윤하의 방문을 보고, '1등과 말등의 조합'을 거론한다. 윤하는 가장 공부를 잘하는 학생이고, 완득은 가장 공부를 못하는 학생이라는 점을 지적한 것이다. 이것은 상식과 통념을 넘어서는 상황이라고 할 수 있다. 학생들 사회에서 성적은 단순한 심리적 거리를 넘어, 미래 사회 계층 분화를 의미한다. 따라서 성적의 격차만큼 심리적·사회적·계층적 거리가 부여되는 것도 부인할 수 없는 사실이다. 완득과 윤하의 관계는 이러한 통념상의 거리와 격차를 넘어서고 있었던 것이다.

동주와의 심리적 거리감이 해소되는 또 하나의 이유는 동주가 수감된 원인에서 연유한다. 동주는 사회적 약자이자 소외자들인 불법 체류자(외국인 이주자)를 적극적으로 도왔다는 혐의로 고발되어 수사를 받았다. 동주가 지닌 사회적 정당성에 따르면, 그들은 탄압의 대상이거나 착취의 대상이 될 수 없고, 당연히 그들을 돕는 동주 자신도 범법자가 될 수 없다. 동주의 말대로 하면, 그들은 '생산시설의 사유화'에 따른 사회적 희생자일 따름이다.

이러한 동주의 생각은 완득과 윤하가 세상을 보는 방식을 변화시킨다. 특히 완득은 동주를 통해, 자신이 속한 계층과 자신의 어머니가 처한 상황을 재고하게 된다. 이러한 재고를 통해 약자의 편에서 자신이 해야 할 일을 상기하기도 한다. 윤하 역시 마찬가지이다. 그녀는 반에서 모범생으로 통하며 다소 이기적으로 여기질 정도로 자신의 삶을 소중하게 여기고 있었지만, 동주의 사고는 그녀에게 사회의 구성원으로서 역할과 책임을 상기시켜 예전과는 다른 선택을 하도록 종용했다. 사실 이 작품에서 윤하의 변모는 다소 급작스러운 측면이 있지만, 사람들 사이의 관계 개선이라는 측면에서 이해될 여지도 잔존한다고 하겠다.

xi)의 장면이 주목되는 이유는 이 장면에서 세 사람의 마음의 문이 열리고 상호 영향을 주고받으면서 새로운 인간관계를 형성하는 계기가 마련되기 때문이다. 특히 완득과 윤하, 그리고 완득과 동주의 관계 개선은 이 작품이 지향하는 전언을 직접적으로 보여준다고 하겠다.

사회적 편견과 차별에서 점차 벗어나게 되는 완득은 어머니와 함께 아버지를 만나러 가는 일을 단행한다. 하지만 17년 만에 만난 완득의 부모는 완득을 사이에 두고 다투기 바쁘고, 완득은 할 수 없이 어머니를 모시고 서울로 돌아갈 수밖에 없다. 귀가 길에 들른 신발 가게에서 완득은 처음으로 어머니에게 신발을 선물하며, 그 선물보다 더한 선물로 '어머니'라는 호칭도 선사한다.

xii)은 두 사람의 관계를 궁금해 하는 신발가게 주인의 질문에, 완득이 자신의 '어머니'라고 대답하는 장면이다. 완득과 완득 모친 사이에서 이 발언은 상당한 파장을 불러일으킨다. 완득의 모친은 아직도 완득에게 높임말을 쓰고 있고, 완득은 필리핀 어머니의 등장으로 여전히 혼란스러워하고 있지만, xii)의 발언을 통해 두 사람 사이의 거리감은 상당 부분 해소된다.

xii)에서 완득은 비록 신발가게 주인을 향해 말하고 있지만, '어머니'라는 말의 의미는 마주보고 있는 완득의 모친에게 더 큰 영향을 미친다. 완득과 완득 모친은 아직은 어색하지만, 서로 마주보고 서로의 마음을 전달하고 있는 것이다. 두 사람의 시선이 서로를 향하고 있고, 두 사람 사이에 신발가게 주인이 위치하고 있지만, 두 사람의 거리는 한결 가까워져있다.

'어머니'라는 발언과 어머니에 대한 인정은, 완득이 당당히 사회로 나갈 수 있는 자신감을 회복했음을 보여준다. 완득의 모친은 완득에게 친구가 없고 홀로 성장해야 한다는 사실을 우려하고 있다. 하지만 완득은 이러한 우려를 딛고, 윤하라는 친구를 만들었고, 동주와 관장이라는 조력자도 확보한 상태였다. 마지막으로 마음속으로 어머니를 인정하고 가족의 유대를 강화하여, 사회로 진출할 수 있는 발판을 마련했다고 할 것이다.

vii)~ix)이 완득에게 다가온 세상을 보여주었다면, x)~xii)는 완득이 다가가는 세상의 모습을 보여주고 있다. 완득은 아버지를 설득해서 자신이 원하는 킥복싱의 당위성을 확보했고, 아버지의 허락을 받고 당당하게 자신의 꿈으로 뛰어들 수 있었다(x). 킥복싱은 완득이 세상에 나가는 통로 역할을 했다. 또 완득은 평소 적대감을 가지고 있던 동주에게 다가갈 수 있었고, 심리적 안정을 되찾을 수 있는 윤하와의 연애에 성공할 수 있었다(xi). 완득에게 윤하는 불안정한 사춘기의 심리를 안정시키는 평정심을 되찾아주었다. 그런 면에서 윤하는 완득과 세상을 잇는 다리에 해당하며, 완득이 세상에 나가는 또 다른 통로 역할을 했다고 할 수 있다.

마지막으로 완득은 어머니를 인정하고 어머니와의 유대를 회복하였다(xii). 특히 xii)에서 완득이 두 사람(필리핀 어머니/일반 사람) 사이에 끼어들 듯 말하고 있는 장면은 상징적이다. 완득은 한국 사회에 잔존하는 외국인에 대한 한국인의 편견에 저항하여 과감하게 자신의 견해를 제시하고 있다. xii)에서 두 사람 사이에 불쑥 끼어들어오는 완득의 동(작)선은 이러한 상징성을 대변하고 있다.

5) 완득과 모친의 심리적 거리 변화

xii)은 완득이 어머니를 마음으로 수용하는 장면이다. xii)를 중심으로 <완득이>를 살펴보면, 몇 가지 주목할 장면을 찾을 수 있다. 이러한 장면들은 기본적으로 xii)과 관련되기 때문에, xii)에 일련번호를 추가하여 세분하도록 하겠다. 먼저 xii)를 중심으로 앞뒤의 한 장면씩을 추출해보자. 장면 xii-1)은 xii)의 앞선 장면으로 아버지를 만나러 오는 모자를 포착한 장면이다. 장면 xii-2)는 반대로 xii)의 다음 장면으로 신발을 사고 난 이후 버스터미널에 도착한 장면이다. 시간의 순서대로 정리하면, xii-1) → xii) → xii-2)로 이행된다고 하겠다.

xii-1) 완득의 부친을 찾아 가는 완득과 완득의 어머니	xii-2) 완득의 부친을 만나고 헤어지는 완득과 완득의 어머니	xii-3) 완득의 품에 안긴 어머니

 xii-1)과 xii-2) 두 장은 모두 일정한 거리를 두고 앉자 있는 완득과 완득의 모친을 포착하고 있다. 차이점은 xii-1)은 심리적 거리감이 상당히 잔존하는 상태에서 떨어져 앉은 모자를 포착하고 있는데 비하여, xii-2)는 심리적 거리감을 상당 부분 해소한 상태에서 나란히 앉은 모자를 포착하고 있다는 점이다.

 두 장면의 카메라 구도는 거의 다르지 않다. 여기에 viii)의 장면 ('완득을 처음 찾아온 어머니')을 대입하면 이 두 모자가 유지하고 있는 거리감을 비교할 수 있다. 처음에는 상당히 멀리 떨어져 있던 모자(viii)는 어느 정도 거리를 좁힌 상태에서 xii) 계열 장면으로 접어들었다. 하지만 더 이상 거리를 좁히지 못한 완득의 모친은 완득과 일정한 거리를 유지한 채 동행할 수밖에 없었으며(xii-1), 완득 역시 어머니와의 심리적 거리감을 완전히 해소하지 못한 채 이러한 동행을 수락할 수밖에 없었다(xii-2).

 xii-3)는 두 사람의 거리가 사라지는 순간을 포착한 장면이다. 완득의 모친은 반말로 완득의 이름을 불렀고, 한 번 안아보고 싶다고 부탁했다. 완득은 이러한 모친의 소원을 들어주면서, 두 사람은 재회한 이후 처음으로 신체적 거리가 사라지는 상태에 도달한다.

 그러한 측면에서 xii-3)은 x)와 비교될 수 있다. 완득은 xii-3)과

x)를 거쳐 물리적·심리적으로 멀어져 있던 아버지/어머니와 화해할 수 있었다. 그리고 민구를 포함하는 진정한 가족을 이룰 수 있었다(iii). 완득의 가족은 장애인 아버지, 정신장애자 삼촌, 외국인 어머니, 혼혈아 완득으로 이루어진 다문화 가정이자 소외층 가족이지만, 가족응집력이 높아지고 친밀도가 증가한 상태를 예견할 수 있게 된 것이다.

xii-3)에서 안는 주체는 처음에는 어머니였다. 완득의 모친이 먼저 완득을 안고 싶다고 말했기 때문이다. 하지만 카메라의 각도에 의해 완득이 어머니를 안아 주는 형세로 전환된다. 완득 모친은 완득의 품에서 울음을 터뜨렸고, 완득이 이를 달래는 형국으로 변모하였기 때문이다. 더구나 완득 모친은 완득보다 키가 작고, 완득이 고개를 숙이지 않는 바람에, xii-3)에서 완득은 어머니보다 높은 위치를 점유하게 된다. 위에서 어머니를 보는 시선은 하향의 시선으로 변화하고, 이것은 완득의 성장의 높이와 포용의 시선을 상징한다. 따라서 xii-3)은 완득과 모친의 화해(결합)에서, 완득의 성장으로 진전되는 미세한 변화까지 담보하게 된다.

이제 완득은 부모에게 의지하고 부모의 도움을 바랄 단계에서, 부모의 아픔을 이해하고 부모의 불행을 끌어안을 단계로 성장했다. 유리창이라는 이중 격자를 통해 형성된 이중 프레임은 완득의 아픔과 불행을 넘어, 완득이 기존 상황에서 탈피하고 그 문제를 극복해야 한다는 명제를 던져주고 있다. 이중 프레임은 과거 사실과의 단절 혹은 포착된 상황에서의 탈피를 의미하는 경우가 허다하기 때문이다.

완득은 이러한 의미에서 단순한 피사체가 아니다. 완득은 자신의 상황을 객관화시켜 살펴 볼 수 있고, 이를 해결할 수 있는 해결책을 제시해야 하는 중심 캐릭터야 한다. 그는 능동적으로 물리적 거리를 좁혔고, 평행의 시각에서 하향의 시간을 취할 수 있었다. 이러한 논의를 확대하면, 완득은 사회에서 소외되고 약한 계층이 스스로 일어나 자신의 처지를 극복하고 이를 해결할 수 있는 대안을 마련하는 롤모델이 되어야 한다. 그래서 그에게 가족의 결합은 남다른 힘이 될 수 있었다.

2. 사회적 거리를 해소하려는 시도

1) 거리감과 위화감을 해소하려는 시도

<완득이>에는 다종다양한 사람들이 등장하고 있으며, 이른바 서로 다른 계층의 사람들이 제시되고 있다. 전반적으로 가난한 사람들, 정신장애자와 신체장애자들, 소외된 직업을 가진 사람들, 단일 혈통이 아닌 사람들 등이 그들이다. 하지만 이들은 하나의 커뮤니티, 하나의 이웃을 형성하며 살아가고 있다.

| 1) 근접한 거리에 이웃한 사람들 | 2) 상대의 안부를 궁금해 하는 이웃들 | 3) 휴머니즘의 옹호 |

<완득이>에서 다루어진 거리감 중 하나가 이웃 간의 거리감이다. 완득의 집(옥탑방)은 길을 사이에 두고 동주의 집과 마주보고 있고,

담을 사이에 두고 '욕설남(김상호 분)'의 집과 맞닿아 있다. 그래서 크고 작은 분란이 끊이지 않는다. 특히 욕설을 퍼 붇는 '욕설남'은 유난스럽게 이웃 간 소음을 타매하곤 하다가, 자신의 집 앞에 차를 주차했다는 이유로 완득 부친의 차를 파손하기도 한다.

하지만 이러한 이웃 간 거리감은 차츰 다른 결과를 낳으며 해소되기도 한다. 일단 동주와 완득은 마음의 거리를 허물고 친밀한 사제 관계를 회복할 수 있었다. 또한 동주와 욕설남의 여동생 호정(박효주 분)이 연인 관계로 발전하면서, 이웃 간 근접 거리는 마음의 교류장으로 변화되기도 한다.

1)은 이웃 간의 원근거리를 확인할 수 있도록 배치된 화면이다. 일종의 설정화면(established shot)으로 서사가 진행되는 공간적 배경을 조감할 수 있도록 포착한 모화면으로 포착되었다. 서사를 원활하게 전개하기 위해서는 인물들이 움직이는 공간에 대한 전체적인 조감도가 필요한데, 이러한 조감도를 모화면 촬영(Master shot discipline)[112]을 통해 먼저 제시한 것이다.

완득의 집과 동주의 집 그리고 욕설남의 집은 지근한 거리를 두고 인접하고 있다. 그래서 이 화면을 통해 관객들은 완득과 동주와 욕설남의 공간적 배치를 이해하고, 그들 사이의 갈등 발발과 그 해소 과정을 파악할 수 있다. 지근한 거리는 곧 그들의 일치된 관심사와 친근한 심정적 거리를 예고하고 있다고 보아야 한다.

2)는 무협소설 작가인 이웃집 여자(욕설남의 여동생)가 동주의 집을 바라보는 장면이다. 화면 구도는 이웃집 여자의 왼쪽 어깨를 건너 맞은 편 동주의 집을 쳐다보는 각도로 구성되었다(over shoulder

---

112) 스테판 샤프, 이용관 옮김, 『영화구조의 미학』, 영화언어, 1991, 159면 참조

shot). 동주가 이주노동자의 권익을 보호하는 일을 하다가 구속되는 바람에, 며칠째 그의 방에는 불이 꺼져 있었다. 불 꺼진 방을 관심 있게(걱정스럽게) 바라보는 이웃집 여자의 심정이 담겨 있는 장면이다.

시선의 주체가 이웃집 여자이고, 포착 대상이 동주의 집이지만, 이러한 쇼트는 궁극적으로는 이웃 사이의 좁혀진 거리감을 의미한다. 이웃 간의 다툼(자동차 파손)이 일어난 후 동주와 여자는 가까워지고, 이러한 친근감은 시선의 방향과 목표로 표현되기 시작한다. 크고 작은 차이는 있지만 동주와 완득의 거리 역시 이러한 시선들로 좁혀지기 시작한다. 그러한 측면에서 상대를 향하는 시선은 사회적 거리와 격차를 좁히는 힘을 발휘한다.

<완득이>는 완득을 중심으로 한 일련의 인물들의 사회적·심리적 거리를 좁히는 과정을 다룬 작품이라고 정리한 바 있다. 특히 주인공 완득은 자기 가족인 아버지와 민구 삼촌뿐만 아니라, 담임선생님 이동주, 여자 친구 윤하, 이웃집 욕설남과 호정, 그리고 동네의 이주 외국인 등과 친밀관계를 형성하면서, 그들이 살고 있는 지역을 일종의 정서적 공동체로 묶어내는 구심점이 된다.

이러한 정서적 공동체의 출발은 1)처럼 근접한 동네의 지리적·환경적 배경이다. 서로의 목소리를 들을 수 있고, 물건을 던지면 받을 수 있는 지근거리는 지역 주민들의 화합의 기본 전제가 된다. 이러한 지근거리는 작품의 전반부에서는 갈등의 요인이자 때로는 반목의 원인으로 작용하지만, 결과적으로 이러한 지근거리가 심리적 장벽을 극복하고 다문화센터의 건립을 이끌어내는 근원적 힘으로 작용한다(아래의 화면 5). 따라서 1)의 거리는 곧 극복해야 할 공동체의 거리를 보여준다고 하겠고, 2)의 거리는 이 거리가 좁혀지고 있는 진행 상황을 암시한다고 하겠다.

3)에서 동주가 읽고 있는 책은 사회생태학계의 석학 머레이 북친의『휴머니즘의 옹호』이다. 이 책은 자연보다, 동물보다, 인간의 권리를 우선시하고 인간 사이의 진정한 평등을 생태학의 기본 교리로 내세우는 머레이 북친의 역저이다. 심층 생태론자들의 이론에 맞서고 있는 이 책은, 인간에 대한 이해와 만물에 우선하는 인간의 존엄성을 강조하고 있다.

이 책의 저서는 동주의 삶과 닮은 구석이 많다. 머레이 북친은 높은 학력을 지닌 사람은 아니지만, 노동자와 농민 그리고 약자와 소수자의 권익을 보호하는 일을 우선할 줄 아는 실천인이었다. 스스로가 노동자 계층 출신이었기 때문에, 허상의 이야기보다는 체험에 가까운 주장을 펴서 공감을 불러일으킨 학자이기도 했다. 동주 역시 집안의 재산(부)을 거부하고 약자와 소외자를 위한 활동을 하는 인물이라는 점에서, 머레이 북친과 닮은 점이 있다.

동주는 머레이 북친의 주장과 유사한 주장을 펴며(머레이 북친의 견해에 동조하며), 소외 각 계층 사이의 지배와 영향의 관계를 해결하는 일에 나서고 있다. 그는 무엇보다 위선적이고 이론적인 틀이 아닌, 약자와 소외자의 틈바구니에서 실천적으로 사회 생태를 정화하고 계층 간의 위화감을 해소하려고 한다. 그러한 그에게 불법 체류자를 돕는 일이 문제가 될 수 없다.

2) 거리감을 일소한 사회와 사람들

거리감과 위화감을 줄이려는 시도는 일정한 성과를 거두며, 아래의 화면 4)~6)을 통해 영상으로 표현된다.

4) 함께 식사하는 사람들	5) 문화 활동을 공유하는 사람들	6) 완득 일가의 가족사진

4)의 장면은 완득의 모친이 이웃들을 초청해서 식사를 하는 장면이다. 평소 완득 일가와 가깝게 지냈던 동주뿐만 아니라, 이웃집 욕설남도 초청되어 한 가족처럼 식사를 하고 있다. 그들은 좁은 의미에서 '이웃사촌'을 형성하고 있으며, 한국 사회의 소외된 계층이 힘을 합쳐 생성한 지역 공동체로 거듭나고 있다.

한국 사회에서 함께 '밥'을 먹는 행위는, 심리적 거리를 좁힌(혹은 좁히려는) 사람들 사이에서 흔히 일어나는 행위이다. 특히 이들은 서로 다른 인종, 서로 다른 직업, 서로 다른 입장에 놓여 있기 때문에 상호 유대가 쉽게 이루어지지 않고 있었다. 그럼에도 이들은 좁은 공간에 둘러 앉아 서로 간의 거리를 좁히고 심리적 유대를 모색하고 있다는 점에서 긍정적이라고 할 것이다.

5)는 동주가 교회를 인수하여 세운 다문화센터 개관 풍경이다. 이 다문화센터에서 완득 부와 민구는 댄스를 교습하고, 완득 모는 요리를 강습하며, 호정은 한글을 가르치기로 했다. 직업이 화가였던 욕설남은 담장에 그림을 그리고, 완득의 여자 친구 윤하는 완득의 모친을 돕고, 완득은 이주외국인들과 파티를 즐기고 있다. 각자의 역할은 다르지만, 공간에 대한 참여 권리는 공평하며, 각자의 개성은 살아 있지만, 위계는 존재하지 않는 공간이다.

현대의 도시에 살아가면서 개인으로서의 개성을 보장받으면서도, 정서적·지역적·환경적 공동체를 건설하는 일은 쉽지 않다. 개인은 모두 다른 입장과 각자의 처지에 구애받고 있고, 자립적인 가치관과 사적 욕망을 별도로 지니고 있다. 하지만 이들은 일상에서 기능과 역할만이 아닌 전인적 인간관계를 요구하고 있으며, 이렇게 형성된 개인적·개별적 친밀성이 상호 작용하여, 정성훈이 '친밀공동체'라고 부르는 정서적 공동체를 건설하기도 한다.113) 이러한 정서적 공동체는 사회적 공공성을 담보하기도 한다.

　<완득이>의 다문화센터가 이러한 정서적 공동체를 겨냥하여 제시한 사례라 할 것이다. 이 문화센터는 지역 주민들의 자발적 참여와 헌신적 활동 위에서만 유지될 수 있다. 이러한 예는 현실에서도 찾을 수 있다. 서울시 마포구 성미산 자락을 중심으로 형성된 '성미산 학교'는 애초에는 '공공육아조합'에서 시작했다가 현재는 이 일대의 공동생활기반을 자율적으로 창조·운영·관리하는 마을 공동체로 성장한 대표적인 공동체 사례이다.114) 특히 이 마을 공동체는 '성미산 지키기' 운동을 실천적으로 수행한 단체(성미산 지키기 주민 모임)로 널리 알려져 있다. 서울시의 성미산 재개발에 맞서 생태환경을 보존하기 위한 시민운동을 지속적으로 그리고 자율적으로 펼쳤고, 이 시민운동을 기화로 지역 공동체의 역할과 필요성을 절감하고 이를 실천하는 마을 공동체를 자율적으로 구상·설립해나갔으며(참여와 자치를 위한 마포 연대, '사람과 마을'이라는 법인체), 마지막에는 마을 사람들이 함께 만들어 생활하고 아이들을 교육시키는 학

---

113) 정성훈, 「현대 도시의 삶에서 친밀공동체의 의의」, 『철학사상』 41호, 서울대학교 철학사상연구소, 2011, 367~369면 참조.

114) 주장복, 「공동육아조합에서, 성미산학교가 되기까지」, 『중등우리교육』 182호, 중등우리교육, 2005, 80~84면 참조.

교와 마을 공동체를 만들기에 이르렀다.115)

　이러한 성미산 공동체의 활동은 작품 <완득이>의 다문화센터를 이해하는 참조 사항이 될 수 있다. 다문화센터는 기본적으로 이주 외국인의 한국 정착과 문화적 혜택을 제공하기 위한 목적으로 개관했다. 하지만 이를 제안하고 운영하는 입장에 있는 이동주나, 완득 일가, 그리고 완득의 이웃들은 우월한 입장에서 이주외국인을 대하지 않는다. 이동주나 완득 일가 그리고 완득의 이웃들 역시 자신들의 삶과 타인의 유대를 이러한 다문화센터를 통해 강화할 수 있으며, 개별적으로 파편화 된 삶의 반경을 좁히는 계기로 수용할 수 있다.

　성미산 공동체는 마을 사람들이 함께 공유하고 있었던 자연(성미산)을 보호하려는 움직임에서 시작한 생태운동이었지만, 그 운동의 궁극적인 지향점은 자연뿐만 아니라 그 안에서 살아가는 인간의 삶에 맞추어져 있었다.116) 마찬가지로 다문화센터는 인간에 대한 인간의 지배나 탄압에 반대하는 이동주(머레이 북친의 사상에 기반 한)의 가치관에서 비롯되었지만, 이러한 다문화센터 역할은 그 안에서 살아가고 활동해야 하는 주민들 각자의 가치관을 골고루 융합하고 그들의 삶을 보호할 수 있을 때에만 비로소 정당화될 수 있다. 따라서 <완득이>의 다문화센터 건립은 인간에 대한 인간의 태도를 변화시키고, 인간에 의한 인간의 지배를 무화시키는 사회학적 생태운동

---

115) 박복선, 「도시 안에도 '마을'이 있다」, 『로컬리티의 인문학』 16, 부산대학교 한국민족문화연구소, 2010, 2~3면; 박복선, 「도심 속 '마을학교' 성미산학교 대안교육과 마을 만들기」, 『중등우리교육』 229호, 중등우리교육, 2009, 153~160면; 김명희, 「역지사지가 학부모교사의 장점」, 『초등우리교육』 210호, 초등우리교육, 2007, 76면; 이미현, 「차 나누기, 녹색 더하기」, 『월간 샘터』 477, 샘터사, 2009, 72~73면.

116) 김종호, 「성미산 지키기 운동과 새로운 지역 공동체의 실험」, 『환경과생명』 39, 환경과생명, 2004, 202~217면 참조.

이라고 할 수 있겠다.

이를 위해서는 계층 간, 국가 간, 인종 간, 직업 간 거리가 무화되어야 한다. 구성원으로서 위계를 나누는 사회적 거리를 제거해야 하며, 구성원 각자가 품고 있는 심리적 거리를 해소해야 한다. 일단 화면 5)에서는 물리적 거리가 사라진 풍경을 보여주고 있다. 사람들은 인종, 국가, 계층에 관계없이 무작위로 뒤섞여 있다. 하지만 그들의 피부색과 헤어스타일과 옷차림과 파티를 즐기는 자세는 모두 제각각이다. 거리는 없지만 개성은 남아 있다고 할 수 있는데, 그래서인지 화면 5)에서 인물들은 모두 평등하고 자유로운 상태이다. 이러한 상태는 사회적, 심리적, 계층적 거리가 사라진 상태라고 할 수 있다.

마지막으로 6)은 완득의 가족사진이다. 여러 번 언급되었지만, 이 가정은 여러 가지 측면에서 평범하다고는 할 수 없다. 신체장애자 아버지와 외국인 어머니(결혼 이주여성), 정신장애자 민구 삼촌과, 혼혈인이자 문제아 완득 그리고 집안의 생계를 유지하는 수단인 자동차가 한 집안 식구인 집이 평범하다고 할 수 없을 것이다. 하지만 이 작품의 전언에 따르면, 그렇다고 특별할 것도 없다. 그들은 서로를 사랑하고 서로를 필요로 하는 사람들이며, 그래서 하나의 핏줄이나 단일 인종 못지않게 소중한 가족이 될 수 있다.

특히 화면 6)에서 삽입된 사진은 눈길을 끈다. 특히 증명사진으로 삽입된 필리핀 어머니라는 존재는, 완득의 가족이 새로운 가족으로 거듭날 것임을 암시하고 있다. 한 장의 사진이 첨부되면서, 완득의 기존 가족과 어머니 사이의 거리감은 상징적으로 해소되었다.

<완득이>는 한국 사회에 공존하는 다양한 구성원 사이의 거리감 해소를 다룬 영화이다. 그래서 이 작품의 곳곳에서는 거리감을 상정

하고 그 거리감을 해소하는 설정이 펼쳐져 있다. 이러한 거리감은 인종, 민족, 국가, 계층, 빈부, 강약의 차이에서 비롯되며, 정상/비정 상의 범주를 나누는 사회적 편견으로 확산된다. 그리고 최종적으로 4)~6)에서 이러한 거리감이 하나의 사회, 하나의 이웃, 하나의 공동 체 그리고 하나의 가족 내에서 심리적 유대를 통해서만 사라질 수 있다는 점을 보여주고자 했다. 이것이 이 작품의 주제이자 작가의 전언이었다.

3. 대인거리의 변화와 〈완득이〉의 영상 표현 방식

에드워드 홀(Edward T. Hall)은 인간 사이의 거리(대인거리, distance in man)를 크게 네 가지로 분류하여, 거리별 특징을 정리한 바 있다. 거리가 먼 것부터 차례대로, 공적거리, 사회교제거리, 개인 기본거리, 친밀거리로 파악할 수 있다. 이러한 에드워드 홀의 대인 거리 개념은 영화 〈완득〉에 나타난 심리적·사회적 거리감을 다른 각도에서 살펴보고, 그 결과를 정리할 수 있는 유효한 단서를 제공 한다. 에드워드 홀의 이론에 따라 〈완득이〉에 나타난 거리감을 재분 류하고, 그 의미를 점검해 보겠다.

1) 영화 도입부에서 설정된 공적 거리(public distance)

'공적 거리(혹은 공중 거리, 360~750cm)'는 대인거리 가운데 가 장 먼 거리를 지칭하는 개념이다. 주로 개인이 대중과 접촉할 때 취 하게 되는 거리에 해당한다. 학교에서 교사가 학생과 마주설 때, 공연장에서 배우와 관객 앞에서 연기할 때, 연사가 대중을 향해 연설을 할 때, 이러한 거리감이 형성된다. <완득이>에서는 작품 초반에 설정화면으로 이러한 거리감을 예고하고 있고, 완득이와 상면하는 사람들이 이러한 거리감을 형성하고 있다.

1) 근접한 거리에 이웃한 사람들	i) 완득과 동주의 거리	ii) 완득과 이주외국인(핫산)의 거리

위의 세 화면은 모두 5~10미터 정도의 거리를 두고 있는 화면들이다. 완득과 동주의 거리도 처음에는 공적거리를 유지하고 있었고 (i), 완득과 외국인 노동자의 거리도 공적거리를 넘어서지 못했다 (ii). 화면 1)에서 완득의 이웃들이 형성하는 거리도 공적거리에 해당했다. 따라서 <완득이>의 초기 설정은 완득과 동주, 완득과 이주 노동자, 완득과 이웃의 공적거리를 설정하고 있었고, 이러한 설정은 위와 같은 원거리 촬영으로 나타난다. 카메라는 5~10미터 정도의 거리를 한 화면에 담아내기 위해서 일종의 롱 쇼트로 피사체를 포착하고 있으며, 필연적으로 완득을 중심으로 주변 인물의 거리감을 강조하는 영상 표현 방식을 선택했다. 화면 i)과 ii)는 이러한 표현 방식을 잘 보여주고 있다. 1) 역시 기본적으로 동일한 의도이다.

2) 사건의 발단 과정에서 나타나는 사회교제거리(social distance)

'사회교제거리(120~360cm)'는 대인거리 중에서 1~2명 정도의 간격을 둔 거리를 뜻한다. 사무 관계나 공식적 업무 처리에 필요한 거리로, 주로 공적인 대화에 사용되는 거리라고 할 수 있다. 이러한 거리를 취할 경우, 업무상의 관계를 유지하게 된다. <완득이>에서는 다음과 같은 장면에서 이러한 거리가 나타나고 있다.

| iv) 동주에게 어머니의 존재를 전해 듣는 완득 | viii) 완득을 처음 찾아온 어머니 |
| xii-1) 완득의 부친을 찾아가는 완득과 완득의 어머니 | ix) 킥복싱과의 만남 |

iv)의 거리는 사회교제거리 치고는 비교적 가까운 근접한 거리에 속하지만, 그렇다고 해서 '개인기본거리'라고는 볼 수 없다. iv)에서 동주는 완득에게 어머니의 생존 사실을 알려준다. 하지만 사회교제

거리로 인해, 동주의 말은 완득에게 업무상의 대화처럼 여겨진다. 즉 어머니의 존재를 전해 이동주라는 담임선생님에게 완득은 사회교제거리를 유지하고자 한다. 이것은 i)에 비하면 대인거리가 좁혀진 상태이지만, 완득이가 아직도 상당한 거리를 유지하려고 한다는 사실을 알려준다. 더구나 v)에서 완득은 이러한 사회교제거리를 일시적으로 포기하고 도망친다. 이것은 완득의 내면에 동주와의 거리가 불안정하게 작용하고 있음을 알려준다.

viii)의 거리는 전형적인 사회교제거리이다. 완득과 그의 모친은 3미터 정도 떨어져 있는데, 두 사람이 모자 사이임을 감안하면 어색하기 이를 데 없는 거리가 아닐 수 없다. 이러한 거리감은 xii-1)에서는 다소 줄어든다. 확실히 viii)에 비해 xii-1)의 거리는 가까운 편이다. 하지만 xii-1)의 거리도 기본적으로는 사회교제거리를 넘어서지 못하고 있다. viii)~xii-1)에서 완득과 모친은 사회적 교제라는 외형적 거리감을 해소하지 못하고 있다고 할 수 있다.

xii-1)의 구도는 여러 가지 내포적 의미를 함축하고 있다. 일단 완득과 모친 사이에는 좀처럼 넘을 수 없는 복도가 위치하고 있다. 복도에는 좌석이 없으므로 복도는 경계선의 역할을 한다. 한 좌석의 거리가 50센티미터 정도라고 할 때, 한 좌석의 거리는 개인기본거리에 해당한다. 그런데 모친과 완득은 두 좌석 이상을 이격하고 있으므로, 두 사람 사이는 사회교제거리로 넓혀져 있는 상태이다.

좌석에 앉는 방식도 주목된다. 모친은 경계선인 복도 가까운 자리에 앉고 앞을 바라보고 있다. 완득 방향을 바라보지는 못하지만, 그렇다고 반대 방향(창가)을 보고 있지도 않다. 반면 완득은 경계선을 이루는 복도에서 다시 한 좌석을 건너 앉아 창가 가까이 앉아있다. 그리고 완득의 시선은 창밖을 향하고 있다. 경계선(복도) 가까이 앉은 모친을 향하지 않다. 이로 인해 한 좌석 거리만큼만 떨어져 앉을 수도 있었던 두 사람의 거리는 두 좌석만큼의 거리로 확대되었고, 시선 역시 각각의 방향으로 흩어지게 되었다. 이로 인해 두 사람의 거리는 사회교제거리로 이격되는 셈이다.

ix)에서 완득과 킥복싱(관장)의 거리 역시 사회교제거리를 유지하고 있다. 이때는 완득이 킥복싱을 본격적으로 배우기 이전이므로, 아직 완득에게 킥복싱이라는 스포츠는 '멀리 있는 존재'라고 할 수 있다. 킥복싱을 가르칠 관장이 그러한 거리감을 표현하는 피사체로 포착되고 있다. 완득은 내면의 결핍과 분노를 사회교제의 대상으로 인식하게 된다는 점에서 이 거리는 상당히 중요한 거리이다. 이 화면에서 완득이 바라보고 있는 대상은 관장이지만, 이러한 관장은 킥복싱을 대체하고 있고, 결국에는 킥복싱을 통해 내면의 분노를 표출하는 기회를 바라보고 있다고 해야 한다. 결과적으로 이 거리는 완득이 자신을 바라보는 객관화의 거리에 해당한다.

3) 다양한 만남으로 형성되는 개인기본거리 (personal distance)

'개인기본거리(45~120cm)'는 친밀도가 비교적 높은 사람들 사이에 형성되는 거리로, 주로 친한 친구나 잘 아는 사람 사이에서 형성된다. 이러한 대인거리는 강한 유대감을 상징하기 때문에, 그 정도의 친밀성을 지니지 않은 사람 사이에서는 불편함을 가중시키는 속성을 가지고 있다. <완득이>에서는 다음과 같은 장면이 이에 속한다.

vi) 완득의 집을 찾은 동주	vii) 완득에게 접근하는 윤하	xii-2) 완득의 부친을 만나고 헤어지는 완득과 완득의 어머니

가출을 하고 돌아온 완득을 찾아온 동주는 iv)와 비슷한 거리를 vi)에서 취한다. 하지만 iv)와 vi)의 거리감은 다소 차이를 보인다. 그것은 전술한 대로 vi)에서는 두 사람 사이의 거리가 손과 잔을 통해 이어져 있다는 점이다. 각자의 방향을 보고 나란히 앉아 있지 않고, 서로를 바라보며 앉았다는 점에서, vi)의 거리감은 iv)의 거리감보다 좁혀져 있는 상태이다. 홀의 개념대로 하면 사회교제거리에서 개인기본거리로 전환된 셈이다. 이것은 완득과 동주의 심정적 거리역시 줄어들었음을 의미한다. 따라서 완득과 동주의 거리가 좁혀들고 있다는 점은, 동주가 전달한 사실 즉 필리핀 어머니에 대한 완득의 분노와 이질감이 줄어들고 있다는 점을 의미한다.

iv)와 vi)의 거리감에 i)를 추가해서 고찰할 수 있다. 화면 i) → iv) → vi)으로의 변화는 완득과 동주가 가까워지고 있음을 의미한다. 처음에 완득은 동주를 공적거리에 있는 대상으로 여기다가, 그 다음에는 사회교제거리로 수용했으며, 점차 개인기본거리 내로 다가갈 수 있는 대상으로 인정한다. 이러한 거리감은 완득의 내면에 동주가 차지하는 비중이 확대되고 있음을 의미한다. 그렇다면 두 사람 사이에 더욱 가까운 관계인 친밀거리도 상정할 수 있다. 이 거리감은 완득에 의해 동주가 업혀 병원으로 실려 가는 화면에서 찾을 수 있다. 이 화면은 '친밀거리'에서 살펴보도록 하자.

완득과 동주가 여러 차례의 대면을 통해 거리감을 좁히고 있다면, 윤하의 경우는 단시간에 개인기본거리를 형성한 경우이다. 완득과 윤하는 같은 반이었지만, 서로에 대해 잘 모르는 사이였다가, 윤하가 준호(음란만화)로 인해 곤란을 처했을 때, 상대를 비로소 주목하는 관계로 발전한다. 이러한 관계 형성은 매우 순간적이었다. 이러한 순간의 만남을 제외하면 두 사람 사이에는 기본적인 유대가 부족했다고 보아야 하는데, 그럼에도 두 사람은 vii)에서 개인기본거리를 확보한 상태로 만나게 된다.

공적거리와 사회교제거리를 비교적 빨리 넘어섰다는 점에서, 두 사람이 연인 사이로 발전할 가능성을 일찍부터 시사하고 있다고 할 수 있다. 화면 vii)은 이러한 암시에 해당한다. 그래서 이러한 암시를 인식한 이들에게 화면 vii)의 거리는 표면적인 사회교제거리보다 가깝게 인식될 수 있다.

4) 융합과 화해를 이끌어내는 친밀거리(intimate distance)

'친밀거리(밀집거리, 0~45cm)'는 대화보다 접촉이 우선시 되는 거리로, 매우 친밀한 대인 관계에서 형성되고 확보되는 거리이다. 아기를 안은 엄마, 육체적 접촉을 하는 이성 간에 형성되는 거리로, 심정적 거리를 무화시키는 가장 가까운 단계의 대인거리이다. 친밀거리는 상대에 대한 전적인 신뢰와 육체적 허용을 바탕으로 형성된다.

iii) 완득과 민구의 거리	x) 아버지의 승낙
xii-3) 완득의 품에 안긴 어머니	7) 동주를 업은 완득

위의 화면 4개는 밀착된 인물들 사이의 거리를 보여준다. iii)에서 완득은 민구와 아버지에게 친밀감을 느끼고 있고, 이것은 한 화면 속에서 담겨 포착되는 표현 방식으로 표출된다. 특히 민구와 완득은 밀착된 거리감을 형성하고 있다.

하지만 고등학생이 된 완득은 가족과 거리감을 느끼게 된다. 아버지와 민구는 시골 장터를 돌며 장사를 하게 되고, 홀로 남은 완득은 가족 부재 상태에서 살아가게 된다. 그러다가 완득은 킥복싱이라는 인생의 목표를 만나게 되지만, 의외로 완득 부친은 킥복싱을 반하며, 두 사람 사이에는 감정의 골이 생겨난다. 화면 x)는 두 사람이 다시 화해하는 장면으로, 이 화면에서 둘 사이의 거리는 밀착거리로 표현된다. 아들이 아버지를 업으면서, 둘 사이의 물리적 거리는 소멸했고, 이에 따라 심리적 거리 역시 소멸했다.

완득이 업으면서 심정적으로 화해하는 또 하나의 인물이 동주이다. 완득은 자신의 집에 은신한 이동주를 도둑으로 착각하고 발차기로 가격하여 부상을 입히고 만다. 당황한 완득은 동주를 업고 병원으로 향하는데, 그 도중에 자신이 기도하던 교회를 지나가게 된다. 교회에서 동주를 죽여 달라고 기도했던 기억이 떠올라, 더욱 당황하는 표정을 짓게 된 것이 위의 화면 7)이다.

이때 완득은 동주를 업게 되면서 친밀거리를 확보한 상태이다. 두 사람은 신체적으로 접촉한 상태이며, 감정적으로도 일체감을 보이고 있다. 완득은 자신의 소원이 부질없는 것이었으며, 이러한 소원을 빌었던 과거를 후회하고 있다. 완득은 자신과 주변의 삶을 돌보는 동주의 진심을 이해하고 있었고, 그 마음에 대해 진심으로 고마워하고 있었기 때문이다. 동주가 냉정한 척 하는 겉모습과는 달리, 완득의 장래를 진정으로 걱정하고 있음을 완득 역시 알고 있었다. 따라서 두 사람은 오해와 이질감을 없애고 서로에 대해 신뢰하는 사이로 발전하고 있었다. 두 사람의 거리는 친밀성이 강하게 작용하는 친밀거리에 해당한다.

xii-3)도 완득의 화해를 보여주는 화면이다. 완득은 어머니를 마음속으로 받아들이고, 그녀와의 거리감을 완전히 없애버린다. 특히 어머니는 완득에게 한 번만 안아보자는 부탁을 하고, 완득은 흔쾌히 이 부탁을 들어줌으로써 17년 간 이별과 감정적 이질감을 털어버리게 된다.

완득과 모친의 거리감은 사회교제거리(viii) → 개인기본거리(xii-2) →친밀거리(xii-3)로 좁혀들고 있다. 이러한 과정에서 몇 가지 중요한 동인이 작용한다. 일단 어머니와 아버지가 헤어지게 된 이유를 확인하게 되었기 때문이다. 두 사람의 별거는 서로 마음이 맞지 않아서이기도 했지만, 두 사람 모두 다른 사회적 강자로부터 핍박받는 약자였기 때문이기도 하다. 자신 역시 사회적 약자에 속하는 완득은 이러한 속박과 피해를 이해하기 시작한다.

또한 모친이 가난한 나라 사람이기는 하지만 학식 있는 사람이기 때문이다. 조은경은 어머니와 청소년의 대인거리에서 어머니의 학식이 높을수록, 그리고 어머니가 취업하지 않을수록 그 대인거리가 가깝게 지각된다고 밝힌 바 있다.[117] 완득의 모친은 고학력의 여성이었기 때문에 완득은 보다 쉽게 모친과의 대인 거리를 좁힐 수 있었다. 조은경의 연구대로 모친은 자신의 삶과 직업(식당일)을 접고 완득의 집으로 들어오게 되는데, 이것은 완득과 모친의 삶이 공유된다는 것을 의미한다. 완득은 더욱 쉽게 모친과의 거리를 좁힐 수 있게 된다. 그녀와 함께 장을 보고 그녀가 준비한 식사를 하면서 이른바 한 가족의 모습을 찾아간다. 이러한 가정의 화합을 보여주는 암시로서의 포옹은 작용한다.

완득과 필리핀 어머니 사이의 포옹은 모자간의 화해이면서, 약자로 살아갔던 결혼 이주여성에 대한 한국인의 포용을 의미한다. 마찬가지로 혼혈로 살아가야 할 완득 역시 세상에서 의지할 이가 생겼다는 의미이기도 하다.

친밀거리로 포착되는 인물들은 이밖에도 더 있다. 다문화센터 건립과 관련된 장면들은 이러한 친밀거리를 형상화하기 위한 장면들이다. 전술한 대로 화면 5)는 많은 이들이 다문화센터에서 서로 간의 마음과 거리를 허물고 밀착된 상태로 파티를 즐기는 장면이다. 이 장면에서 완득이 역시 주변 인물들과의 적정 이격 거리를 포기하고 밀착거리를 선택하고 있다.

---

117) 조은경, 「부모·청소년 간의 대인거리·심리적 거리·의사소통이 가족의 응집성과 적응력에 미치는 영향」, 『한국가정관리학회지』 23, 한국가정관리학회, 1994, 108~110면 참조.

5) 문화 활동을 공유하는 사람들	6) 완득 일가의 가족사진

주목되는 것은 화면 6)이다. 완득 일가의 가족사진에는 다소의 빈 틈이 있었다. 본래의 가족사진을 보면 완득이 가장 왼쪽에 서고 그 오른쪽에 밀착하여 민구가 서고, 한 사람 정도의 거리를 건너 아버 지가 서 있다. 기묘하게 완득과 민구는 친밀거리이지만, 완득·민구 와 아버지는 45센티미터를 이격한 개인기본거리를 유지하고 있었다. 묘한 가족사진인데, 이러한 가족사진에 어머니의 증명사진이 들어가 면서 개인기본거리는 메워지게 되고, 다시 가족 사이의 거리는 친밀 거리로 조정된다.

이러한 가족사진의 구도는 영화 <완득이>의 기본적인 주제를 상 징적으로 보여준다. 주인공 완득은 가정과 사회에서 타인에 대한 친 밀성을 회복하고 타인과의 정상적인 관계를 회복하고 있다. 이를 위 해서는 공적거리 혹은 사회교제거리를 넘어서는 친밀거리의 형성이 필수적이었다. 완득은 이를 위해 동주와의 거리를 좁히고, 윤하와의 거리를 더욱 좁히며, 킥복싱이라는 개인적 목표이자 사회적 대상과 의 거리도 좁혀나간다. 이러한 거리 단축은 궁극에는 가족사진의 친 밀거리고 나타난다.

동주·윤하·킥복싱과의 밀착이 사회에서의 대인거리 단축이라 면, 아버지·어머니·삼촌과의 밀착은 가정에서 대인거리 단축에 해당한다. 완득은 가정과 사회(학교 포함)에서 이러한 거리감을 해소하고 감정적 융합을 통해 어른으로, 사회 구성원으로, 건강한 대한민국 국민으로 성장하는 것이다. 이러한 측면에서 보면 <완득이>는 거리 단축 혹은 친밀감 회복이라는 명제를 보여주는 작품이라고 마무리 지을 수 있겠다.

제 3 부

〈로스트〉의 구조와 문법

7. 비밀의 문을 열다

: 시즌 1. 에피소드 12

1. 긴장/해소의 반복

<로스트>는 각 에피소드마다 과거 회상을 동반하고 있다. 그러면서 많은 인물들 중에서 한 사람이 그 회상의 주인으로 결정된다. 이 규칙은 비교적 충실하게 지켜지고 있는데, 시즌 1·에피소드 12에서 그 주인(공)은 '케이트'이다. 그래서 이 에피소드는 케이트의 모습에서 시작한다.

화면이 시작되면 카메라는 숲을 훑으며 왼쪽으로 이동하고 곧 나무를 따라 상승한다. 나무 위에는 위태롭게 열매를 따는 케이트가 위치한다. 그녀는 하나 남은 열매까지 따려고 애쓰고 있다. 나무를 내려와 걷는 그녀. 그 때 작은 소리가 들린다. 나뭇가지를 밟는 소리.

많은 시청자들은 이 대목에서 전편에서 보아왔던 이 섬의 괴물(아직은 정체를 알 수 없는)이나 혹은 자주 출몰했던 멧돼지를 연상할 수도 있다. 어쩌면 섬 어딘가에 살고 있다는 '그들(others)'를 떠올릴 수도 있다. 더 꼼꼼히 본 사람은 구조 신호를 보내고 있던 프랑스 여자 '루소'도 그 연상 목록에 포함시킬 수 있다.

장황하게 그 가능성을 늘어놓는 이유는, 작은 소리 하나로 <로스트>는 시청자들의 긴장감을 불러 올 수 있기 때문이다. 무시하고 걷는 케이트. 스스로 잘못 들었다고 생각하는 지도 모른다. 하지만 돌아서서 걷기 시작하자, 다시 나뭇가지 꺾어지는 소리. 케이트는 돌을 들고 소리가 난 방향에 던진다.

허나, 돌은 맞은 사람은 소이어였다. 터지는 소이어의 비명 소리는 긴장되었던 분위기를 일시에 풀어준다. 싱겁기까지 한 설정이라고 할 수 있다. 두 사람은 옥신각신하다가, 케이트의 조용히 하라는 손짓을 하자, 장내는 다시 긴장감에 휩싸인다. 그들은 소리가 들리는(이 에피소드에서 소리는 중요하다) 앞 방향으로 전진한다. 그들 앞에는 호수가 있다. 물이 없어 고생을 하던 시절을 생각하면 물은 중요한 자산이지만, 지금 그들에게 호수는 놀이터이다. 긴장 해소.

그들은 옷을 벗고 야생의 한 때로 돌아가 호수에서 수영을 즐긴다. 잠시나마 행복한 한 때인 셈인데, 그 때 케이트의 시야로 들어오는 것이 있다. 비행기 좌석에 묶인 채 죽어 있는 남녀 한 쌍. 호수에서 물놀이를 즐기던 그들은 깜짝 놀란다. 비명이라도 지를 듯 한 태세로 물위로 솟구치는 그들.

하지만 곧 그들은 죽어 있는 남녀에게 다가가, 챙길 것이 있는가를 살펴본다. 소이어는 지갑을 챙긴다. 욕심이 없을 것 같았던 케이트는 그런 소이어를 나무라지만, 좌석 밑에 있는 가방을 보자 마음이 달라지는 것 같다. 케이트는 그 가방을 꼭 얻으려 한다. 좌석에 끼어서 잘 나오지 않는 가방을 힘으로라도 빼내려 하는 케이트. 평소 케이트가 그런 행동을 하지 않았기 때문에 이 모습은 더욱 특별해 보인다.

에피소드 12 내에 오프닝이 별도로 존재한다면, 아마 이 가방을 발견하고 물 밖으로 끌어내는 대목까지일 것이다. 결국 에피소드 12의 중심 화제는 이 가방과 연관된다. 하지만 여기서 일단 주목해야 할 것은 가방을 시청자의 눈앞까지 제시하는 방식이다.

그 방식을 정리해 보자. 이 에피소드의 가장 중심인물인 케이트를 제시한다(카메라가 패닝하고 틸팅하면서 나무 위의 케이트를 포착한다)→작은 위기가 엄습한다(무언가 따라오는 소리). 시청자들은 긴장한다(작은 긴장감 1)→아무 일 없다는 듯이 걷는 케이트. 긴장 일시 해소→다시 들려오는 소리(가중되는 긴장감, 작은 긴장감 2)→소이어의 비명. 해소되는 긴장감→조용히 하라고 손짓하는 케이트(작은 긴장감 3)→호수 발견, 즐거운 한 때, 수영(긴장감 해소)→호수 밑의 죽은 남녀(긴장감 4, 긴장의 강도가 강해짐)→아무렇지도 않게 지갑을 훔치는 소이어(긴장감 해소)→케이트에 눈에 들어오는 가방. 그리고 물 밖으로 끌어냄(긴장감 암시)→하지만 아무 일 없다는 듯이 소이어에게 건네주는 케이트. 일견 이러한 과정을 통해 긴장감은 일시적으로 해소된 듯 하다.

호수에서 벌어진 이러한 일련의 플롯과 카메라 워킹에는 작은 긴장감과 그의 해소라는 반복적인 패턴이 담겨 있다. 이 에피소드는 이러한 긴장과 해소의 굴곡을 통해 시청자들을 지적 호기심을 자극하면서, 결국에는 가장 중요한 비밀을 제공하는 셈이다. 그것이 '가방'이다.

에피소드 12의 제목은 "whatever the case may be"이다. 실제로 이

가방(case)은 많은 이들의 호기심을 자극한다. 하지만 가방 자체가 중요한 것은 아니다. 많은 등장인물들이 호기심을 갖는 것은 그 가방 안에 든 것이다. 더 구체적으로 말하면 케이트가 그 가방에서 찾고자 하는 것이다. 그것을 에피소드 12의 오프닝은 넌지시 암시한다. 그리고 지루하지 않게, 긴장하고 이야기를 볼 수 있도록 처음부터 시청자들을 자극하면서 말이다.

2. '비밀의 문을 열다'의 다섯 가지 플롯

케이트와 소이어의 이야기가 일단 마감되면, 공간적 배경은 해변가로 옮겨진다. 바닷물이 밀려들고 사람들은 갑자기 불어난 물을 피해 짐을 옮기기 바쁘다. 그 장면에서 세 가지 인물군이 주목된다. 첫째 사이드와 잭. 그들은 사이드가 루소(프랑스 여인)에게서 가져온 문서와 지도에 대해 이야기를 나눈다. 잭은 루소에게 자신을 데려가 달라고, 사이드에게 부탁한다. 클레어가 '그들'에게 잡혀간 상황에서 무언가를 해야 한다는 의지를 표현한 것이다. 이 의지를 감지하고 사이드는 루소에게서 훔쳐 온 지도와 문서를 해석해야겠다는 생각을 한다.

사이드가 가지고 온 것이 무엇인지 모른다는 점에서, 사이드는 비밀을 '연다'는 행위에 동참한다. 케이트의 가방을 여는 것이 중요한 만큼, 사이드가 문서의 비밀을 해독하는 것도 중요하다. '비밀을 열다'의 첫 번째 서브플롯이다.

두 번째 인물군은 찰리이다. 찰리는 클레어를 잃고 죽다가 살아난 이후 말을 안 하고 있다. 잭과 사이드가 이야기를 나누면서 더욱 비밀을 풀어야겠다고 생각한 것은 카메라가 해변가에 멍하니 앉아 있는 찰리를 비추면서이다. 찰리는 말을 잃은 채, 특유의 활기참을 잃은 채 앉아 있다. 그는 속을 알 수 없는 상자처럼 변했다. 그에게 흑인 부인 로즈가 다가간다. 그 로즈는 찰리를 나무라면서 남들처럼 짐을 옮겨야 한다고 충고한다. 간신히 입을 여는 찰리. 찰리가 입을 여는 것은 비밀을 여는 행위이다. '비밀을 열다'의 서브플롯 두 번째에 해당한다.

세 번째 인물군은 쉐넌과 분이다. 분은 쉐넌에게 아무 쓸모도 없다고 크게 나무란다. 반면 쉐넌은 분에게 대들며, 나흘 째 로크와 어디를 다녀오느냐고 행적을 추궁한다. 쉐넌의 이 대사는 중요하다. 쉐넌은 나무라는 분에게 반감을 가지고 대꾸하고 있는데, 따지고 보면 그 대꾸 방식은 실제로 여러 가지일 수 있다.

그런데 그 중에서도 하필이면 분의 행적을 거론했을까. 분의 행적은 대단히 중요하다. 분은 로크와 함께 해치를 발견했고, 그것을 열 궁리를 하고 있기 때문이다. 분 역시 '비밀의 문을 열다'의 플롯에 동참하고 있는 셈이며, 번호를 붙여 보면 서브플롯 세 번째에 해당한다.

서브플롯 네 번째는 쉐넌이다. 쉐넌은 한심하고 허영기 많아 보이는 여성이지만, 의외로 깊은 상처를 간직하고 있다. 아직은 쉐넌의 고통과 비밀에 대해 이 드라마에서 본격적으로 다루어지지 않은 상태였는데, 이 에피소드를 기화로 그녀의 과거 하나가 공개된다. 쉐넌에 대한 클로즈 업(close up)으로 바닷가 장면이 마무리되는 것도, 그녀의 이야기가 상당한 비중을 차지한다는 것을 뜻한다.

정리하면, '비밀의 문을 열다'의 메인플롯은 케이트가 가방을 여는 플롯이다. 여기에 '비밀의 문을 열다'의 서브플롯은 약 네 개 정도이다. 첫째, 사이드가 루소의 비밀을 해독하려고 한다. 둘째, 찰리가 말 문을 연다. 셋째, 분과 로크가 비밀 해치를 열려고 한다. 넷째, 쉐넌의 아픈 과거를 열려고 한다. 이 중에서 세 번째 서브플롯은 이 에피소드에서는 단초만 드러난다. 하지만 잠정적인 플롯으로 볼 때 이 다섯 가지 플롯은 에피소드 12를 떠받치는 중심축이라고 해도 과언이 아니다.

3. 클로즈 업과 과거 회상

쉐넌의 속을 알 수 없는 난처함(클로즈 업) 다음에 케이트의 이야기가 진행된다. 케이트는 회상을 통해 멕시코 어느 은행을 찾아가는 이야기를 꺼낸다. 그곳에서 그녀는 자신을 사진작가로 소개하고 있으며, 오래된 극장 사진을 찍기 위해 온 것이라고 방문 이유를 대고 있다. 그 때 들이닥치는 은행 강도. 그들은 은행의 금고를 열라고 소리치고 있다.

회상 다음은 소이어에게 가방을 찾으러 간 케이트의 현재 모습이다. 그녀는 자고 있는 소이어에게서 가방을 몰래 훔치려 한다. 하지만 깨어난 소이어로 인해 실패하고, 소이어는 이러한 케이트를 놀려댄다.

여기서 드는 한 가지 의문. 다시 찾으려 했다면 처음부터 왜 그렇게 쉽게 내주었을까? 호숫가에서 자신의 것이라고 주장하다가, 가방 문을 열 수 없게 되고, 그녀의 것이 아니냐는 소이어의 질문에 케이트는 어이없을 만큼 쉽게 가방을 건네주었다. 그리고 나서 다시 찾으려 하는 이유는?

아무래도 그 이유는 회상에서 찾아야 할 것 같다. 케이트에게 가방은 열고 싶은 물건이면서도 동시에 버리고 싶은 어떤 것이기도 하다. 하지만 회상 끝에 그녀는 그 물건이자 어떤 것을 되찾아야 한다고 생각하게 된 것은 아닐까. 그렇다면, 그러한 것(들)에는 무엇이 있을까. 되찾고 싶으면서도 그것을 갖는 순간 고통스러워지는 것. 케이트는 그러한 인간의 심리적 반응에 따라 행동했다고 간주할 수 있다.

그 다음 씬은 일광욕하는 쉐넌이다. 쉐넌은 그녀의 오빠 분이 말했던 것처럼 아무 것도 하지 않으며 섬의 생활을 이어가고 있다. 그녀에게 접근하는 사이드. 사이드는 그녀의 도움이 필요하다고 말한다. 프랑스 어를 할 줄 아는 사람은 그녀밖에 없기 때문이다.

쉐넌은 자신은 할 수 없다고 거부하지만, 나중에는 사이드를 돕게 된다. 결국 두 사람은 이것이 계기가 되어 사랑에 빠지게 된다. 하지만 두 사람의 사랑을 묶어줄 계기가 이것으로 충분하다고 할 수 있을까. 두 사람이 사랑에 빠지는 설정이 자연스럽게 이해되기 위해서는, 두 사람 사이의 인연이 보다 공고해야 하지 않을까.

이전 에피소드를 찾아보자. 쉐넌이 사이드를 돕는 에피소드가 있다. 다시 말해서 쉐넌은 사이드를 도운 것이 처음이 아니며, 과거 사이드를 도왔던 전력 때문에 이 에피소드에서 사이드를 돕는 것도 어색하지 않게 된다.

쉐넌이 사이드를 돕게 되는 정황도 유사하다. 그 때에도 오빠 분에 대한 반감과 충동 때문에 쉐넌은 일행을 따라나서게 된다. 이번(에피소드 12)에도 오빠 분이 쓸모없다는 말을 하지 않았다면 쉐넌이 사이드의 일을 돕는 것에 더욱 많은 부연 설정이 필요했을지도 모른다.

다시 이야기를 앞서가면, 사이드와 쉐넌이 모닥불에서 이야기를 나누는 장면(이 에피소드 12의 클로징)에서 카메라가 빗겨 가면 분이 서 있는 모습은 인상적이다. 아니 그것은 세 사람의 얽힌 운명을 미리 짜놓고 있는 이 작품의 여력에 해당한다. 다시 쉐넌과 사이드의 이야기로 돌아가면, 그들은 서로의 벽을 허물고 일단 한 자리에서 하나의 일을 하게 되었다는 결론을 얻을 수 있다.

그 다음은 가방을 열고자 하는 소이어이다. 지나가는 마이클과 헐리(피난 중)는 헐리버튼 가방을 열고자 하는 소이어를 놀린다. 그 때 마이클이 해결방안을 제시한다. 헐리버튼 가방을 열기 위해서는 '엄청난 힘과 속도'가 필요하며, 하다못해 도끼나 해머 같은 것을 충격을 가해야 한다는 충고였다. 소이어는 이 충고를 실행해보지만, 구성 상의 원리로 보았을 때 이 대사는 소이어에게 한 대사가 아니다.

그것은 앞으로 전개될 로크와 분에게 해당되는 대사이다. 로크와 분은 해치를 열기 위해 이러한 엄청한 힘과 속도를 얻는 방법을 강구하고 있다. 지렛대의 원리를 사용하기도 하고 거대한 구조물을 만들기도 한다. 물론 이러한 설정은 이 에피소드를 벗어나는 설정이지만, 이 에피소드에 포함되는 설정도 있다. 그것은 도끼를 들고 나타나는 분이다.

시간상으로 보았을 때 분은 쉐넌과 만나 그녀와 이야기를 나눈 이후 몰래 도끼를 들고 로크에게 간 것이다. 쉐넌과 나눈 이야기를 보건대 몰래 로크와 만나서 모두들 궁금해 하는 일을 한 지 5일째 되는 날일 것이다. 마이클이 말한 도끼는 바로, 분의 이야기(로크와 함께 하는 비밀작업)로 전환하기 위한 '이동의 통로(공통매개체)'였고 동시에 분과 로크의 앞날에 대한 암시이기도 했다. 다만 도끼를 들고 나타난 분의 이야기는 더 진전되지 않는다. 그 이후의 이야기는 다음 에피소드에서 자세하게 전개되어야 하기 때문이다.

왜냐하면 분의 이후 행적은 다음 에피소드의 또 다른 핵심 키워드와 연관되기 때문이다. 그 다음은 말문을 닫고 있는 찰리이다. 찰리에게 다시 로즈가 다가간다. 앞에서도 찰리를 나무란 적이 있었던 로즈였다. 우리는 여기서 다시 질문할 수 있다. 왜 찰리의 파트너로 이 로즈가 설정되었는가 이다.

전 에피소드를 되짚어 보면, 로즈가 말을 안 하고 바다만 바라보던 시절이 있다. 그 시절 로즈는 찰리의 처지와 다를 바 없었다. 그때 그 부인을 달래주던 사람은 잭이다. 지금은 잭이 아니고 로즈 부인이 잭의 역할을 맡게 된 셈이다. 도움을 받았던 여인이, 이제 도움을 주는 여인이 된 셈이다. 남에게 도움을 받고 말문을 튼 여인이, 거꾸로 남의 말문을 트기 위해서 나선 셈이다. 따라서 이 로즈의 등장(사실 이 부인은 자주 등장하는 인물은 아니다)이 타당성이 있는 것이다.

다음은 소이어. 가방을 열기 위해서 안간힘을 쓴다. 높은 곳에서 떨어뜨려도 본다. 어느새 나타나서 가방을 채가는 케이트. 하지만 다시 소이어에게 뺏긴다. 어제(밤) 상황처럼 머리로 상대의 안면을 때려서라도 기어코 빼앗으려는 케이트. 하지만 소이어도 대비를 하고 있다. "두 번은 안 당하지". 그러나 그 말이 무색하게 다시 박치기를 시도한 케이트에게 당한다. 박치기는 두 번째 시도를 계산하지 못했고 어제에 이어 두 번째 당한 셈이다.

소이어는 말한다. 무엇이 들어 있는지 말해주면 가방을 주겠다고. 시청자도 같은 심정이다. 무엇이 들었을까. 궁금함은 이 에피소드의 가장 중요한 심리 작용이다.

케이트는 대답 대신 회상을 건넨다. 케이트의 회상에서, 첫 번째 대사가 열쇠를 달라는 점에 주목할 필요가 있다. 소이어도, 케이트도 열쇠를 원한다. 그 열쇠는 회상처럼 은행 강도가 금고 문을 여는 열쇠일 수도 있고, 소이어처럼 가방 속의 물건이 무엇인지를 알고자하는 궁금증의 해소일 수도 있다. 나중에 등장하지만 잭이 원하는 것처럼 진실일 수도 있다. 그 모든 것일 수 있다.

이 에피소드는 비밀, 가방, 진실, 궁금함, 말문, 과거, 암호를 모두 풀어야 할 어떤 것으로 설정하고 있다. 그래서 여러 사람들이 등장하지만 모두 공통점으로 '연다'는 행위가 적용되는 셈이다. 무언가를 연다는 것은 궁극적으로는 시청자들이 마음속의 답답함을 해소하는 행위로 연결된다. 케이트의 과거 회상은 궁극적으로는 자신의 비밀을 열고 그것을 궁금해 하는 이들에게 무언가를 보여주는 행위와 다를 바 없다.

4. 비밀과 컷팅(cutting)

케이트는 소이어에게 가방을 빼앗을 수 없자, 잭에게 도움을 청한다. 잭은 보안관의 열쇠를 찾아 가방을 열기로 하고, 그 안에 무엇이 있는지 묻는다. 케이트는 돈, 총에 대해서 이야기한다. 잭은 직감적으로 이 외에 더 큰 비밀이 있음을 눈치채지만, 케이트는 더 이상 말하지 않는다.

다시 찰리와 로즈. 입을 열지 않으려는 찰리에게, 로즈는 아무도 찰리를 원망하지 않는다고 말해준다. 모두들 클레어(임산부)가 납치된 것에 대해 찰리의 책임이 없다고 생각하며 찰리가 최선을 다했다고 인정하고 있다고 말해준다. 로즈의 발언은 찰리가 괴로워하는 이유를 암시한다.

　마찬가지로 찰리가 괴로워하는 이유를 통해 케이트가 괴로워하는 이유를 암시받을 수 있다. 찰리가 누군가의 위로를 필요로 하는 상태인 것처럼, 케이트 역시 누군가의 위로를 필요로 하는 상태라는 것을 알려주기도 한다. <로스트>시즌 1·에피소드 12는 두 개의 이야기를 나란히 전개시켜, 두 개의 이야기가 서로 상호 보조할 가능성을 높이고 있다. 찰리의 이야기를 통해 케이트를 이해하고, 케이트의 상태를 통해 쉐넌의 상태를 아는 것처럼 말이다.

　보안관의 무덤을 파내 열쇠를 찾는 씬은 흥미롭다. 그 중에서 가장 흥미로운 것은 열쇠를 감춘 케이트이다. 무덤을 열자 해골이 보인다. 케이트는 뒷주머니를 들춰 보안관의 지갑을 꺼낸다. 케이트의 손에서 열리는 지갑. 구더기 몇 마리. 소리를 지르며 떨어지는 지갑. 지갑을 줍는 잭. 지갑 안에는 열쇠가 없다. 실망하는 시청자들.

　그러나 잭은 실망하지 않고 한 마디 한다. 지갑에 신경을 쓰게 하는 멋진 작전이었다고. 그리고 케이트의 움켜진 손을 억지로 펴게 한다. 그 안에 있는 열쇠. 케이트는 지갑을 떨어뜨리는 속임수로 열쇠를 독차지하려고 했다. 어떻게 시청자 앞에서 그런 일을 할 수 있을까. 버젓이 보는 앞에서.

　쇼트를 분석하면 비밀이 벗겨진다. 지갑을 뒷주머니에서 꺼내 케이트가 열 때까지는 따로 열쇠를 감출 시간이 없어 보인다. 그러나 지갑을 열어 구더기 몇 마리가 보일 때까지는 하나의 연속된 쇼트였지만, 떨어뜨릴 때에는 컷트 되고 난 이후 분절된 쇼트이다. 즉 지갑 안의 구더기/컷트/떨어지는 지갑으로 되어 있다. 그 사이(컷트)에 케이트는 열쇠를 감출 알리바이가 생겨난다. 그리고 컷트 되었다는 명

분으로 시청자는 눈앞에서 펼쳐진 일이지만 용납하게 된다.

이것은 단순한 장난 같지만 실제로 <로스트>의 컷트는 다양한 기능을 한다. 가령 과거 회상의 경우 컷트를 어떻게 하느냐에 따라 의미가 달라진다. 과거 회상도 더 이전의 과거 회상을 더 나중에 함으로써 새로운 효과를 창출하기도 한다. 실제로 이 작품에서 현재 사이에 문득 문득 전개되는 회상은 컷트에 의해 미묘한 의미를 파생하기도 한다(다른 에피소드를 통해 더 자세히 설명하겠다). 이 에피소드로 돌아오면 케이트가 열쇠를 감추려 했다는 비밀은 커트에 의해 감추어지고 또 납득되는 셈이다. 컷팅은 그만큼 비밀의 보관자이자 수호자 역할을 하는 셈이다.

5. 고통과 비밀 그리고 사랑의 그림자

<로스트>(시즌 1・에피소드 12)는 궁극적으로 감추어진 비밀을 여는 이야기이다. 케이트는 가방을 열고, 사이드는 문서의 비밀을 열며(해독하며), 찰리는 말문을 열고, 쉐년은 마음을 연다. 분과 로크는 먼 장래에 이 섬의 의미를 알기 위해서 해치를 열려고 한다. 그러나 이 모든 여는 대상은 사실은 동일하다. 케이트는 가방을 여는 동시에, 내면에 감추어진 말문을 트며, 또한 잭에게 숨겨두었던 내면의 비밀을 연다. 그리고 이러한 케이트의 여는 행위는 궁극적으로 이들이 왜 이 섬에 오게 되었는가를 이해하는 행위와 통한다.

쉐년의 입장에서 이해해보자. 쉐년은 사이드와 함께 일하면서 문서의 비밀을 탐독한다. 그 과정에서 쉐년은 사이드와 다투게 된다(더 정확히 말하면 쉐년은 참을성을 발휘하지 못하고 그만 두겠다고

말하고 만다). 하지만 다툰 이후 그녀는 사이드의 모닥불로 접근해서 과거 자신에게 프랑스어를 가르쳐주었던 남자에 대한 이야기를 한다. 그 남자에게는 아들이 있었고, 그 아들은 자신(쉐넌)을 싫어했다는 이야기를 한다. 또 그 아이가 몇 백 번 반복해서 시청하던 애니메이션이 있었으며, 그 애니메이션의 주제곡이 사이드가 그토록 원했던 암호문가 일치한다는 것을 알려준다. 쉐넌은 비밀을 풀고(비록 표면적일지라도), 마음을 열고, 과거를 열고, 말문을 연 셈이다.

앞에서 말한 케이트의 경우에는 보다 복잡한 과정을 거친다. 자세하게 살펴보자. 먼저 케이트와 잭의 이야기를 따라가 보자. 케이트는 잭 몰래 열쇠를 숨기려 했지만, 잭은 그 열쇠를 뺏었다. 그리고 소이어에게 가서 가방을 빼앗는다. 이야기는 다시 케이트의 과거로 넘어간다. 금고 안으로 들어간 케이트. 그녀는 사설 금고를 열고 봉투를 꺼낸다. 이 때 인상적인 지점장(매니저)의 한 마디가 곁들여진다. "Who are you?" 지점장은 억울하게 협박당하고 목숨이 위태로운 케이트를 위해 금고 문을 열었지만, 그 문을 열도록 연기한 인물은 다름 아닌 케이트였다. 어처구니가 없어 던진 질문이었지만, 이 질문은 현재의 케이트에게도 유효하다.

과거의 케이트가 사설 금고에서 봉투를 접하는 순간, 이야기는 케이트의 현재 이야기로 전환된다. 가방을 여는 잭. 그는 약속을 저버린 케이트일망정, 그녀와의 약속을 지켜 그녀 앞에서 가방을 연다. 그 안에 있는 물건들에 대해서는 이미 말한 바 있다. 다만 한 가지 '휴대품'이라고 써 붙인 종이봉투가 있었다. 잭은 직감적으로 그것이 케이트가 찾고자 한 것이라는 사실을 안다. 물론 시청자들도 안다.

종이봉투에 든 것은 무엇인가. 그것은 과거의 봉투 안에 든 것과 같은 것일 것이다. 그러니 결국 상자를 연다는 것은 과거를 여는 것이다. 케이트가 봉투를 뜯자 나온 것은 모형 비행기이다. 그들이 탔다가 추락한 비행기와 흡사한 모형 비행기.

잭은 묻는다. 그것이 무엇이냐고. 케이트는 아무 것도 아니라고 대답한다. 잭이 다시 묻는다. 케이트는 이해 못 할 것이라고 대답하지만 잭은 집요하다. 그러니 잭은 진실을 원한다고 강하게 말한다. 케이트는 그 물건이 사랑하는 사람의 것이라고 말한다(It belonged to man I loved). 잭은 믿지 않는다. 케이트는 다시 말한다. 그 물건은 사랑하는 사람의 것이었다. 소리 높여 진실을 말하라고 다그치는 잭. 케이트는 마지막 말을 한다.

"It belonged to man I killed"

이 말은 그토록 잭과 소이어와 시청자들이 알기를 원하는 케이트의 최종 대답이다. 또한 동시에 "그녀는 누구인가?(Who are you?)"라는 질문에 대한 대답이기도 하다. 그녀는 사랑하는 사람을 죽였고, 모형 비행기는 그녀가 죽인 사람의 유품이자 그 증거물이었다. 케이트는 과거에 그 유품을 되찾기 위해 은행을 습격한 경력이 있었고, 그 만큼 그 유품은 소중한 것이었으며, 케이트는 그 유품을 항상 지니고 다니다가 보안관에게 잡혔을 때 빼앗겼고, 그것이 든 상자를 발견했을 때 어떻게 해서든 되찾으려 했다, 는 긴 이야기가 성립되는 셈이다. 잭과 시청자들은 그녀가 그토록 감추고 싶어 했다는 것이 사랑하는 사람을 자신이 죽여야 했다는 그녀의 아픔(과거 사연)이었음을 알게 된다.

찰리의 경우도 대동소이하다. 그는 로즈에게서 위로를 받고 결국에는 고통을 호소한다. 사랑하는 클레어를 지키지 못한 자책감에 자신이 사로잡혀 있다고. 그는 토로한다. "Help me". 쉐넌도 사이드에게 다가가 말한다. 자신이 겪어야 했던 아픈 과거를. 사랑하는 남자에게서 받았던 상처를. 찰리를 위로하는 로즈도 남편과 떨어져 있는 아픔을 숨기지 않는다.

결국 <로스트> 시즌 1·에피소드 12는 '고통(상처)'에 대한 에피소드이다. 이것이 이 드라마를 품격 있게 만드는 요인이다. 가방과 암호와 범죄와 속임수와 과거가 흥미진진하게 공존할 수 있는 것은 인간의 보편적인 성향, 즉 아픔과 비밀에 대해 이야기하고 있기 때문이다. 우리가 비행기를 타고 지도에도 없는 섬에 추락할 가능성은 별로 없지만, 그 사람들과 같은 종류의 고통과 비밀을 간직하고 살 수는 있다. 아니 그렇게 살고 있다. 이 드라마는 그러한 보편성에 대해 이야기하고 있다.

마지막으로 이 드라마에서 꼭 놓치지 말아야 할 것이 있다. 케이트, 쉐넌, 찰리, 로즈는 모두 누군가를 잃은(일시적일지라도) 고통에 사로잡혀 있지만, 그 옆에는 다른 누군가도 함께 있다는 사실이다. 쉐넌은 고통스러운 과거를 이야기할 수 있는 사이드를 알게 되었다(이들은 연인으로 발전한다). 찰리는 클레어가 돌아올 수 있다는 믿음을 회복할 수 있다. 로즈는 남편이 살아있다고 철석 같이 믿고 있다.

그리고 케이트. 케이트는 모닥불 곁에 앉아 있다. 침묵하고 있다. 그 앞으로 카메라를 스치듯이 지나는 잭. 잠시 겹쳐지는 케이트와 잭. 두 사람은 멀고 가까운 간격을 조절하듯 지나치지만, 두 사람 사이에 존재하는 믿음은 사랑과 비슷한 성격을 닮아간다.

6. 사족 : 다시 드리워지는 비밀들

<로스트>(시즌 1·에피소드 12)에서 위의 전언을 읽어낼 수 있다면 이 에피소드가 추구하는 바는 대략 이해된 셈이다. 하지만 중요한 한 가지가 남았다. 그것은 우리는 비밀과 과거를 염탐했다고 믿게 되지만, 결국에는 아무 것도 탐색되지 않았다는 점이다. 더 정확하게 말하면, 탐색되고 밝혀진 것보다 더 많은 의구심이 드리워지게 된다.

케이트는 사랑하는 남자를 죽였다고 했다. 그 말을 사실 그대로 믿는다 해도, 그 남자가 누구이며, 왜 죽였으며, 그 남자의 유품인 모형 비행기에 얽힌 사연은 아직 모른다. 아니 케이트가 모형 비행기 유품을 남긴 남자 친구를 살해했다는 사실을 알게 되면서 더욱 많은 궁금함이 일어났다. 무슨 일이 있었을까? 해결된 것 같지만 오히려 더 많은 의문이 생겨났다.

쉐넌도 비슷하다. 쉐넌이 남자를 사귀었고, 그 남자에게서 프랑스어를 배웠으며, 그 남자에게는 특이한 아들이 있었다는 정보를 얻었다. 어쩌면 그 남자를 쉐넌이 대단히 사랑했다는 정보도 얻을 수 있었다. 하지만 루소의 문구가, 즉 지도와 문서의 비밀이 그 아이가 부른 노래 가사라는 사실 이외에는 밝혀낸 사실이 없다. 왜 루소는 그 노래를 반복해서 적은 것일까? 역시 의문이다. 찰리의 고통을 이해했지만 찰리 덕분에 클레어의 행방은 더욱 궁금해진다. 물론 분의 행적도 궁금하기 이를 데 없다.

<로스트> (시즌 1. 에피소드 12)는 해결된 것이 없다는 것을 강조하고 있다. 궁금함과 의문은 계속되고 있으며, 단지 이 에피소드를 통해 한 차원 다른 이유와 비밀을 탐색하게 되었다는 점만 차이

를 보일 뿐이다. 서사의 추동력은 비밀이고 궁금함이다. <로스트>
(시즌 1·에피소드 12)는 이러한 추동력을 이용해서 한 회 분 서사
를 이끌었으며, 동시에 새로운 비밀과 궁금함을 만들어 다음 회 분
을 이끌 서사를 예비한다. 이것이 <로스트>가 그토록 긴 이야기임
에도 불구하고, 회를 거듭 할수록 흥미로워질 수 있는 이유이기도
하다.

8. 새롭게 시작하다

: 시즌 1. 에피소드 17

1. 진(수)과 선의 이야기

주지하듯 <로스트>의 각 에피소드에는 과거 회상이 포함되어 있다. 전편에서 잭의 과거를 중심으로 이야기가 전개되었다면, 그 다음 편에서는 케이트의 과거를 중심으로 이야기가 전개되곤 하는 식이다. 실제로 과거 회상의 주인공이 각 에피소드의 주인공인 경우가 대부분이다. <로스트> 시즌 1·에피소드 17에서 과거 회상의 주인공은 '진'이다.

<로스트> 시즌 1·에피소드 17의 시작은 바닷가에 나와 있는 '진'으로부터이다. 카메라는 진을 클로즈 업(Close-up)하면서, 그의 기억으로 들어가기라도 하려는 듯 접근해 들어간다. 그 옆으로 파도가 거칠게 몰아치고 있다. 파도가 거칠게 몰아치는 것처럼, 진의 내면에도 거친 기억의 파도가 몰아치고 있다. 그 기억은 선과 선의 아버지와 관련 있다. 첫 번째 회상에서 진은 선의 아버지를 만나러 갔던 날의 기억을 끄집어낸다.

큰 집무실에서 딸의 남자친구를 무심히 맞이하는 선의 아버지. 그는 권위적인 몸짓과 어투로 묻는다. "내 딸과 결혼하려는 이유가 무엇인가" 하지만 정작 이 질문을 던진 선의 아버지는 딸의 행복에는 관심이 없다. 다만 자신의 딸과 결혼하기 위해서라면 무엇이든 하겠다는 젊은 진에게 관심이 있을 뿐이다.

이 회상에서 기억해야 할 사항이 있다. 첫째, 결혼에 대해 어떻게 생각하느냐는 선의 부친의 질문에, 진은 살아 있는 아버지가 죽었다고 대답해 버린 점이다. 이것은 진에게 하나의 새로운 출발을 뜻한다. 진은 평소 부끄러웠던 아버지를 자신의 인생에서 지워버림으로써, 새로운 출발을 위한 발판을 마련하고 싶어 한다.

둘째, "꿈을 쉽게 버리는 젊은이에게 왜 내 딸을 주어야 하지?"라는 질문에, 진이 한 대답이다. 진은 선이 자신의 꿈(dream)이기 때문이라고 대답한다. 이 대답은 여러 가지 내포 함의를 지니게 된다. 진은 꿈을 얻기 위해서, 현실의 음지로 걸어들어 가게 된다.

이 에피소드의 중심 화두가 '새로운 출발'이라고 할 때, 진에게 출발은 두 가지로 나뉠 수 있다. 하나는 과거에 있었던 선과의 결혼이다. 하지만 그 결혼으로 진은 어둠의 세계에 들어가 피와 폭력을 경험해야 했다. 이것은 꿈을 이루는 일이었지만, 동시에 그의 꿈을 버리는 일이기도 했다.

다른 하나는 선의 아버지로부터 벗어나 새로운 출발을 꿈꾸는 것이다. 이야기가 더욱 진행되면 분명해지겠지만, 진이 추락한 비행기를 타게 된 이유는 선의 아버지와 결별하기 위해서이다. 진은 마지막으로 장인의 부탁을 들어주고 새로운 출발을 하고자 했다. 하지만 그 비행기가 추락하고 만다.

2. 새로운 출발을 꿈꾸는 사람들

회상에서 깨어난 진의 시야로 비키니(수영복)를 입은 '선(선화)'가 보인다. 놀라는 진. 진은 무슨 짓이냐며 아내를 나무라며 웃옷을 걸쳐 입게 한다. 바닷가에 모여 있던 사람들은 그들의 실랑이를 보면서, 늘 해오던 일이 반복되고 있다는 표정을 짓는다. 진과 선의 다툼은 이미 일상이 된 상태이다.

두 사람의 다툼을 보다 못한 마이클이 끼어들지만, 선에게 뺨을 맞고 마이클은 망신을 당하고 만다. 이후 선은 마이클에게 찾아와 뺨을 때린 것은 미안하지만, 남편으로부터 마이클을 보호하기 위해서 어쩔 수 없었다고 말한다. 하지만 화가 풀리지 않은 마이클은 뗏목을 만들면서, 자신은 이곳으로부터 떠나면 그만이라고 대꾸한다.

선과 마이클이 만나는 이 대목은 이야기 전개에 반드시 필요한 대목은 아니다. 그럼에도 삽입된 까닭은, 마이클과 관련된 새로운 출발의 유형 때문이다. 마이클의 뗏목과 항해는 또 다른 출발, 그러니까 무인도에서의 생활을 청산하고 다른 형태의 삶을 추구하려는 하나의 모색이다.

진과 선의 관계에서 하나의 출발이 모색되었다면, 마이클의 차원에서도 또 하나의 출발이 모색되고 있다고 볼 수 있다. <로스트> 시즌 1·에피소드 17은 새로운 출발을 주제로 하고 있다. 따라서 진과 선의 그룹, 마이클을 둘러싼 그룹이 일단 새로운 출발이라는 주제하에 수렴된 인물 그룹이 되는 셈이다. 이를 위해 "진과 선의 다툼→마이클의 망신→마이클에게 하는 선의 사과"라는 일련의 스토리라인이 설정되었다.

세 번째 그룹은 사이드와 쉐넌이다. 쉐넌이 매듭을 묶고 있을 때, 사이드가 다가온다. 두 사람은 대화를 나누는데, 그 대화는 서로에 대한 탐색전과 다르지 않다. 당시 두 사람은 가까워지고 있는데, 서로에게 다가감은 곧 두 사람의 새로운 출발을 뜻한다.

두 번째 그룹에 대한 보충 설명도 있다. 카메라가 사이드와 쉐넌을 건너, 뗏목으로 옮겨오면, 마이클과 그의 아들이 대화를 나누고 있다. 마이클은 그의 아들과 함께 뉴욕에 대한 이야기를 나눈다. 새로운 출발에 대한 비전인 셈이다. 주의 깊게 살펴보아야 할 것은 마이클만큼, 그의 아들 월트가 뗏목 탈출과 뉴욕에 대해 관심을 보이지 않는다는 점이다.

마이클의 아들이 개와 공놀이를 하겠다고 떠난 이후 잭이 찾아온다. 잭은 마이클에게, 사람들이 뗏목에 누가 타게 될지 궁금해 한다는 말을 전한다. 마이클은 네 자리 중에서 세 자리가 결정되었다고 말한다. 마이클, 마이클의 아들, 그리고 소이어였다. 그러니까 소이어는 두 번째 인물 그룹에 포함되어, 새로운 출발이라는 주제에 종속된 셈이다.

인물 그룹을 정리해 보자. 새롭게 출발해야 하는 첫 번째 그룹은 진과 선이다. 이 부부는 과거 회상에서부터 새로운 출발을 염원하는 이들이다. 그들은 과거에 결혼이라는 새로운 출발을 꿈꾸어왔다. 하지만 이 섬에서 그들은 다시, 새로운 출발을 필요로 하고 있다. 그것은 잘못된 결혼 생활 때문이다. 섬사람들이 그들 부부의 관계를 왜곡되게 바라보고 있는 것도 그 때문이다.

두 번째 그룹은 마이클, 그의 아들 그리고 소이어이다. 이 세 사람은 뗏목을 타고 섬을 탈출하여, 섬에서의 생활과는 전혀 다른 새로운 삶을 꿈꾸고 있다. 이른바 섬 밖으로의 새로운 출발인 셈이다.

세 번째 그룹은 서로에게 관심을 쏟기 시작한 쉐넌과 사이드이다. 그들은 집을 짓는다는 상징적인 행위를 통해 서로의 마음 속에 자신들을 각인시켜가고 있다. 세 번째 그룹은 새로운 출발을 섬에서 이루려고 하고 있다. 다시 말해서 두 번째 그룹과 세 번째 그룹은 출발의 양상이 정 반대이다. 그럼에도 <로스트>는 그들의 바람과 선택을 '새로운 출발'이라는 중심 주제로 묶어내고 있다. 그 결과 <로스트>의 각 단편들이 하나의 주제로 단일하게 정리될 수 있었다.

3. 오해하는 사람들

일종의 오프닝에서 세 그룹이 소개되고 난 이후에, <로스트> 시즌 1·에피소드 17은 선에게 충고하는 케이트의 모습(그림자)에서 본격적인 이야기를 진행시킨다. 케이트는 선에게 남편 진과의 문제를 해결하라고 종용하기 시작한다. 선이 영어를 할 줄 안다는 사실을 알고 있는 두 사람(마이클과 케이트) 중에 여자인 케이트가 이 에피소드에 깊숙이 관여하기 시작한 셈이다.

케이트는 영어할 줄 안다는 사실조차 남편에게 감추어야 한다는 것은 잘못된 일이라고 말한다. 이에 대해 선은 남편이 과거에는 자상했었는데, 지금 달라진 것뿐이라고 변명한다. 케이트가 그 이유가 무엇인가를 물을 때, 밖은 소란스러워진다. 뗏목에 불이 붙었다는 다급한 소식이 들리면서, 그녀들의 대화는 끊어진다. 선이 그녀의 입으로 남편이 달라진 이유를 설명하지 않도록 서사가 구성된 셈이다.

남편이 결혼을 하면서 달라졌다는 것은 다른 에피소드에서 이미 선의 회상을 통해 제시된 바 있기 때문에, 시청자들은 대충 그 의미를 알 수 있다. 하지만 이 에피소드에서, 그리고 섬에 함께 살고 있는 이들은, 진이 성격이 포악해진 진짜 이유를 알지 못한다. 진이 이전에는 자상하고 착한 사람이었음을 상상하지 못한다. 그는 약한 아내에게 무언가를 강요하거나, 이유 없이 동료를 음해하는 인물이다. 그들에게 진은 늘 화를 내고, 단체 생활을 무시하고, 바깥으로 겉도는 문제적 인물일 뿐이다.

뗏목에 붙은 불로 인해 다급해 할 때 카메라는 선과 케이트가 함께 있던 천막을 벗어나 자리를 이동한다. 밖은 이미 불 끄러 달려가는 사람들로 북새통인데, 카메라는 그 중에서 심각한 얼굴로 서 있는 로크에 잠시 머문다.

　그 이유를 살피기 위해서는, <로스트>의 카메라 기법에 대해 이해할 필요가 있다. 보안관이 찾는 인물이 누구인지 궁금해 할 때, 카메라는 케이트에게 잠시 머물렀다. 안테나를 설치하는 사이드를 때린 사람이 누구인지 궁금해 할 때, 역시 카메라는 로크에게 머문 바 있다. 그렇다면 불을 붙인 사람이 궁금해질 때, 카메라가 로크에 머물렀다는 뜻은 무엇인가? 사실 이러한 물음과 응답의 기능은 카메라의 기본 역할에 해당하기에, 그 자체로는 특이할 것이 없는 기법이라 할 것이다. 그렇다면, 범인은 조크인가?

　결론부터 말하자면 로크는 뗏목에 불을 지른 사람은 아니다. 카메라는 일정 부분 그렇게 착각하도록 유도하고 있을 따름이다. 이전까지 <로스트>의 카메라 움직임을 눈여겨 본 이들에게 이것은 일종의 암시이다. 하지만 이 대목에서 카메라는 트릭을 깔고 범인이 아님에도 불구하고 로크가 범인일 수 있다는 암시를 전한다(우리는 이 암시에 대해 따질 수 없다. 왜냐하면 카메라는 묵묵하게 어떤 화면을 포착했을 뿐이니까). 실제로는 로크는 범인을 알고 있는 유일한 인물이라는 뜻인데도 말이다(이것은 시즌 1·에피소드 17의 맨 마지막 씬에서 밝혀진다).

　뗏목에 붙은 화재에 대해 사람들은 제각각 오해하기 시작한다. 그리고 그들은 범인이 당연히 진이라고 믿는다. 실제로 진은 손에 상처를 입었고 동굴로 돌아와 혼자 치료하고 있었다. 선 역시 남편이 다친 것을 보고 진이 범인이라고 믿어버린다. 마이클이 섬에서 자신들을 탈출시키려고 애쓰는데 왜 그의 뗏목을 파괴했냐고. 그녀 역시 진에 대한 믿음을 세우지 못하고 의심해 버린 셈이다.

　그 때 진의 세 번째 회상이 맞물린다. 이 회상이 왜 필요한지는 세 번째 회상만으로는 정확하게는 설명할 수 있다. 현재 사건에 과거 회상을 들어가는 통로(브릿지)가 명확하지 않기 때문이다. 하지만 네 번째 회상(다음에 전개되는 회상)까지 맞물리면 그 뜻은 "다쳤냐"는 질문과 "탈출하려고 노력한다."는 선의 말과 관련된 것임을 알 수 있다. 과거 진은 선과의 결혼을 유지하기 위해서 회장(장인)의 명에 따라 많은 일을 해야 했고, 그 때마다 다치는 일이 다반사였으며, 결국에는 이러한 악순환에서 탈출하기 위해서 애쓰게 되었기 때문이다.

진은 과거 선과의 결혼 생활에서 탈출해야 할 필요성을 느끼고 있었다. 그것은 마이클이 현재에서 섬을 탈출하고, 또 선이 진에게서 탈출하고자 하는 욕구와 궁극적으로 동일하다. 그들 모두는 탈출이라는 명제를 안고 있는 사람들이며, 그 탈출이 다른 말로 '새로운 출발'이다.

진의 회상은 엉뚱한 방향으로 이어진다. 진의 회상이 끝나고 펼쳐지는 현재의 풍경에 쉐넌의 오빠 분과 사이드가 있다. 사이드는 얼굴을 돌린 분에게 다가가, 쉐넌과 자신이 연인 관계로 접어들었다고 통보하듯 말한다. 이 장면에서는 스테이징이 주목할 필요가 있다. 카메라는 맨 앞의 불길을, 그 뒤에서 불길을 조절하는 분을, 그리고 분의 어깨 뒤로 접근한 사이드를 포착하고 있다. 시청자들은 불과 분의 얼굴과 사이드의 모습을 모두 볼 수 있지만, 사이드는 분을 볼 수 없다.

그러니 사이드가 분의 얼굴을 보는 대사는 주목된다(처음 사이드가 불길로 접근했을 때 얼굴을 확인하듯이 돌아본 것을 제외하면). 다시 말해서 어떤 대사에서 분이 사이드를 보고 이야기하게 되는가는 이 장면을 이해가는 관건이 될 것이다. 분은 처음에는 시큰둥하게 대꾸하다가(얼굴을 외면한 채로), 사이드가 방해하지 말아달라는 말에, 고개를 돌리고 사이드를 바라본다. 그 때 카메라도 리버스해서 사이드의 시점 쇼트로 분을 본다.

그리고 사이드가 말을 끝내고 떠나려 하자, 분은 본격적으로 고개를 돌리고 사이드에게 말을 건다. 그것은 쉐넌에 대한 이야기이다. 분은 쉐넌에 대한 부정적인 이야기를 시작하면서 사이드와 본격적으로 대화하기 시작한다. 카메라는 불길 옆에서 서 있는 분(내면의 혼란과 질투를 상징)→사이드를 외면하는 분(간접적인 불만과 무관심으로 위장)→돌아서서 사이드에게 적극적인 험담을 늘어놓는 분(여동생의 부정적 측면을 부각하여 둘 사이의 관계를 악화시키려 함)으로 나누어서 포착하고 있다.

이러한 스테이징은 현재의 이야기에서는 불길(뗏목의 불길)과 연결되고, 과거의 이야기로는 내면의 혼란(진의 혼란)과 연결된다. 그리고 주제의 측면에서는 '새로운 출발'과 관련된다. 분은 새로운 출발을 시작하려는 사이드와 쉐넌의 그룹에 새롭게 합류하는 셈이다. 물론 이 때의 합류는 방해자로서의 합류이다. 분은 이것을 오빠의 걱정을 가장해서 사이드에게 전달한다.

한편 사이드의 입장에서 이 장면을 재구성해보자. 사이드는 쉐넌에 대해 반신반의 하고 있다. 그녀가 보여준 태도는 과연 이 여인을 믿을 수 있는가라는 의문을 던지기에 충분하다고 할 것이다. 그는 확인 겸 통보 삼아 분을 찾아왔다. 분은 이러한 사이드에게 내적 혼란을 부채질한다.

카메라 스테이징에서 마지막 부분(분이 돌아서서 사이드와 대화하는 대목)을 다시 보자. 카메라는 처음에는 불길과 분만을 연결시키는 듯 했다. 불을 뒤적이는 분은 내면의 혼란을 상징했다. 하지만 분과 대화를 나누면서 원 쇼트(단독 쇼트)로 포착되는 사이드의 뒤편에도 불길은 이글거리고 있다. 사이드 역시 혼란에 빠져들게 되는 셈이다. 그 혼란은 그 다음날 아침 쉐넌에게 접근한 사이드에게서 바로 확인된다. 사이드는 이별을 통보하고, 쉐넌은 이것이 오빠의 짓(이간질)임을 즉시 알아차린다.

쉐넌을 오빠를 찾아 이 일에 대해 따지려고 하다가, 대신 로크를 만나게 된다. 쉐넌은 자신의 일에 참견하지 말라는 이야기를 분에게 전해달라고 로크에게 부탁한다. 하지만 로크는 쉐넌에게 거꾸로 질문한다. 사이드를 사랑하느냐고? 그런데 왜 분의 말에 신경을 쓰느냐고? 그러면 그럴수록 분은 원하는 것(동생의 관심)을 얻게 되는 것을 모르냐고?

이러한 질문을 던지는 로크의 모습은 선지자의 모습과 닮아 있다. 실제로 <로스트> 시즌 1에서 로크는 남들에게 현답을 전하는 예지자처럼 등장한다. 그는 신비로운 인물인데, 이 에피소드 17에서도 분과 쉐넌의 비밀을 아는 것처럼 말하고 있다. 특히 로크의 말 중에서 주목되는 말은 '새출발'이다. 그는 쉐넌에게 새출발을 하라고 말해준다. 이 섬의 모든 사람들이 그러고 있는 것처럼, 쉐넌도 새출발을 해야 한다고 충고한다.

여기서 말하는 새출발은 과연 쉐넌과 사이드의 새출발일지, 쉐넌과 분의 새출발인지는 확실하지 않다. 방대한 이야기를 끌고 가야 하는 <로스트>의 입장에서는 쉐넌의 방황 역시 흥미로운 소재이기 때문에 적어도 당분간은 그 내면을 명확하게 드러내지는 않을 것이다. 또 인간의 마음이란 그렇게 간단한 것이 아니기 때문에, 무 자르듯 명확하게 단언할 수 없기 때문이기도 하다.

로크는 분과 쉐넌과 사이드의 그룹에 다시 끼어들면서 세 번째 그룹은 네 명으로 확대된다. 새출발과 관련된 사람들이 하나씩 둘씩 기존의 그룹에 합류하면서 그들이 꿈꾸는 새출발의 개념이 복잡하게 얽히기 시작한다. 로크 역시 그토록 원하는 새출발을 위해 호주에 왔던 사람이고, 이 섬에서의 새로운 출발을 누구보다 반기는 인물이 아니었던가. 어쩌면 로크의 비밀스러운 새출발도 시즌 1·에피소드 17에서 주목되기 시작했다가 할 수 있다(그렇게 따지면 로크는 마이클의 아들과 함께 비밀스러운 네 번째 그룹을 형성한다고도 할 수 있다).

4. 공포, 폭력, 그리고 광기

진은 소이어에게 잡혀 끌려가고 있다. 소이어는 진에게 공포가 무엇인지 알려주겠다고 협박하고 있다. 공포와 협박이라는 매개 요소는 진의 네 번째 회상으로 연결된다. 네 번째 회상에서 진은 선에게 눈을 가린 채 식탁으로 인도되고 있다. 소이어에게 끌려 어딘가로 가고 있는 현재 상황과 외형적으로는 비슷하다. 식탁에 인도된 진은 진수성찬 앞에서 식사를 시작하지만, 장인의 호출에 못 이겨 곧 자리를 뜨게 된다.

장인은 일을 제대로 처리하지 못한 것을 질책하며 이번에는 살인청부업자를 대동하고 가서 살인청부업자가 일을 처리하는 방식을 보고 배우라고 말한다. 진은 지난 번 찾아갔던 집으로 살인청부업자를 데리고 가지만, 그 사람이 보고 있는 앞에서 스스로 일을 처리한다. 진이 해야 할 일이란 폭력으로 정부 관료를 폭행하고, 공장문을 열도록 협박하는 것이었다. 이것이 진의 과거였다. 그는 선과의 결혼을 위해 장인을 위해 일해야 했는데, 장인이 하는 일은 주로 폭력과 협박이었다. 다른 말로 다른 이들에게 공포를 심어주는 일이었다.

그 때의 진은 어디로 끌려가는 지도 모르고 끌려가는 하수인에 불과했다. 이것은 현재의 상황과 연결된다. 현재의 진도 어딘지 모르는 곳으로 끌려가는 포로 신세이다. 또한 협박과 폭력에 시달리고 있다. 그곳이 바닷가 사람들이 모여 사는 곳으로 판명 난 이후에도, 협박과 폭력은 계속된다. 과거의 진이 다른 사람들에게 휘둘렀던 폭력은 이제 진에게 돌아오고 있다.

과거 회상 속에서 폭력을 휘두르고 돌아온 진의 와이셔츠에는 피가 묻어 있다. 선은 "다쳤냐"고 묻는다. 전날 밤 뗏목이 불타던 시점에서 동굴 속에서 치료하고 있던 진에게 묻던 질문과 동일한 질문이다. 흥미로운 것은 두 상황(과거와 현재)에서 진이 상황을 일일이 설명하지 않는 점이다. 진은 한국 남자이다. 한국 남자들은 묵묵히 책임지는 일에 익숙한 이들이다. 진 역시 자신을 변명하기보다는 침묵으로 일관하는 데에 익숙하다. 이러한 태도는 결국 오해를 부른다.

추궁하던 선은 진의 뺨을 때리고 만다. 시즌 1·에피소드 17에서 선은 두 사람의 뺨을 때린다. 현재에서는 마이클의 뺨을 때리고, 과거에서는 남편 진의 뺨을 때린다. 이것은 모두 오해와 관련된다. 나중에 선은 남편으로부터 보호하기 위해서 일부로 뺨을 때렸다며 마이클에게 사과한 바 있다.

하지만 남편의 뺨을 때린 것에 대해서는 별도로 사과하지 않는다. 다른 에피소드를 연결해서 이 대목을 보면, 선은 이 싸움을 통해 남편과 멀어지게 되었으며 결국에는 남편을 떠나야겠다는 결심을 하게 된다. 시즌 1·에피소드 17을 보면 마치 선이 진에게 구속당해 불쌍한 삶을 사는 여자처럼 묘사되지만, 실제로는 진 역시

선(과의 결혼 생활) 때문에 구속당해 자신의 이상을 잃고 사는 남자로 전락해 있다. 그것은 그가 과거에 아내에게 맞았던 뺨에 비유될 수 있다.

폭력이라는 연계 개념은 현재로 옮겨진 상황에도 적용된다. 바닷가로 끌려온 진은 집단이 묵인하는 폭력 즉 심문을 당한다. 그 와중에서도 진이 중요하게 여기는 것은 선이다. 진은 선에게 "당신도 나를 못 믿겠느냐"는 말을 건넨다. 이 질문은 과거부터 보류되어 온 질문이다. 장인이 시킨 일을 수행하고 돌아왔을 때도, 선은 의심스러운 눈초리로 남편을 추궁했었다. 소이어에게 끌려와서 해변에 내팽겨쳐졌을 때에도 선은 의심의 눈초리를 거두지 않고 있다.

궁극적으로 진과 선의 다툼은 '의심'에서 비롯되었다. 의심을 거두고 서로를 믿지 못하게 되었기 때문에 생겨난 문제였다. 의심의 문제는 거꾸로 진에게도 해당된다. 진은 선이 영어를 할 줄 안다는 사실에 아내의 진심을 의심한다. 아내가 오랫동안 자신을 속여 왔다는 사실에만 분노하지, 왜 그렇게 속일 수밖에 없었는지에 대해서는 알려고 하지 않는다. 상대를 이해하지 못하고 믿지 못하고 끊임없이 의심하는 일 때문에, 진과 수의 새 출발은 지연되고 있었다. 그러니 새 출발을 위해서는 그러한 의심을 버리는 일이 선행되어야 한다.

진에게 쏟아지는 오해의 상당 부분은 그가 영어를 하지 못하기 때문이다. 시즌 1·에피소드 17에서 진은 외톨이로 지내게 되는데, 그것은 그의 기질 때문이기도 하지만 의사소통의 문제 때문이기도 하다. 하지만 의사소통이란 단순히 언어의 문제만은 아니다. 분과 쉐넌도 의사소통의 문제를 안고 있다. 마이클과 그의 아들도 서로의 내심을 모른다는 면에서는 의사소통의 문제를 안고 있다. 쉐넌과 사이드 역시 그러하며, 한국어로 이야기할 수 있음에도 진과 수 역시 근본적으로 다르지 않다.

시즌 1·에피소드 17에서 의사소통은 넓은 의미에서 오해에 해당한다. 또 상대에 대한 무관심과 자신만 아는 이기심에 해당한다. 섬에 남겨진 많은 이들이 상대를 몰라, 혹은 자신을 몰라 의사소통의 불편을 겪고 있다. 이러한 생각을 확장하면, 우리 문명사회라고 해서 이 문제에서 예외가 될 수 없다. 현대인들은 발달된 통신기기를 가지고 있고 섬세한 언어 체계를 가지고 있음에도 불구하고, 서로의 생각을 전달하는 데에 어려움을 겪고 있다. 이 섬이 문명 세계의 축소판이라고 할 때, 그들 사이에 생기는 의사소통 문제는 곧 우리 사회 전반의 문제와 크게 다르지 않다.

그때마다 등장하는 것이 폭력과 협박이다. 사람들은 자신의 의지를 관철하기 위해서 상대에게 물리적인 제약을 가한다. 사이드가 소이어에게 가한 것도 폭력이었으며, 진이 전에 마이클에게 가한 것도 폭력이었다. 그 대가로 나머지 사람들은 진을 강제로 수감하기도 했다. 지금도 사람들은 진의 진범 여부를 떠나, 그를 향한 폭력을 쏟아내고 있다.

이 상황을 종료시킨 사람은 로크이다. 그는 사람들의 폭력성을 일깨우며, 진에게 행하는 폭력이 섣부른 짓이었음을 상기시킨다. 뗏목 화재와 관련지어, 한편 눈치 빠른 사람들은 로크가 진범이라고 믿는다. 더구나 로크는 진을 고문하는 사람들 앞에서 '다른 사람들(others)'에 대해 말하며 논점을 회피하기 때문이다. 뗏목이 불타는 씬에서 로크가 심각하게 서 있는 모습을 기억하는 사람들은 이중으로 속게 되는 셈이다.

한편 로크가 상기시킨 것은 사람들의 광기이다. 소이어를 비롯해서 마이클, 그리고 여기에 동조한 사이드와 방관자로 남아 있는 다른 여타의 인물들, 심지어는 적극적으로 말릴 수 없었던 잭에 이르기까지. 그들 모두는 진이라는 희생양을 지목하고 괴롭히는 폭력 행사자들이었다. 진의 과거와 연결시키면 광기에 얼룩진 사람들인 셈이다. 진도 선과의 결혼을 위해 광기에 사로잡힌 삶을 살아야 했다. 결국 진에게 새출발은 그 광기에서 벗어나는 일이다.

5. 새로운 출발을, 다시 꿈꾸며

떼목이 불탄 자리로 돌아온 마이클은 아들에게 인생에는 좌절이 따르기 마련이라고 말하고, 다시 시작할 것이라고 알려준다. 마이클에게 첫 번째 떼목을 만드는 일이 새 출발을 의미했다면, 불타버린 떼목을 다시 만드는 일은 '다시 시도된 새 출발'을 의미한다. 더 이상 아버지의 의지를 말릴 수 없다는 것을 알게 된 아들은 그 출발에 동참하기로 결심한다(그룹 2).

진 역시 다시 출발하기로 결심한다. 동굴에서 짐을 꾸려 나가는 진에게 선은 하고 싶었던 이야기를 건넨다. 진을 떠나려고 했었던 적이 있지만 아직도 진이 자신을 사랑한다고 믿었기 때문에 떠나지 않았다고. 하지만 진은 선의 바람을 외면한다. 진은 선을 떠나는 것을 새로운 출발, 아니 '다시 시도된 새 출발'로 삼고자 한다. 진에게 새로운 출발은 이미 과거에 결행한 선과 한 결혼이었다. 그는 선과 결혼함으로써 아버지와 출신의 비밀을 버렸지만, 이제 '예전의 출발'을 버리고 '다시 새로운 출발'에 임할 시기라고 고쳐 믿고 있다.

진과 선이 헤어지는 장면에서 진의 다섯 번째 회상이 삽입된다. 다시 출발하고 싶다는 선의 말은, 진에게 아버지를 찾아가던 날의 기억을 촉발시킨다. 진은 선과의 결혼에 회의를 느낄 무렵, 몰래 어부인 아버지를 찾아가 그동안 살아온 이야기를 나눈다. 그 때 진(수)은 새롭게 출발하고 싶다는 속내를 털어놓는다. 아버지는 그 만큼 소중한 아내라면 새롭게 출발하지 못할 이유가 없지 않느냐며, 장인의 손아귀에서 빠져나와 새 출발을 하라고 충고한다. 이 충고를 듣는 진의 얼굴은 진지했다. 따라서 그 회상에서 빠져나와 선에게 할 대답은 새롭게 출발하자가 되어야 할 것 같았다.

하지만 진은 선의 바람을 무시하고 선을 떠난다. 이미 한 번 시도해 보았던 일이었기 때문에 선과 관계를 지속한다는 것이 불가능하다고 믿었기 때문일까. 복잡한 심경은 생략된 채 진의 선택은 이별로 결정된다. 그것도 더욱 확실하게 이별하기 위해서 마이클의 뗏목 건조 작업을 돕고 함께 탈출하겠다는 선택을 감행한다. 네 번째 탑승자는 진이 되는 셈이다(그룹 1).

시즌 1·에피소드 17에서 진이 선택한 새로운 출발은 선을 떠나는 일이었다. 과거에 그토록 선을 지키려고 했던 것과는 대조적인 선택이 아닐 수 없다. 선 역시 진이 떠남으로써 해변에서의 일광욕을 마음껏 즐길 수 있는 처지가 된다. 마지막 씬에서 비키니를 입고 겉옷을 과감하게 날려버리는 선의 모습은 남편의 압제(그렇게 부를 수 있다면)에서 풀려나온 자유로운 여성의 이미지이다. 그렇다면 그녀에게 새로운 출발은 혼자만의 삶을 꾸려가는 것에서 시작될 것이다.

세 번째 그룹이었던 쉐넌과 사이드의 새출발도 시작된다. 쉐넌은 사이드에게 다가가 남처럼 자신도 새출발을 하고 싶다고 말한다. 로크의 충고대로 오빠의 염려나 다른 사람들의 시선을 외면하고 쉐넌 자신의 선택에 충실한 것이다. 쉐넌의 선택은 어른스러운 것이기에, 갈등하던 사이드도 그녀의 선택을 존중하기로 마음먹는다. 모닥불에서 나누는 그들의 대화는 시즌 1·에피소드 12에서처럼 그들 사이를 더욱 가깝게 만들어준다. 그들도 새로운 출발의 대열에 동참한 셈이다.

카메라가 쉐넌과 사이드로부터 이동하면 네 번째 그룹이 결성된다. 그들은 아이러니컬하게도 새로운 출발을 하고 싶지 않아 하는 사람들이다. 마이클의 아들과 로크. 그들은 섬을 떠나고 싶어 하지 않는다. 마이클의 아들은 또 다른 삶의 본거지로 이동하는 것에 대해 달가워하지 않는다. 엄마가 죽고 호주를 떠나 미국으로 가야한다는 사실을 받아들이지 않는 셈이다. 마이클의 아들은 뗏목을 불태워서 그 꿈을 실현하려 했다.

로크 역시 이유를 알 수 없던 병에서 풀려나 자유롭게 원하는 삶을 살 수 있는 섬을 새로운 출발지로 여기고 있다. 그들에게 이 섬은 새로운 출발을 의미한다. 이 섬을 떠나 다른 곳으로 간다는 것은 그들에게 '새로운 출발'이 아닌 '악화된 혼란'에 불과하기 때문이다. 하지만 그들에게도 새로운 출발은 거부할 수 없는 어떤 것이다. 새 출발을 지연 보유하는 것도 선택이고, 이 섬에서의 선택은 그 자체로 새로운 출발에 해당하기 때문이다. 그래서 그들은 네 번째 그룹이 되는 셈이다.

거시적으로 보았을 때, <로스트>는 새롭게 출발하는 사람들의 이야기이다. 시즌 1·에피소드 17에 본격적으로 포함되지는 않았지만, 헐리는 복권의 저주에서 벗어나 새롭게 출발하고 있다. 케이트 역시 쫓기는 입장에서 벗어나 새출발을 하고 있다. 분 역시 쉐넌과 새로운 출발을 할 수 있다. 로크 역시 다리를 쓰지 못하는 처지에서 뛰어난 활동가로 변신한 바 있다. 찰리는 마약 중독에서 벗어나 삶을 새롭게 개척하고 있으며, 잭 역시 아버지의 망령에서 벗어나고 있다. 이밖에도 많은 인물들이 섬에 온 것만으로도 새로운 출발을 경험하지 않을 수 없다.

그럼에도 시즌 1·에피소드 17에서는 세 그룹(어쩌면 네 그룹)의 인물들을 선택해서 '새로운 출발'에 대해 이야기하고 있다. 그런 측면에서 시즌 1·에피소드 17의 주제는 전체 주제와 융합(종속)되는 것이기에 동어반복처럼 불필요한 것일 수도 있었다. 하지만 시즌 1·에피소드 17은 이러한 우려를 씻고 거대한 주제 속의 작은 주제를 독립적으로 생존시키는 데에 성공했다.

여기서 중요한 것은 주제를 엮는 방식이다. 시즌 1·에피소드 17은 시즌 1·에피소드 12만큼 주제를 통일성 있게 엮지는 못했지만, 다양한 변주를 통해 주제를 확장하고 변형시켰다는 장점을 확보했다. 여기서 말하는 변주란, 특히 진수의 선택과 관련이 있다. 진수는 예상을 깨고 선을 떠나며 새로운 출발을 시작한다. 과거 회상이나 평소 행동으로 보았을 때 진수의 선택은 선과의 재결합이어야 했음에도 진수는 선을 떠남으로써 새로운 출발에 도전한 것이다.

동시에 시즌 1·에피소드 17과 관련되어 주목되는 것은 의사소통이다. 세 개의 인물그룹(혹은 네 그룹)은 모두 서로 소통하지 못하고 있다. 그들은 자신의 메시지를 상대에게 제대로 전달할 수 없는 상태에서 이 에피소드에 동참했다. 그래서 진정한 출발은 의사소통을 실현하는 데에 있다. 하지만 시즌 1·에피소드 17에서 의사소통은 여전히 부재하는 채로 끝나고 만다. 이것은 진정한 의미에서의 새출발이 아니다. 그러니 다른 측면에서 보면, "새롭게 출발하다"라는 시즌 1·에피소드 17의 주제는 완전히 실현되지 않았던 것이다. 다르게 말하면 그들은 새롭게 출발하지 못했다. 따라서 이 주제는 이후 서사 전개에서 새로운 주제로 남겨지지 않을 수 없다. 이것인 <로스트>가 시즌을 이어가며 플롯을 만들어 낼 수 있는 근원 동력이었다.

9. 집으로 돌아가는 길

: 시즌 4. 에피소드 5

1. 집으로 돌아가는 자의 초상

문학은 즐겨 여행에 비유되어 설명된다. 관련 이론에 따르면 문학 작품 속 주인공은 일종의 여행자에 해당한다. 그들은 집을 나왔거나 집으로 돌아가는 도정에 있다. 하지만 이러한 인물들에게 세상은 집으로 가는 길을 쉽게 허락하지 않는다.

인류의 고전 중에서 <오디세이>는 집으로 돌아가려는 자의 초상을 선구적으로 보여주었던 작품이다. 오디세이는 그리스 도시 국가 이타카의 군주였다가, 트로이 전쟁에 휩쓸리며 고향을 떠나게 된다. 오디세이는 현명한 인물이었기 때문에, 자신이 참여하는 전쟁이 자신의 아내나 왕국만큼 중요하지 않음을 알고 있었다. 하지만 그는 떠나야 했고, 트로이에서 그리스가 승리하는 데에 결정적인 역할을 하며 영웅이 되었다.

문제는 그 다음이었다. 전쟁이 끝난 후, 그는 좀처럼 집으로 돌아올 수 없었다. 심지어 그는 집 앞에 당도했다가도 신들의 노여움을 사 다시 방황의 길로 접어들어야 했다. 괴물에게 잡혀 생사의 기로에 서기도 했고, 인간이 갈 수 없는 곳에 발을 딛기도 했다. 때로는 인간 세상 이상의 행복을 얻을 수 있는 기회를 갖기도 했다.

하지만 그는 기필코 자신의 고향인 이타카로 돌아가려 했다. 신들도 그러한 그의 노력을 외면할 수 없어, 결국에는 그의 귀향을 허락해야 했다. 그래서 그는 집으로 향하는 자의 모델이 되고, 문학의 일반적 성향 가운데 하나인 유토피아 상을 구현하는 선구자가 되었다.

어떤 각도에서 보면, 오디세이의 모험은 정신적인 성숙이나 미지에의 탐구로 이해될 여지도 있다. 이것은 잘 쓰인 문학작품의 존재목적이나 근원적인 창작 의도와 부합된다. 만일 문학이 그 안에서여행하는 자의 모습을 그린 것이라면, 오디세이의 모험은 육체적인모험이면서 동시에 세상과 자신에 대한 깨달음이라는 정신적인 모험을 포괄하는 것이라 할 수 있다. 이것은 물론 뛰어난 문학작품의목적이기도 하다.

오디세이의 아내 이름은 페넬로페이다. 그녀는 정숙한 여인의 전형으로 서구인들의 의식 속에 자리 잡고 있다. 오디세이가 떠나서오랫동안 돌아오지 않자, 페넬로페와 이타카를 차지하려는 많은 남성들이 모여들게 된다. 이들은 직간접적으로 페넬로페를 설득해서오디세이의 자리를 대신하려 하지만, 페넬로페는 이들의 압박을 견디며 남편이 돌아오리라는 희망을 버리지 않았다.

오디세이의 시각에서 그녀를 바라보면, 오디세이가 그 숱한 고초를 겪으면서도 자신의 집으로 돌아가려고 하는 이유가 무엇인지 알수 있다. 오디세이는 자신이 가진 것 중에서 가장 소중한 것으로 그의 아내인 페넬로페를 꼽고 있는 셈이다. 오디세이의 집이자 고향이자 귀환처는 다름 아닌, 페넬로페라는 아내였고 그 아내를 향한 마음이었다.

<로스트> 시즌 4·에피소드 5는 이러한 오디세이 이야기의 변형이다. 아니 <로스트> 시즌 4 전체가 집으로 돌아가는 자의 초상을보여주고 있다. 그 중에서도 데스먼드는 오디세이의 현대판 변형이라고 할 수 있다. 그를 자세하게 탐구하면 <로스트> 시즌 4의 중요골자를 도출할 수 있을 것이다.

2. 데스먼드를 기다리는 페넬로페

데스먼드는 <로스트> 시즌 2에서 본격적으로 등장한다. 그는 한 여자를 사랑했다가 그녀의 아버지가 반대하자, 그녀를 떠나야 했던 불행한 이력을 지닌 인물이다. 그리고 열기구 여행을 하다가 '섬'에 불시착하게 되었고, 그곳에서 일정한 시간마다 숫자를 입력하는 임무를 수행해왔다.

<로스트> 시즌 2는 오세아닉 815의 조난자들이 데스먼드가 숨어 있는 해치를 열면서 시작된다. 조난자들은 해치를 열고 잠입하여 데스먼드를 생포하여 숫자 입력 작업에 대해 듣게 된다. 데스먼드는 일정한 시간마다 6개의 숫자를 입력하는 임무를 시행해 오고 있었다. 이 임무는 곧 조난자들의 차지가 되었다. 그리고 이 임무를 소홀히 했을 때, <로스트>는 새로운 국면에 접어들게 된다.

<로스트> 시즌 2는 6개의 숫자와 관련된 의문들로 점철되어 있었다. 특히 <로스트> 시즌 2의 마지막 에피소드에는, 숫자 입력을 소홀히 여긴 결과 발생한 전자기파 움직임을 포착하는 짧은 일화가 나온다. 전자기파의 이상 움직임을 감시하고 있던 이가 페넬로페 위즈모어이고, 그녀는 수 년 동안 행방을 잃어버린 남자친구 데스먼드를 추적하고 있었다.

바다로 나가 돌아오지 못하는 신세가 된 데스먼드가 신화 속 오디세이라면, 페넬로페 위즈모어는 오디세이의 아내인 페넬로페의 현대판 변용라고 할 수 있다. '페넬로페'라는 이름은 오래된 문학의 명제에서 비롯된 것이기에, 데스먼드가 언젠가는 돌아올 것이라는 사실을 암시한다고 할 수 있다. 실제로 그들은 <로스트> 시즌 4의 마지막 에피소드에서 상봉하고, <로스트> 시즌 4 · 에피소드 5에서는 데

스먼드와 페넬로페가 8년 만에 전화 통화를 하면서 서로의 마음과 생사 여부를 확인하며 상봉의 예비 절차를 밟고 있다. 따라서 <로스트> 시즌 4·에피소드 5를 이해하는 것은 작게는 <로스트> 시즌 4를 이해하고 나아가서는 <로스트> 전체를 이해하는 데에 반드시 필요한 수순이라고 할 수 있다.

우선 <로스트> 시즌 4·에피소드 5에서 데스먼드가 처한 상황을 정리해보자. 찰스 위즈모어는 벤을 잡기 위해서 일단의 사람들을 배에 태워 섬 가까이 배치한다. 벤은 이러한 찰스 위즈모어의 작전을 눈치 채고, 마이클을 첩자로 투입하여 찰스의 계획을 저지하려 한다. 마이클로 하여금 배의 통신시설과 운항시설을 망가뜨리도록 지시한 것이다.

이에 찰스 측은 물리학자 페러데이를 중심으로 한 일련의 조사팀을 섬으로 파견했다. 섬에 남아 있던 사람들은 처음에는 조사팀이 당도한 것에 기뻐했지만, 그들의 행동을 전적으로 신뢰할 수 없다는 결론에 이르자 직접 배로 찾아가 탈출방법을 강구하고자 한다. 그 대표 격으로 사이드와 데스먼드가 선택되고, 거꾸로 찰스 측에서 파견한 페러데이는 섬에 남게 된다.

사이드와 데스먼드가 가고자 하는 배는 섬에서 20분 거리에 있었지만, 그 배까지 가는 데는 상상 외로 긴 시간이 소요되었다. 더구나 직선 행로로 비행할 수도 없었고, 일정한 지점에서는 전자기 폭풍지대를 통과해야 하는 어려움을 겪기도 했다. 그 과정에서 데스먼드는 자신이 속한 시간대에 혼란을 느끼는 증상을 호소하게 된다. 자신이 2004년이 아닌 1996년에 살고 있고, 바다 한 가운데 떠 있는 배가 아닌 페넬로페와 헤어져 막 입대한 군대(영국)에 있다고 믿는 증상이었다.

그의 호소에 따르면, 그는 무려 8년을 세월을 건너 뛰어 2004년이라는 미래에 와 있다고 할 수 있다. <로스트> 시즌 4·에피소드 5는 데스먼드가 현재라고 느끼는 1996년의 시간대와 그의 현재가 되어야 하는 2004(극중 현재)를 교차편집하여 데스먼드가 느끼는 혼란을 영상 이미지로 재현한 에피소드이다.

3. 과거와 현재의 괴리, 그리고 정체성의 혼란

이미 언급한 대로, <로스트>는 전편에 걸쳐 과거 회상 기법을 사용하고 있다. 각 에피소드의 주인공들은 회상을 통해 현재와 연관되는 과거의 기억을 시청자 앞에 재현시킨다. 이것은 <로스트> 시즌 4에도 일관되게 적용되고 있다. 다만 <로스트> 시즌 4는 이전까지 변화된 방식으로 과거 회상을 이끌어낸다. 시즌 3까지 현재 이야기라고 믿어왔던 섬에서의 생활을 과거로 상정하고, 섬을 탈출하여 미국으로 돌아간 이후의 시점을 현재로 설정한다.

<로스트> 시즌 1·에피소드 1이나 시즌 3·에피소드 1은 모두 오세아닉 815편이 섬에 추락하면서 시작된다. 시즌 1·에피소드 1에서는 눈을 뜨는 잭의 시선으로 시작되고, 시즌 3·에피소드 1에서는 모여 살던 사람들이 추락하는 비행기를 바라보며 당황하는 시선으로 시작된다. 이야기가 진행되면서 우리는 조난자들의 면면을 알게 되는데, 그것은 주로 그들의 과거 회상을 통해서였다. 그들이 섬에 오기 전까지 어떤 일을 했고, 어떤 사연을 간직하고 있었고, 또 서로 어떤 인연을 맺고 있었는지 알게 되기 때문이다.

그러나 시즌 4에서는 그들의 현재가 섬을 탈출하여 문명 세계로

돌아온 후가 된다. 그리고 그들의 회상을 통하여 어떻게 하여 그들이 섬을 탈출하게 되었고, 그 과정에서 왜 6명만 귀환하게 되었으며, 나머지 사람들은 어떻게 되었는지를 알려준다. 조난자들은 그토록 갈구하던 집에 도달한 셈인데, 어쩐지 이들의 삶은 안정되어 보이지 않는다. 이들은 크고 작은 혼란에 휩싸여 있다. 냉철해 보이던 잭 역시 갈 곳 몰라 방황하기는 마찬가지이다. 왜 그럴까.

<로스트> 시즌 4·에피소드 5에서 그 해답을 구해보자. 데스먼드는 헬기를 타고 정박 중인 배로 접근하면서 자신이 누구인지를 잊어버린다. 데스먼드는 1996년의 자아를 자신으로 인정하고, 2004년의 자아를 기억하지 못하는 극단적인 혼란에 빠져든다. 자신은 현재 군대에 입대한 상태이고, 미래라는 생생한 환각에 시달리고 있다고 믿는다. 물론 2004년에서 만난 사이드나 프랭크(헬기 조정사) 등을 알아보지도 못한다.

그의 이러한 상태를 보여주는 기법은 교차편집이다. 극심한 혼란 속에 헬기 손잡이를 잡고 있던 그는, 1996년 군대 시절 침상을 잡고 있던 자신과 연결된다. 페넬로페에게 전화를 걸기 위해 수화기를 붙잡고 있던 손은, 2004년 섬에 남은 패러데이와 통화를 위해 위성전화를 잡은 손으로 이어진다. 그러면서 그는 과거와 현재 사이의 괴리를 점차 이해하게 되고, 자신이 2004년에 있어야 하는데도 불구하고 1996의 과거에 있다고 오해하고 있다는 사실을 받아들이게 된다.

귀환한 이들에게 데스먼드의 이러한 상황을 대입해보자. 잭, 케이트, 헐리, 사이드, 선은 문명 세계로 돌아왔지만, 그들이 원하는 것을 찾지 못한 상태이다. 잭은 거짓말을 했다는 자책감에 시달리고 있고, 케이트는 소이어에 대한 생각을 떨쳐버릴 수 없다. 헐리는 다시 정신 이상 증세를 일으키고 있으며 사이드는 어떤 일인지 벤을 위해 사람들을 죽이고 있다. 선은 진의 죽음에 책임이 있는 사람들에게 복수할 생각을 하고 있다. 애론도 자신의 생모와 함께 지내지 못하는 고통을 겪는 피해자 중 하나이다.

그들은 자신들의 현재 문제가 섬에서 떠나왔기 때문이라는 사실을 점차 인정해가고 있다. 그러면서 자신들이 섬으로 돌아가야 한다고 여기게 된다. 가장 먼저 잭이 이러한 결론에 도달했고, 케이트는 잭의 주장을 접하면서 점차 흔들리는 마음을 가누지 못한다. 사이드는 헐리를 데리고 섬으로 여겨지는 어딘가로 가려고 한다. 그리고 다시 나타난 벤은 잭에게 '모두' 다시 섬으로 돌아가야 한다고 말한다.

이러한 상황을 종합하면, 그들이 지금 살고 있는 현재는 분명 문명 세계이지만, 그들이 진정으로 살아야 할 현재는 섬이라는 메시지로 이해할 수 있다. 마치 데스먼드가 1996년을 현재로 느끼지만, 그가 진정 살아야 할 현재는 2004년인 것처럼 말이다. 그리고 오딧세이가 악착같이 귀환하고자 하는 상황과도 부합된다.

<로스트> 시즌 4는 정체성의 문제를 정통으로 묻고 있다. 우리는 지금 어디에 있는가? 우리가 현재라고 느끼는 공간은 어디여야 하는가? 우리는 지금 어디에 있어야 하는가?

우선, 데스먼드의 사례에서 그 해답을 찾아보자. 데스먼드는 1996년 옥스퍼드에 있는 패러데이에게 도움을 청하러 간다. 미래의 패러데이로부터 도움을 얻은 그는, 1996년의 패러데이에게 데스먼드 자신이 미래에서 왔으며 미래의 패러데이가 도움을 청하도록 충고했다는 사실을 납득시킨다. 그리고 과거와 현실의 불일치에서 생겨나는 혼란을 치유하는 방법은 과거와 현재를 붙잡아 맬 강력한 끈, 많은 변수들 중에서도 2004년과 1996년을 연결시킬 상수가 필

요하다는 결론을 얻었다.

패러데이는 물리학자이기 때문에 1996년 상황과 달라진 2004년의 상황을 변수라고 칭했다. 8년이라는 시간은 많은 것을 바꾸어 놓았다. 거주지가 바뀌었고, 아는 사람이 바뀌었으며, 직업과 환경 역시 바뀌었을 것이다. 이런 조건들은 모두 과거와 현재를 분리시키는 조건들이다.

반면 상수란 그러한 변화에도 불구하고 고정된 조건을 뜻한다. 시간이 흘러도 그대로 유지되는 것, 엄청난 변화에도 불구하고 본질적으로 변하지 않은 것을 일컬어 상수라고 했다. 다분히 수학적인 용어이지만, 이것은 인간의 본질에 대해 효과적으로 설명하고 있다.

시간이 지났음에도 불구하고 달라지지 않는 것은 무엇인가. 그것이 있다면 인간은 시간의 변화 앞에서도 당당할 수 있으며, 과거와 괴리된 기억 때문에 상처를 받는 일도 줄어들 것이다. 데스먼드는 그 상수가 페넬로페임을 어렵지 않게 깨닫는다. 그녀만이 8년이라는 시간적 격차를 극복하고 데스먼드로 하여금 자기 동일성을 깨다게 해 줄 유일한 존재인 셈이다.

그래서 1996년의 데스먼드 자신에게 페넬로페를 찾아가게 한다. 그녀에게 8년 후의 만남을 이야기하며, 자신이 연락할 수 있는 전화번호를 가지고 있어 달라고 부탁한다. 8년 후에 전화를 걸었을 때 자신의 전화를 받아줄 수 있는 영혼의 거처를 변경시키지 말라는 부탁인 셈이다. 7946-8073.

2004년의 데스먼드는 그 약속을 한 지 8년 후에 과거의 전화번호로 전화를 건다. 오디세이가 지중해를 헤매면서도 결코 포기하지 않았던 귀향에의 꿈이자 정착에의 열망이 담긴 소통의 끈이었다. 페넬로페와 통화를 하자, 데스먼드는 그녀가 자신을 기다리고 있었으며,

그들 사이의 사랑이 변함없다는 사실을 알게 된다. 이후 그는 과거와 현재를 넘나드는 이상 증세에서 벗어날 수 있었다.

오세아닉 6은 어떠한가. 그들은 섬에서의 생활과 문명 세계에서의 생활을 연계할 무언가를 마련하지 못하고 있다. 그들은 과거(섬에서의 생활)와 현재(문명 세계에서의 생활)의 삶을 묶고 그들의 기억과 생활을 연계할 상수를 만들지 못한 셈이다. 그것은 심리적 혼란이고 정체성 상실의 이유가 된다.

그렇다면 오세아닉 6은 데스먼드처럼 그들의 삶을 과거의 기억 속에 붙잡아 맬 '닻'이 필요하다고 할 것이다. 이러한 관찰을 확대하면, 이들의 혼란은 보편적 인간의 혼란과 맞닿아 있으며, 특히 현대인들이 느끼는 정체성 상실의 문제와 유기적으로 관련된다는 점을 알 수 있다. <로스트> 시즌 4·에피소드 5는 시즌 4 전체뿐만 아니라 로스트 전체의 전언과도 밀접하게 관련된 에피소드라 할 수 있다.

4. Where are you?

<로스트> 시즌 4·에피소드 5에서 패러데이는 혼란을 경험하는 데스먼드에게 다음과 같은 질문을 한다. "Where are you?" 데스먼드는 이 질문에 자신이 있는 곳이 '배'라고 대답한다. 데스먼드 입장에서야 선실에 있으니 당연히 그렇게 대답할 만하다. 그러자 패러데이는 "1996년에 어디에 있어야 한다고 생각하느냐"고 정정해서 묻는다. 데스먼드는 이 질문에 자신이 캠프 밀러에 있어야 하고, 그곳은 글래스코 북쪽이라고 현실적인 지명으로 대답한다.

패러데이의 물음과 데스먼드의 대답은 과거와 현재 사이에 괴리를 느끼고 있는 사람들에게는 있을 법한 질문이자 대답이었다. 하지만 이 질문은 보다 복잡한 층위의 사고를 담고 있을 수 있다. 이러한 질문과 대답을 한층 근원적이고 철학적인 차원에서 생각해 볼 수 있기 때문이다.

정체성의 혼란은 '자신이 누구인지' 혹은 '자신이 누구여야 하는지', 제대로 대답할 수 없을 때 더욱 심각하게 불거진다. 김광규의 <나>라는 시를 보면 이러한 정체성을 정립하는 과정에서 생겨나는 문제가 쉽게 이해된다. 한 번 읽어 보자.

> 살펴보면 나는
> 나의 아버지의 아들이고
> 나의 아들의 아버지이고
> 나의 형의 동생이고
> 나의 동생의 형이고
> 나의 아내의 남편이고
> 나의 누이의 오빠이고
> 나의 아저씨의 조카고
> 나의 조카의 아저씨고
> 나의 선생의 제자고
> 나의 제자의 선생이고
> 나의 나라의 납세자고
> 나의 마을의 예비군이고
> 나의 친구의 친구고
> 나의 적의 적이고
> 나의 의사의 환자고
> 나의 단골 술집의 손님이고
> 나의 개의 주인이고
> 나의 집의 가장이다.

그렇다면 나는
아들이고
아버지고
동생이고
형이고
남편이고
오빠고
조카고
아저씨고
제자고
선생이고
예비군이고
친구고
적이고
환자고
손님이고
주인이고
가장이지
오직 하나뿐인
나는 아니다.

— 김광규, <나> 부분

　'당신이 어디에 있느냐' 혹은 '당신은 어디에 있어야 하느냐'는 물음은 사람들 사이의 관계에 대한 물음으로 환치된다. 가령 김광규의 말대로 하면 '나'는 '나'의 아버지의 아들의 자리에 있어야 하고, 때로는 '나'의 아들의 아버지의 자리에 있어야 하기도 한다. 동시에 '나'는 '나'의 아내의 남편의 자리에 있어야 할 수도 있다. 이러한 관계는 철학적인 사변에서 모두 '자리'나 '위치'로 환원될 수 있다.

　하지만 다른 사람과의 관계를 완벽하게 정립한다고 해서, 다시 말해서 누구의 아들이면서 동시에 누구의 아버지가 되는 속성까지 지켜낼 수 있다고 해서, 정체성의 혼란이 사라지는 것은 아니다. 자신에 대한 물음은 곧 그러한 관계를 넘어 근원적으로 진행되어야 한다.

<로스트>시즌 4·에피소드 5는 비록 전자기장이나 방사능 같은 과학적이면서도 초월적인 소재를 통해 시간 여행을 이룩했지만, 그 안의 존재에 대한 근원적인 질문을 할 수 있도록 배려하고 있다. 그것은 우리는 어디에 있으며, 또한 어디에 있어야 하는가, 라는 질문과 하등 다를 바 없다.

질문을 자문으로 바꾸어 <로스트> 시즌 4에 적용해보자. 섬을 탈출하여 문명 세계로 돌아간 이들은 모두 자신의 자리와 위치에 대해 의심 없이 대답할 수 있는가. 더 나아가서 그렇게 타인이나 주변과의 관계를 정리했다고 해서, 근원적으로 던져질 수 있는 물음에 대한 답변을 완성했다고 할 수 있는가. 과연 그들은 자신들이 어디에 살고 있으며, 또 어디에 살고 있어야 한다고 생각하고 있는가.

<로스트> 시즌 4의 내용으로 볼 때, 그들은 제대로 된 상호 관계('나'와 '너'사이에)를 정립하지 못하고 있다. 물론 그들의 자리나 위치 역시 올바르다고 할 수 없으며, 간신히 맺어진 관계들도 근원적인 물음 앞에 속수무책인 경우가 많다.

가령 잭은 케이트와 한 집에서 살게 되면서 사랑하는 사이로 발전하지만 잭이 케이트의 남자친구 혹은 남편이라는 위상은 정립되지 않고 있다. 그것은 설령 잭이 케이트의 남편이 된다고 해도, 스스로 케이트의 남편으로 혹은 애론의 아버지로 산다는 것이 자기 동일성을 지켜내는 일이라고 믿지 않기 때문이다. 더구나 잭은 새롭게 밝혀지는 사실로 인해 애론이 자신의 조카(클레어가 이복 여동생이기 때문에 클레어의 아이인 아론은 조카가 된다)이며, 케이트가 옛 애인 소이어를 완전히 잊지 못했음을 알게 된다. 더구나 자신의 마음

속에 있는 근원적인 문제가 해소되지 않았음을 느끼게 된다. 그는 자신이 섬을 떠나지 말았어야 했음을 깨닫게 된다.

<로스트> 시즌 4만 놓고는 잭이 가진 근원적인 문제가 무엇인지 알 수 없다. 어쩌면 막연한 치장이나 추상적 언술에 불과할 수도 있다. 그럼에도 이러한 고민은 주목된다. <로스트> 시즌 4는 비행기가 불시착하여 섬에서 조난당한 이들이 문명 세계로 돌아오는 기쁨이나 그 과정에서 절차를 그리는 데에 만족하지 않는다. <로스트>는 막연하게 현실 세계를 동경하는 이들에게 묻고 있다. 지금 당신들이 발 딛고 있는 세계가 진정 자신의 자리가 맞느냐고.

이러한 질문으로 인해 <로스트>는 단순한 흥미를 벗어날 수 있었다. 존재에 대한 물음을 내장했다고나 할까. 이로 인해 단순 볼거리를 넘어서는 작가의 전언을 함축할 수 있었다. 작중 인물 누구의 말대로, 우리는 "과거의 나를 찾아야 하는 존재"이기 때문이다.

5. 21세기의 〈오디세이〉

오디세이 역시 '과거의 자신'을 위해 이타카로 돌아오려고 하지 않았을까. 그렇게 본다면 오디세이에게 과거의 자신은 곧 사랑하는 페넬로페의 가족일 수 있다. 데스먼드가 죽음의 위협에서 벗어나고 결과적으로 페넬로페를 만날 수 있었던 것도 끊임없이 과거의 나, 잃어버렸던 자신을 찾으려고 했기 때문이다. 그는 한 가닥 희망을 놓지 않고 8년을 기다려 페넬로페를 만난다.

그런 의미에서 과거의 나를 복원하는 일은, 집(가정)을 새롭게 짓는 행위와 다르지 않다. 더 고전적으로 말하면, 여행을 마치고 돌아와 집에 안착하는 행위이다. 여행과 모험이 험난한 인생길과 고통의 형극을 가리킨다면, 그것은 결국 자신이 살아가야 할 집을 발견하기 위해서였다고 할 수 있다.

기원전 5세기 그리스 문화권에서 그 전언은 '호모'의 서사시로 전달되었다. 하지만 21세기 뉴욕과 전 세계를 연결하는 첨단 문화권에서 그 전언은 다른 형태를 갖추어야 했다. 그 형태 중 하나가 텔레비전 드라마 <로스트>였다. 특히 <로스트> 시즌 4는 집으로 가는 길을 잃고 아직도 귀향하지 못한 '21세기의 오디세이'들을 그리고 있다는 점에서 21세기적 <오딧세이>라고 하겠다. 그것도 초자연적인 존재와 현상으로 인해 더욱 복잡한 귀환 길을 가야한다는 공통점마저 살려내면서 말이다.

그 전언의 닮은꼴로 넓혀 말해보면, <로스트>는 21세기 <오디세이>이다. 아직도 집을 찾지 못했다는 점에서도 그러하고, 그러한 방황을 통해 반드시 집에 돌아가야 한다는 전언을 남긴다는 점에서도 그러하다. 무엇보다 우리 각자에게 집이 필요하며 그 집이 정신적인 가치로 환원될 수 없는 가치를 지니고 있음을 알려준다는 점에서 역시 그러하다.

참고문헌

1. 신문 기사와 기본 자료

「<새출발> 봉절 30일 명치좌 대륙극장에서」, 『조선일보』, 1939년 10월 22
　　일, 4면.
「노면전차의 새로운 부활」, 『월간교통』, 한국교통연구원, 2014년 10월, 49면.
「샌프란시스코 케이블카」, 『위키백과』, https://ko.wikipedia.org/wiki/
「조영(朝映) 제 2회 작품 <새출발>」, 『동아일보』, 1939년 10월 26일, 5면.
<성전 대판매일신문사 제작>, 『삼천리』 10권 11호, 1938년 11월 1일, 107면.
<신작영화 오몽녀>, 『삼천리』 9권 1호, 1937년 1월 1일, 178~179면.
김길호, <해곡>, 『제8회 대한민국연극제』, 대광문화사, 1985, 10면.
김종욱 소장, ≪효녀 심청전≫, 김수남, 「현존 최고의 시나리오 <효녀 심청
　　전> 작법 고찰」, 『영화연구』 18, 한국영화학회, 2002, 84면.
나운규, <개화당>, 『삼천리』 4권 7호, 1932년 7월 1일, 52~54면.
나운규, <신작영화 오몽녀>, 『삼천리』 9권 1호, 1937년 1월 1일, 178면.
나운규, <지상영화 종로>, 『삼천리』 5권 9호, 1933년 9월 1일, 10~11면.
이경원, <가을의 감정, 신부의 명랑성>, 『삼천리』 3권 11호, 1931년 11월 1
　　일, 113~116면.
이광수 원작, 박기채 각색, <토-키·씨나리오 무정>, 『삼천리』 10권 5호,
　　1938년 5월 1일, 276~295면.
이규환, <새출발>, 『삼천리』 10권 11호, 1938년 11월 1일, 98~100면.
이윤택 재구성, <템페스트>, 서연호·김남석 편, 『이윤택 공연대본 전집』,
　　연극과인간, 2006.
정비석 원작, 이익 각색, <씨나리오 성황당>, 『삼천리』 11권 7호, 1939년 6
　　월 1일, 272~273면.

천승세, <만선>, 한국극예술학회 편, 『한국현대대표희곡선집』, 태학사, 1996, 390~392면.

천승세, <만선>, 『황구의 비명』, 창작과 비평사, 1975, 281~336면.

함세덕, <무의도기행>, 『인문평론』16호, 1941년 4월, 348~362면.

함세덕, <산허구리>, 『조선문학』, 1936년 9월, 109~117면.

2. 각종 논문과 단행 저술

A. 기든스, 황정미 외 옮김, 『현대 사회의 성 사랑 에로티시즘(친밀성의 구조 변동)』, 새물결, 2003, 99~124면.

구지영, 「동아시아 해항도시의 이문화 공간 형성과 변용」, 『석당논집』 50, 동아대학교 석당학술원, 2011, 625~640면.

김갑의 편저, 『춘산 나운규 전집』, 집문당, 2001, 349면.

김기홍, 「광역 런던의 역사문화콘텐츠 관련 정책 연구」, 『글로벌문화콘텐츠』 12호, 한국글로벌문화콘텐츠학회, 2013, 26~40면.

김남석, 「리얼리즘 연극의 구조와 특징」, 『연극의 역사와 스타일』, 연극과 인간, 2010(일부 요약 수록).

김남석, 「어촌극의 형성과 맥락」, 『국립극단 <산허구리> 프로그램 북』, 국립극단, 2016년 10월 7일~16일.

김남석, 「부산 해양관광콘텐츠의 활용과 변용에 관한 연구—샌프란시스코 해양관광콘텐츠와의 비교를 중심으로」, 『항도부산』(33호), 부산시사편찬위원회, 2017.

김남석, 「1930년대 시나리오의 형식적 특성과 변모 과정 연구」, 『현대문학이론연구』(44집), 현대문학이론학회, 2011.

김남석, 「다문화 가정의 심리적 거리와 영상 표현 방식에 대한 연구」, 『현대문학이론연구』(55집), 현대문학이론학회, 2013, 5~26면(일부 요약 수록).

김남현, 「19세기 후반 샌프란시스코 차이나타운의 경제활동」, 『서양사학연구』 10, 한국서양문화사학회, 2004, 112~113면.

김동철, 「근대 부산의 교통 발달과 기록—기차와 전차를 중심으로」, 『한국기록관리학회』 11-1, 2011년 6월, 255~269면.

김명희, 「역지사지가 학부모교사의 장점」, 『초등우리교육』 210호, 초등우리교육, 2007, 76면.

김민철, 장희정. 「도서의 관광콘텐츠 유형에 따른 관광매력요인」, 『관광・레저연구』 20-4, 한국관광레저학회, 2008, 126~127면.

김성귀, 『어촌관광의 활성화 방안: 어촌・어항관광 활성화를 위한 포럼』, 한국해양수산개발원, 2002.

김승, 「일제강점기 부산항 연구 성과와 과제」, 『항도부산』 29, 부산광역시 시사편찬위원회, 27~28면.

김연주, 「광안대교 경관조명 시안」, 『조명・전기설비』 14-5, 한국조명・전기설비학회, 2000, 34면.

김종호, 「성미산 지키기 운동과 새로운 지역 공동체의 실험」, 『환경과생명』 39, 환경과생명, 2004, 202~217면.

김형규, 「도시형태, 바람, 쾌적성, 지속가능성:샌프란시스코의 경험」, 『국토계획』 49-5, 대한국토・도시계획학회, 2014, 331~332면.

김희자, 「영상매체를 통해 지각된 청소년의 외국인 인식과 사회적 거리감」, 『동서언론』 12집, 동서언론연구소, 2009, 148~151면.

론리플래닛매거진, 「부산의 남과 여」, 『채널예스(문화웹진)』, http://ch.yes24.com/

류정아, 「지역문화콘텐츠 개발의 이론과 실제」, 『인문콘텐츠』 8, 2006, 47~49면.

문지영, 「골든게이트 브릿지를 체험하고 즐기기 위한 여러 가지 방법」, 『대한토목학회』 61-12, 대한토목학회, 2013, 98~105면.

민유기, 「19세기 파리 동쪽 광장들의 기념물과 도시의 정치기호학」, 『기호학연구』 23, 한국기호학회, 2008, 523~526면.

바트 무어・길버트, 이경원 옮김, 『탈식민주의! 저항에서 유희로』, 한길사, 2001, 55~60면.

박규택 외, 「이질적 인식과 실천의 장으로서의 로컬, 부산 차이나타운」, 『한국사진지리학회지』 20-3, 한국사진지리학회, 2010, 87면.

박근우・서미경, 「정신 장애인에 대한 대학생의 편견과 차별」, 『사회과학연구』 28집 4호, 경성대학교 사회과학연구소, 2012, 388~390면.

박근우・서미경, 「정신 장애인의 사회적 거리감에 대한 수정된 귀인정서모형 적용」, 『사회복지학』 64권 4호, 사회복지학회, 2012, 210~213면.

박문숙 외, 「영도에서 조망하는 부산항 경관의 시각적 특성」, 『한국조경학회지』 38-4, 한국조경학회, 2010, 35~42면.

박복선, 「도시 안에도 '마을'이 있다」, 『로컬리티의 인문학』 16, 부산대학교 한국민족문화연구소, 2010, 2~3면.

박복선, 「도심 속 '마을학교' 성미산학교 대안교육과 마을 만들기」, 『중등 우리교육』 229호, 중등우리교육, 2009, 153~160면.

박영호. 「역사 문화자원을 활용한 관광 콘텐츠 개발 전략」. 『한국디자인문화학회지』 16-4, 한국디자인문화학회, 2010, 264~265면.

박종관, 「새로운 관광수단으로서 지리여행의 콘텐츠 구성과 활용 방안」, 『대한지리학회지』 50-1, 대한지리학회, 2015, 58~ 63면.

박태화, 「부산시 해운대 신시가지의 성격」, 『한국도시지리학회지』 3-1, 한국도시지리학회, 2000, 115~127면.

솔샤르, 「#151번째 만년필 스케치 '샌프란시스코 노면전차 SanFransisco Tram'」, 『그림의 로망』, http://blog.naver.com/

송정숙, 「개항장으로서의 부산항과 기록」, 『한국기록관리학회지』 11-1, 한국기록관리학회, 2011, 278면.

송정숙, 「조선 개항장의 감리서(監理署)와 기록 : 부산항을 중심으로」, 『한국기록관리학회지』 13-3, 한국기록관리학회, 2013, 257~258면.

스테판 샤프, 이용관 옮김, 『영화구조의 미학』, 영화언어, 1991, 159면

심형수 외, 「부산 해운대지역 지하수와 지열수의 수리화학적 특성」, 『한국환경과학회지』 9-3, 한국환경과학회, 2000, 241~251면.

안지혜, 「부산 광안대교 경관조명디자인」, 『한국색채학회 학술대회 자료집』, 한국색채학회, 2015, 23~29면.

양승필·곽영대, 「생태관광의 매력 속성, 관광 태도, 지각된 가치가 만족도에 미치는 영향 연구」, 『관광연구』 25-5, 대한관광경영학회, 2010, 271~290면.

양진우, 「광안대교 누리마루 하우스에 최첨단 LED 경관 조명 도입」, 『부산발전포럼』, 부산발전연구원, 2010, 59면.

영화진흥공사 편, 『한국 시나리오 선집』 1, 집문당, 1982, 116~132면.

오경석, 「한국의 다문화주의」, 『Homo Migrans』 1, 이민인종연구회, 2009, 13면

오인환 외, 「장인환(張仁煥) 의사(義士)의 발자취를 찾아서 : 샌프란시스코 지역을 중심으로」, 『한국독립운동사연구』 28, 독립기념관 한국독립운동사연구소, 2007, 398~411면.

유승훈, 「부산 사람도 모르는 부산 생활사 (13) 차이나타운과 화교들」, 『국제신문』, 2014년 4월 29일, 23면, http://www.kookje.co.kr/ news2011/

이명진 외, 「다문화 사회와 외국인에 대한 사회적 거리」, 『조사연구』 11권 1호, 한국조사연구학회, 2010, 68~73면.

이미현, 「차 나누기, 녹색 더하기」, 『월간 샘터』 477, 샘터사, 2009, 72~73면.

이상국, 「노면전차, 도시재생에 활용 기대」, 『부산발전포럼』 137, 부산발전 연구원, 2012, 57~58면.

이상국, 「부산도시철도 건설의 패러다임 변화, 노면전차의 도입이 필요한 가?」, 『철도저널』 18-4, 한국철도학회, 2015, 80~85면.

이석주, 「광안대교의 설계」, 『대한토목학회지』 48-9, 대한토목학회, 2000, 72~73면.

이성태, 「영화 <The Rock> 두 얼굴의 샌프란시스코」, 『국토』, 국토연구원, 2015, 85면.

이영대, 「광안대교 건설공사」, 『대한토목학회』 44-10, 대한토목학회, 1996, 47~48면.

이종민, 「쇠줄의 미학, 샌프란시스코 금문교」, 『CHINDIA Plus』 91, 포스코 경영연구원, 2014, 54~55면.

이종수, 「부산항의 음식문화 변동분석」, 『인문학연구』 23, 인천대학교 인문 학연구소, 2015, 181~183면.

일연, 이동환 역주, 『삼국유사(상)』, 삼중당, 1991, 52~164면.

임창호, 「인류를 사랑한 계획가 케빈 린치」, 『국토연구』 171, 국토연구원, 1996, 77~79면.

장세훈, 「'부산 속의 아시아', 부산 초량동 중화가의 사회생태학적 연구」, 『경 제와사회』, 비판사회학회, 2009, 301~306면.

장지용, 「일제강점기 부산항 무역의 전개과정 연구」, 『항도부산』 29, 부산 광역시 시사편찬위원회, 2013, 8~10면.

정성훈, 「현대 도시의 삶에서 친밀공동체의 의의」, 『철학사상』 41호, 서울 대학교 철학사상연구소, 2011, 355~369면.

정호균, 「2014-2015 부산차이나타운특구 문화축제 방문객의 정보원천 분석」, 『켄벤션연구』 44, 한국컨벤션학회, 2016, 83~88면.

조동기, 「이주자에 대한 사회적 거리와 시민권에 대한 태도」, 『한국인구학』 33권 3호, 한국인구학회, 2010, 57~59면.

조세현, 「해방 후 부산의 청관(淸館)거리와 화교들」, 『동북아 문화연구』 34, 동북아시아문화학회, 2013, 489~496면.

조셉 캠벨·빌 모이아스, 『신화의 힘』, 고려원, 1992, 237면.

조은경,「부모·청소년 간의 대인거리·심리적 거리·의사소통이 가족의 응집성과 적응력에 미치는 영향」,『한국가정관리학회지』 23, 한국가정관리학회, 1994, 105～107면.

조은경,「부모·청소년 간의 대인거리·심리적 거리·의사소통이 가족의 응집성과 적응력에 미치는 영향」,『한국가정관리학회지』 23, 한국가정관리학회, 1994, 108～110면.

조정민·이수열,「해운대 관광의 탄생 : 식민지 시기 해운대온천의 개발과 표상」,『인문연구』 72, 영남대학교 인문과학연구소, 2014, 241～242면.

주창복,「공동육아조합에서, 성미산학교가 되기까지」,『중등우리교육』 182호, 중등우리교육, 2005, 80～84면.

차철욱·양흥숙,「개항기 부산항의 조선인과 일본인의 관계 형성」,『한국학연구』 25, 인하대학교 한국학연구소, 2012, 11～12면.

최나리·김재원,「부산 해운대 해수욕장의 가상적 방문가치 추정」,『관광연구저널』 22-4, 한국관광연구학회, 2008, 10～20면.

최연실,「청소년기 자녀가 지각한 가족 체계 유형과 가족 내 심리적 거리」,『한국가정관리학회지』, 한국가정관리학회, 1993, 161～165면.

최해군,「내사랑 부산바다-부산항 변천사」,『(해양수도 건설을 위한) 내사랑 부산바다』, 부산광역시 시사편찬위원회, 2001, 27～28면.

폴커 클로츠, 송윤엽 옮김,『현대희곡론』, 탑출판사, 1981, 9～11면.

색 인

김남석

1973년 서울에서 출생하여 1992년 고려대학교 국어국문학과에 입학하였고 이후 동대학원 국어국문학과에서 수학하였다. 1999년 중앙일보 신춘문예에 문학평론 「여자들이 스러지는 자리—윤대녕 론」이 당선되어 문학평론가가 되었고, 2007년 동아일보 신춘문예에 「경박한 관객들—홍상수 영화를 대하는 관객의 시선들」이 당선되어 영화평론가가 되었으며, 대학원 시절부터 틈틈이 써 오던 연극평론을 지금도 이어서 쓰면서 연극평론가로 활동하고 있다. 지금 부산에서 살고 있으며, 2006년부터 국립부경대학교 국어국문학과에 재직하고 있다. 학생들에게 주로 영화와 연극의 기본과 이론에 대해 가르쳐왔는데, 아마도 이 책은 아마도 영화와 해양에 대한 관련성을 가르치는 바탕이 되지 않을까 싶다. 영화 관련 저서로 『영화, 어떻게 읽을 것인가』(2006년), 『한국 영화의 미학과 경계』(2009년), 『영화와 사회』(2013년), 『빛의 향연』(2013년)이 있다. 최근 해양과 영화 관련 저서로, 『해양영화의 이해(부경대인문사회과학연구소 총서 4)』와 『해양영화의 의미와 미학』을 출간한 바 있다. 우여곡절 끝에 이 책 『해양문화와 영상문화』를 발간하게 되면서, 세상 이러저러한 문제들이 마음에 달려 있다는 사실을 새삼 확인했다. 그 과정에서 내가 경험하고 바라보는 해양문화를 영상과 결합시키겠다는 의도 역시 희석된 것이 아닌가 하는 의구심도 떨쳐버리기 힘들었다.

해양문화와
영상문화

초판인쇄 2018년 6월 30일
초판발행 2018년 6월 30일

지은이 김남석
펴낸이 채종준
펴낸곳 한국학술정보㈜
주소 경기도 파주시 회동길 230(문발동)
전화 031) 908-3181(대표)
팩스 031) 908-3189
홈페이지 http://ebook.kstudy.com
전자우편 출판사업부 publish@kstudy.com
등록 제일산-115호(2000. 6. 19)

ISBN 978-89-268-8485-0 93330